신학의
식탁

신학의 식탁

ⓒ 주원준·박태식·박현도 2019

초판 1쇄	2019년 11월 29일
초판 2쇄	2021년 12월 18일

지은이　　주원준·박태식·박현도

출판책임	박성규	펴낸이	이정원
편집주간	선우미정	펴낸곳	도서출판 들녘
디자인진행	김정호	등록일자	1987년 12월 12일
편집	이동하·이수연·김혜민	등록번호	10-156
마케팅	전병우	주소	경기도 파주시 회동길 198
경영지원	김은주·나수정	전화	031-955-7374 (대표)
제작관리	구법모		031-955-7376 (편집)
물류관리	엄철용	팩스	031-955-7393
		이메일	dulnyouk@dulnyouk.co.kr
		홈페이지	www.dulnyouk.co.kr

ISBN	979-11-5925-484-0 (03210)	CIP	2019045270

주원준·박태식·박현도 지음

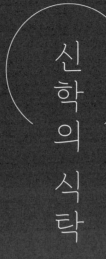

신학의 식탁

세 종교학자가
말하는
유다교
이슬람교
그리스도교

일러두기

- 이 책에서 인용한 『성경』 본문은 대한성서공회의 '공동번역개정판'을 저본으로 삼았고, 필요한 경우 따로 번역했다.
- 헬라어와 라틴어 등은 음역했지만, 필요에 따라 원문과 음역을 병기했다. 원어 병기와 연대는 꼭 필요한 때에만 표기했다.
- 일반적으로 '유다'와 '유대'가 혼용되지만, 이 책에서는 '유다'로 표기했다.
- 이슬람 경전을 '코란'이나 '쿠란'이 아닌 '꾸르안(Qur'ān)'으로 표기했다.
- 필요한 경우, 로마자에 장단음과 우리말에 없는 특수한 음을 표기했다. 예를 들면 다음과 같다. Muhammad → Muḥammad, Tabari → Ṭabarī, Sa'd → Ṣa'd
- 단행본, 구약성서, 신약성서, 꾸르안 등은 『 』로, 구약성서와 신약성서의 각 책은 「 」로 표기했다.
- 성서 약어 일람은 다음과 같다.

〈구약〉	〈신약〉
창세기 → 창세	마태오복음 → 마태
출애굽기 → 출애	마르코복음 → 마르
레위기 → 레위	루가복음 → 루가
민수기 → 민수	요한복음 → 요한
신명기 → 신명	사도행전 → 사도
사무엘서 상권 → 1사무	로마서 → 로마
사무엘서 하권 → 2사무	고린도전서 → 1고린
느헤미야 → 느헤	고린도후서 → 2고린
이사야 → 이사	갈라디아서 → 갈라
다니엘 → 다니	필립비서 → 필립
	요한묵시록 → 묵시

발간사

　중동이라고 하면 사막과 석유, 그리고 이슬람교를 쉽게 떠올립니다. 하지만 이슬람 이전에, 중동에는 수많은 문화와 나라, 종교가 있었습니다. 유다교와 그리스도교의 발상지도 이곳 중동입니다.

　그 어느 때보다도, 전 지구적으로 '평화'는 중요한 과제입니다. 제국주의와 세계대전을 경험했기에 다시는 전쟁을 하지 않겠다고는 하지만, 또 다른 여러 형태의 '전쟁'이 한창입니다. 지구는 생태 위기, 경제 위기, 민주주의의 위기 등 엄청나게 많은 위기에 놓여 있습니다. 이런 위기의 바탕에는 인간적 양심의 소멸, 즉 양심의 위기가 있습니다.

　종교는 구원에 이르는 교의뿐 아니라 이에 잇닿는 윤리적 가르침도 동시에 지니고 있습니다. 종교적 특성에 따라 독특한 윤리 체계가 존재함에도 불구하고, 종교 간 대화는 평화, 정의, 생명, 자유, 정의 등 인류 보편의 가치를 접촉점으로 시작합니다. 인간적 연민과 양심이 없다면 진솔한 종교 간 대화도 불가능합니다.

유다교와 이슬람교 간 갈등이 팔레스타인 문제의 근저에 깔려 있지만, 갈수록 문제가 커지는 이유는 바로 양심이 소멸했기 때문입니다. 우리는 우리 안에 존재하는 '양심의 위기'를 극복해야 합니다.

이 책은 몇몇 종교가 서로 어떻게 영향을 주고받았는가를 서술합니다. 고대 종교와 유다교, 유다교와 그리스도교, 그리스도교와 이슬람교 사이의 묘하고 재미있는 관계를 알려줍니다. 특별히 이 책은 그리스도인을 위해서 준비되었습니다. 관점에 따라 다르게 볼 수도 있겠지만, 알고 나면 '신심'과 '양심'이 살아날 지식입니다.

'양심의 위기'에 관심을 기울이면서 우리는 이 책 외에도 앞으로 몇 가지 작업을 더 진행할 생각입니다. 한 가지 일관된 마음과 바람은, 다른 듯 같고 같은 듯 다르지만, 결국 모두가 살아가는 세상에서 서로 혐오하지 않고 존중하며, 다투지 않고 공생하며, 한쪽으로 치우치지 않는 공평한 평화를 이루는 것입니다. 이는 모든 종교가 지향하는 윤리적 지침이기 때문입니다. 바울은 윤리가 구원의 척도는 아니라고 합니다만, 사랑의 윤리와 평화적 공존의 질서는 그가 언제나 강조하던 그리스도인의 덕목입니다.

『신학의 식탁』은 직접 '양심의 위기'를 다루지는 않습니다. 다만 여러분을 괴롭히던 그 어떤 것으로부터 여러분이 자유로워질 수 있는 계기를 만들어줄 것입니다. 이 책이 조금이나마 여러분의 신앙과 양심에 도움이 될 수 있다면 저희에게는 그보다 더한 보람이 없을 것입니다.

2019년 가을
한국기독교교회협의회 총무 이홍정
종교간대화위원회 위원장 이정호

머리말

세상 어느 종교도 무에서 시작되지 않았다. 모든 종교의 기원을 깊이 파들어가보면 주변 종교의 영향을 받은 흔적이 곳곳에서 발견된다. 세월이 지나면 거꾸로 주변 종교에 영향을 주기도 한다. 그러니까 종교에 관한 한, 시간이나 장소나 이름까지도 없이 홀연히 등장하는 법은 없다. 대단한 종교학자나 신학자가 아니더라도 쉽게 도달할 수 있는 결론이다. 그렇다면 과연 어떤 종교들에서 그런 식의 교섭을 극명하게 읽어낼 수 있을까? 이 책에서 다루려는 유다교, 그리스도교, 이슬람교는 출발지가 현대의 중동 지역이라는 지역적 공통점과 함께 서로 밀접하게 영향을 주고받은 장구한 종교역사를 가진다는 점에서 주목할 만하다.

유다교의 기원을 자세히 들여다보면 주변 세계와 실로 다양한 형태로 교류가 이루어졌음을 알 수 있다. 그리고 이러한 교류 하나하나가 매우 복잡한 양상을 띠고 있기에, 일단 공부를 시작하면 '와, 정신 못 차리겠네!'라는 푸념이 절로 나온다. 주원준 박사의 「하느님 백성의 역사에 쇄국은 없다」는 유다교와 주변 종교의 교섭사를 일목요연하게 정리했다. 유다교 이해를 돕는 훌륭한 지침서가 될 것이다.

박태식 신부가 쓴 「유다교는 이해할 수 없는 그리스도교 이야기」는 그리스도교가 유다교에서 떨어져 나왔던 시절의 이야기를 다룬다. 그리스도교와 유다교는 종종 남남인 듯, 남남이 아닌 듯 비쳐진다. 그리스도인의 눈에나, 특별히 그리스도교에 관심이 없는 사람의 눈에나 마찬가지다. 같은 하느님을 섬긴다면서 왜 저리도 서로를 못 괴롭혀 난리일까. 이런 기이한 현상도 그 기원을 따져보면 많은 부분이 설명될 수 있다.

오늘날에는 비단 서구세계뿐 아니라 아시아권에서도 이슬람에 대한 관심이 지대하다. 이슬람 근본주의 세력의 잦은 테러로 세상이 흉흉해진 까닭이다. '도대체 왜들 저러지?' 그러나 사실을 알고 나면 엄청난 편견이 세상을 지배하고 있음을 알 수 있다. 박현도 박사의 「그리스도교와 이슬람」은 선입견, 왜곡을 걷어내고 이슬람 고유의 아름다운 가르침을 만날 기회를 제공할 것이다.

유다교, 그리스도교, 이슬람교 이 세 종교는 비록 같은 지역에서 서로 비슷한 종교적·문화적 경험을 나눠 가졌지만 오랜 시간 동안 이들은 서로 증오하고, 갈등을 겪고, 반목했다. 돌아보면 안타깝기 짝이 없는 역사다. 독자들은 이들 종교 전통의 유사성과 교섭의 역사를 염두에 두고 이 책을 읽어주기 바란다. 세 종교의 다양하고 풍부한 전통을 말미암아 오늘날 세계 종교의 흐름을 파악할 수 있는 일가견을 얻게 될 것이다.

늘 힘이 되어주는 도서출판 들녘에 감사를 드린다. 우리나라처럼 열악한 인문학 환경에서 참으로 든든한 버팀목이다.

집필진을 대신하여,

박태식 손 모음

차 례

하느님 백성의 역사에 쇄국은 없다
-『구약성경』의 탄생과 전승에 대한 구약학적 이해
주원준

그리스도교와 유다교
- 새로운 시작
박태식

그리스도교와 이슬람

- 그리스도인을 위한 이슬람 이해 안내서

박현도

하느님 백성의 역사에
쇄국은 없다

- 『구약성경』의 탄생과
전승에 대한 구약학적 이해

주원준

들어가며

『구약성경』은 어느 날 갑자기 하늘에서 뚝 떨어진 문헌이 아니요, 태초부터 지금까지 불변한 문헌도 아니다. 고대 이스라엘은 고대근동 세계에 존재했던 국가였고, 『구약성경』은 고대근동 세계에서 태어난 문헌이다. 곧 역사적 국가에서 탄생하여 시대를 거치며 한 권씩 저술되고 전승된 문헌이란 뜻이다. 이런 사실을 신학적으로 어떻게 알아들을 수 있을까? 제2차 바티칸공의회의 교부들은 이렇게 말했다.

> "그러므로 하느님께서는 이스라엘 백성을 당신 백성으로
> 뽑으시고 그들과 계약을 맺으셨으며, 차츰차츰 그들을
> 가르치시고 그 역사를 통하여 당신과 당신 계획을 드러내시며
> 그 백성을 당신 것으로 거룩하게 하셨다." (『교회헌장』 9항)

공의회의 교부들은 하느님은 "그 역사를 통하여" 당신과 그 계획을 드러내시는 분이심을 고백했다. 그분은 인간을 "차츰차츰 가르치시"는 방법을 사용하신다. "차츰차츰"의 라틴어 원문 (gradatim)은 '한 단계(영어로 grade)씩'이라는 뜻이다. 제2차 바티칸공의회의 공식 영어 번역본은 이 말을 "step by step"으로 번역했다. 이렇게 『구약성경』에서는 역사를 통하여 인간을 차근차근

가르쳐주시는 하느님을 만날 수 있다. 하느님께서 쓰시는 이런 방법은 어버이가 자식을 가르치는 방법에 비유할 수 있다. 역사를 통하여, 인간의 모든 불순종과 죄를 인내하시면서, 한 단계씩 가르치시는 방법 그 자체가 하느님의 무한한 사랑의 표현이다.

  역사를 통하여 일하시는 하느님의 뜻에 따라 고대 이스라엘의 종교와 신학은 끊임없이 변화하고 발전했다. 그 과정에서 고대 이스라엘은 이웃들과 교류하며 다양한 영향을 주고받았다. 때로는 전혀 새로운 외부의 요소가 도입될 때도 있었고, 기존의 언어나 개념이 외부의 영향을 받아 새롭게 해석되기도 했다. 이는 무척 자연스러운 일이었다. 다양한 교류와 대화는 고대 이스라엘의 종교와 신학을 살찌웠다. 하지만 이런 교류와 대화를 통해『구약성경』이 탄생했다는 사실은 아직 한국 그리스도교 신자들에게 낯선 것 같다. 나는 이 글에서 고대 이스라엘이 이웃 민족과 다양한 교류와 대화를 통해 상당한 영향을 주고받았음을 여러 예를 들어 서술할 것이다. 일반적인 독자들도 읽을 수 있도록 너무 어렵지 않게 차근차근 설명해보려 한다.

구약학과 구약신학

구약학은 아직 낯설다

가톨릭이나 개신교나, 한국의 『구약성경』 공부는 대부분 '구약신학'에 지나치게 편중되어 있다. 하지만 세계적으로 보면, 구약학계에서 『구약성경』만 보던 시대는 이미 완전히 지나갔음을 체감할 수 있다. 히브리어를 입체적으로 이해하기 위해서는 이제 고대근동의 언어를 알아야 한다. 고대근동의 관련 문헌들과 비교연구를 통해서 『구약성경』 본문을 더 깊이 이해할 수 있다는 생각은 이미 상식적이다.

구약신학

그래서 독일어권에서는 '구약학(alttestamentliche Wissenschaft)'과 '구약신학(alttestamentliche Theologie)'을 구별해서 사용하는 경우가 늘고 있다. 이 두 학문의 분야가 어떻게 다른지 이해하기 쉽도록 정리하면 다음과 같다.

신앙을 바탕으로 신학적 주제를 다루는 것이 신학이다. 구약신학은 '신학'의 일종으로서 『구약성경』의 신학적 주제를 다룬다. 그러므로 『구약성경』에서 구원론, 신론, 인간론, 메시아론, 교회론 등을 연구하는 학문을 '구약신학'이라고 한다. 때로는 하느님의 자비, 사랑, 계약, 역사의 개입하심 등을 다루기도 한다. 『구약성경』 전체를 통해서 이런 주제를 다룰 수도 있고, 특정한 책이나 특정 구절만 집중적으로 연구하기도 한다.(예로 '모세오경의 구원관' 등을 들 수 있다.) 이런 구약신학은 한국에 상당히 넓게 보급되었다. 이따금 구약신학은 교파적(confessional)이라는 인상을 줄 때가 있다. 한국에서는 때로 '구약학'이라는 이름을 걸고 실제로는 '구약신학'을 연구하기도 한다.

구약학

이와 대조적으로 구약'학'은 『구약성경』과 관련된 '모든 것'을 연구하는 '학문'의 성격이 강하다. 구약학은 이를테면 『구약성경』과 관련된 다양한 언어, 지리, 역사, 천문학, 주술, 의례, 정치, 기술, 음식, 사회 변동, 여성, 외국인, 장애인, 질병, 기타 이웃 민족과의 다양한 비교연구 등을 포함한다. 성경언어학, 성경식물학, 성경고고학, 성경지리학 등은 구약학의 하위 범주에 속한다고 할 수 있다.

때로 구약학의 일부 논지는 신학과 떨어진한 듯한 느낌을 주기도 하지만, 반드시 그런 것은 아니다. 구약학자의 대부분이 사실 신학자들이기 때문이다. 오히려 구약학은 성역 없이 자유로이 연구하는 학문으로서 『구약성경』 연구의 외연을 확장하는 큰 성과를 내고 있다. 구약학은 교파적 성격이 적다. 그렇기 때문에 가톨릭, 정교회, 개신교, 유다교 학자들도 자유롭게 참여하며 때로 신앙이 없는 학자들이나 무슬림들도 참여할 수 있다.

고대 이스라엘은 고대근동 세계의 국가였기에 구약학은 고대근동학과 매우 밀접할 수밖에 없다. 신학적 관심만으로는 『구약성경』의 모든 정보와 의미를 드러내기 힘들 때가 있다. 구약학은 구약신학의 빈자리를 훌륭히 보완하는 역할도 한다.

성경의 부록

요즈음은 『구약성경』 공부를 위해서 배타적으로 『구약성경』 본문만 깊게 파는 시대가 아니다. 이미 대부분의 신앙인들은 구약학의 성과 위에서 『구약성경』을 읽고 있다. 이런 시대적 특징을 잘 드러내는 예로 현재 한국의 신앙인들이 사용하는 성경의 편집을 들 수 있다. 가톨릭이나 개신교 성경이나, 현대 성경의 맨 뒷부분을 보면 간단한 성경 시대의 지도가 부록처럼 붙어 있다. 『구약성경』에 등장하는 다양한 지명이나 민족명 등이 낯설고 헷갈리기 쉬워서 이해를 돕기 위해서 덧붙인 것이다. 세켈, 에파, 암마 등 도량형의 단위가 대략 얼마 정도인지 알기 쉽도록 정리해 주는 성경도 있었다. 실제로 많은 신앙인들이 그 부록에 도움을 받고 성경 본문을 이해한다. 그런데 독자들은 성경에 이렇게 부록처럼 붙어 있는 지도나 표에 의문을 지녀본 적이 있는가? 그런 표와 지도는 누가 어떻게 만들었을까? 그렇게 하느님 말씀의 본문에 그런 지도나 표를 함께 제본해도 되는 것일까?

그런 지도나 도량형 등은 성경 지리학이나 고대근동학 등의 연구 결과에 기초한 것이다. 오직 성경 본문만 연구해서는 그런 부록을 만들 수 없다. 일부 신앙인들은 아직도 하느님의 말씀인 성경만 깊이 연구하면 충분하다고 생각할지 모르지만, 이미 그들이 읽고 있는 공인본 성경 자체가 인문학의 연구 결과를 거룩한 성경 본문과 함께 제본한 것이라는 점은 분명하다.

이런 '성경의 부록'과 관련되어 두 가지로 나누어 생각해봐야 할 것이다. 첫째는 아마도 중세라면 이런 성경을 내지 못했을 것이라는 점이다. 하느님의 계시와 인간의 연구 결과를 한 책으로 묶어 교회 안에서 유통하고 전례에 사용하는 행위 자체를 불경하게 여겼을 가능성이 크다. 이런 성경 부록의 존재는 현대의 그리스도교 문화를 상징하는 것으로 손색이 없다. 우리는 우리도 모르는 사이 '성경 본문과 함께 인간의 연구 결과를 한 책으로 제본하여 읽는 시대'에 진입했다. 번역의 문제까지 깊이 고려하면, 누구도 현재 순수한 『구약성경』 본문만을 읽는 것은 아니라고 할 수 있다.

둘째로 이 부록이 현대 학문의 성과를 반영한다는 것이다. 모든 현대 학문이 그렇듯, 수많은 가설과 추론이 합리적으로 뒷받침되어야 그런 지도와 표를 작성할 수 있다. 그래서 연구가 더욱 발전되면서 일부 내용이 수정되는 일을 피할 수 없다. 그래서 신앙인들에게 '믿음'뿐 아니라 일종의 '그리스도교 교양'이 필요하다. 성경의 부록이 어떻게 만들어졌는지 알고, 또한 부록을 성경 본문만큼 믿어서는 안 된다는 건강한 상식이야 성경공부를 위해서 꼭 필요하다.

꽃과 뿌리

두 학문의 관계를 이해하기 쉽도록, 간단한 정식(formula)으로 설명해보려 한다.

⑴ **구약신학은 구약학의 꽃이며, 구약학은 구약신학의 기초다.**
⑵ **구약학과 구약신학은 고대근동학의 기반 위에서 더욱 풍부해진다.**

구약신학과 구약학은 『구약성경』을 재료로 빚어내는 신학과 인문학의 관계에 빗댈 수 있다. 하지만 앞서 말했듯, 대부분의 구약학자들의 목표는 신학이다. 그런데 왜 신학자들이 구약학에 힘을 쏟을까? 여러 가지 이유가 있겠지만, 구약학을 통해 더 정확하고 더 넓고 더 세밀하게 『구약성경』 시대의 실상(reality)을 알아내려고 하는 이유가 크다고 할 수 있다. 하느님이 『구약성경』 시대에 일하신 방법과 의미를 더 넓고 정확한 맥락(context) 안에서 이해하는 것이다. 그러므로 구약신학은 '꽃'이고 구약학은 '기초'에 비유할 수 있다. 그리고 이 두 학문은 필연적으로 고대근동학이라는 기반 위에서 가능하다. 신학적 입장에서 보면, 아래 정식에서 오른쪽으로 갈수록 기초학문의 성격이 강하고, 왼쪽으로 갈수록 신학적 목표에 가깝다. 물론 구약학과 고대근동학은 '기초학문'의 성격뿐 아니라 그 자체로 어엿한 근대적 학문이기도 하다. 아래와 같이 정리해볼 수 있겠다.

구약신학 < 구약학 < 고대근동학

『구약성경』 연구가 고대근동학에 더 철저히 기반하는 것은 또 다른 의미가 있다. 그것은 신학이 다른 학문(이른바 '세속 학문')과 대립하거나 세속 학문에서 고립되지 않는 것을 의미한다. 그럼으로써 현대 세계와 소통하는 신학이 될 수 있고, 신학 연구 자체의 외연을 확장하고 수준을 높이는 데도 기여할 수 있다. 신학은 세속 학문과 조화롭게 '동반 성장'해야 한다.

　역사를 돌아보자. 신학이 세속 학문에서 고립되거나 적대적으로 대립하던 시대에 세상도 교회도 불행했다. 그런 불행한 경험을 되풀이하지 않기 위해서 세속 학문과 잘 소통하는 신학은 교회나 사회에 모두 매우 중요하다. 특히 현대 사회에서 교회와 세상의 소통은 더욱 중요해지고 있다. 우리는 『구약성경』 연구에서부터 대화와 교류를 시작하며, 현실을 직시해야 한다. 그래야 『구약성경』 연구의 폭도 넓어지고 깊이도 심화될 것이다. 이 글을 읽는 독자는 이미 『구약성경』 시대의 고대 이스라엘이 주변 세계와 활발하게 교류하며 영향을 주고받았음을 알 수 있을 것이다. 이미 시초부터 대화는 시작되었다.

　이렇기 때문에 유수의 독일어권 신학대학에서는 '성경 입문학(Biblische Einleitung)' 교수를 따로 둔다. 이들은 고대근동 세계에서 발생한 성경을 이해하기 위한 다양한 지식을 가르치며, 그런 지식이 믿음을 증진하는 데 어떤 도움을 주는지 학문적으로 밝혀준다. 입문과 기초를 단단하게 잡고 시작하지 않으면, 신학의 훌륭한 건물을 지을 수 없다. 안타깝게도, 한국은 아직 대부분의 신학교에서 구약학과 구약신학조차 구분하지 않고 있는 형편이다.

고대근동학

고대근동학이란

중동이냐 근동이냐

『구약성경』의 배경인 고대근동과 관련된 이름을 몇 가지 돌아보며 의미를 짚어보자. 이 가운데는 독자들에게 낯선 이름도 있고, 일부 혼용되어 사용되는 것들도 있는데 이번 기회에 정리해 보는 것도 좋을 것이다.

유럽인들은 이 지역을 전통적으로 '성지(聖地, Holy Land)'로 불렀다. 지금도 성지 순례 등에 이 이름이 남아 있다. 하지만 학문적으로는 더 이상 통용되지 않는 말이다. 그리스도교와 유다교와 이슬람의 성지들 가운데는 겹치는 것이 많고 세 유일신교의 '공통의 성지'들을 두고 역사적으로 긴장과 투쟁이 멈추지 않았다. 그래서 일반적으로 회피되는 경향이 있지만, 개인적 신심을 표현하는 종교적 글에서는 계속해서 쓰인다.

근동(近東)은 '가까울 근(近)'자를 썼으니, '가까운 동방'이란 뜻이다. 어디서부터 가깝다는 뜻일까? 유럽을 기준으로 가깝다는 뜻이다. 이 이름에는 유럽을 세상의 중심으로 보고 나머지를 변방으로 인식하는 유럽중심주의(Eurocentrism)가 숨어 있다는 비판을 받는다. 흔히 '동방' 또는 '근동'으로 번역되는 '오리엔트(Orient)'란 말도 같은 이유로 비판을 받는다.

가장 중립적인 용어는 '중동(中東, Middle East)'이다. 중동은 현대적 사건을 일컬을 때 쓰는 말이고, 미디어에서 자주 접할 수 있는 이름이다. '중동 정책' '중동의 정세' '중동전(中東戰)' 등의 말이 익숙하다. 중동은 유럽 중심주의를 극복하는 용어처럼 인식된다. 유라시아 지도를 펼쳐보면, 중동 지역은 동아시아(인도를 포함하여)와 유럽 중간에 위치하므로 '중동'이 가장 적절한 표현 같다. 또한 중동이란 말이 가장 널리 쓰인다.

고대근동학

학문적으로는 '고대근동학'이라는 이름이 전문용어로 통용된다. 고대근동학의 영어 약자 ANES(Ancient Near Eastern Studies)나 독일어 약자 AO(Altorientalistik)에는 모두 '근동(Near East, Orient)'이라는 말이 들어 있다. 프랑스어(Proche-Orient ancien)도 마찬가지다. 이렇게 '근동'이라는 말은 오직 '고대'라는 형용사로 한정된 학술용어로만 보편적으로 사용된다.

이렇게 통용되는 가장 큰 이유는 학계에서 오래된 대표적 용어이자 수백 년간 대중에게 친숙한 이름이라는 이유가 크다. 지금도 이 용어는 시대와 지역을 한정할 수 있는 유용성을 지니고 있다. 우선 시대적으로 보자. 중동 지역은 흔히 이슬람 문명이 지배하는 곳이라는 인상을 준다. 더 나아가 그리스도교 문명이 탄생한 곳이라는 점도 잘 알려져 있다. 그리스도교 문명과 이슬람 문명은 헬레니즘의 영향을 받아 탄생했다. 그런데 '헬레니즘-그리스도교-이슬람'이 확산되기 전에 이 지역에서는 전혀 다른 성격의 문명이 수천 년간 활발하게 꽃을 피웠다. '고대근동'은 이런 '시대적 상대성'을 정확히 드러낼 수 있는 이름이다.

지리적으로 '고대근동'은 넓고 다양한 지역을 포괄할 수 있는 이름이다. 고대근동의 무대는 흔히 메소포타미아로 불리는 서아시아 지역, 북아프리카의 이집트와 주변 지역, 히타이트가 지배했던 현대 터키의 아나톨리아반도, 에게해와 이탈리아반도와 이베리아반도를 포함하는 유럽 일부 지역, 그리고 이란과 아프가니스탄 등 중앙아시아 일부를 포함하는 지역이다. '중동학'이나 '서아시아학' 등의 이름으로는 이렇게 넓고 방대한 지역의 고대 문명을 모두 포괄할 수 없다. 이 모든 지역을 아우를 수 있는 개념으로서 '고대근동'은 아직도 유효한 이름이다.

고대근동의 시대

기원전 33세기에서 3000년간

고대근동 세계는 기원전 33세기부터 기원전 3세기까지, 약 3000년의 역사를 다룬다. 그동안 고대근동 세계를 지배했던 주요 국가들을 대략적으로 시간순으로 제시하면 다음과 같다. 이들은 모두 고대근동 세계의 강대국이었다.

시대	북아프리카 (이집트)	서아시아 지역	기타 지역
기원전 약 3200~3000년	선왕조 시대	후기 우르크(수메르인)	
기원전 약 3000~2500년	초기왕조 시대	키쉬, 우르 제1왕조 등	
기원전 약 2500~2000년	고왕국	아카드, 우르 제3왕조	
기원전 약 2000~1500년	중왕국	고바빌론	
기원전 약 1500~1000년	신왕국	중기 아시리아	신히타이트
기원전 약 1000년~500년	제3중간기	신아시리아 제국 신바빌로니아 제국	이스라엘 건국, 분단, 유배
기원전 약 500년 이후	페르시아 지배기	페르시아 제국	

<표1> 고대근동의 주요 국가들. 빈호프의 자료를 중심으로 재구성한 것이다.

그리스 이전의 문명을 상상하다

고대근동 세계가 얼마나 오래된 문명인지를 가늠하려면, 이른바 '서양 고대'를 대표하는 고대 그리스-로마 문명과 비교해보면 쉽다. 그리스-로마 문명은 그리스도교와 함께 유럽 문화의 근간을 이루었고, 이 서양 문명이 세계를 주름잡게 되면서 우리 한국인들도 서양식의 사고방식에 익숙해졌다. 서양식 사고방식의 뿌리는 그리스 철학이라고 할 수 있다. 사실 어느 분야를 막론하고 현대 학문을 논하는 데 그리스 철학의 영향을 피할 수는 없다.

하지만 고대근동 문명은 그리스 철학 이전 시대의 것이다. 그리스 철학의 시원(始原)을 플라톤으로 잡는다면, 기원전 5세기 플라톤이 태어나기도 전에도 이미 찬란하게 꽃핀 문명이라는 것이다. 기원전 33세기에 메소포타미아에서는 수메르가, 이집트에서는 고왕국이 서서히 시작되었고, 그 이후 이집트의 신왕국, 메소포타미아의 아시리아, 바빌론 등이 명멸했다. 이런 나라들은 모두 본질, 인식, 존재 등 '그리스적 개념' 없이 이루어진 문명이다. 대략 기원전 11~10세기경 활약한 이스라엘의 다윗과 솔로몬도 마찬가지다. 이들이 '플라톤적 논리'를 사용하지 않은 것은 당연하다. 고대근동 세계에서 그리스의 그림자를 찾아볼 수는 없다.

그러므로 고대근동의 여러 문화와 종교 등을 연구할 때, 서양식으로 이해하는 현대의 학문방법에 의심을 한 번쯤 품어야 한다. '-학'(-logy)을 의미하는 서양말 어미는 그리스어 '로고스'(λόγος)에서 온 것이다. 로고스는 '논리'라는 뜻도 있는데, 이런 그리스식의 '논리'는 고대근동에 존재하지 않았다. 그러므로 바빌론 문명의 '본질'이나 솔로몬의 '인식'이나 고대 이집트의 '신학' 등을 연구하고 정리하는 것이 과연 어떤 의미인지 진지하게 되짚어봐야 한다. 이런 것들은 고대의 제한된 자료를 오늘날의 학자들이 논리적으로 분석한 '현대 학문의 결과'라는 근본적 한계를 벗어날 수 없다. 무엇보다 고대근동인을 고대근동의 사고방식으로 이해하려고 노력하는 자세의 중요성을 깨달아야 한다. 이는 『구약성경』에도 해당되는 일이다. 『구약성경』은 고대근동 세계에서 발생하고 전승된 경전이다. 『구약성경』은 '그리스적 사고'로 저술된 문헌이 아니라, '셈족의 마음'이 서려 있는 경전이다.

그렇다면 그리스 철학이 탄생되기 이전, 고대근동 세계의 학문 또는 지혜의 언어는 무엇이었을까? 어떤 언어가 그들에게 학문의 방법론을 제공했을까? 그것은 고대근동 신화의 언어였다. 그래서 각종 신화에 서려 있는 고대근동인의 사고방식과 마음을 읽을 줄 알아야 한다. 『구약성경』에도 고대근동 신화의 언어가 다

수 포함되어 있고, 그들은 『구약성경』의 독특한 믿음을 형성하는
데 나름대로 독특한 기여를 했다.(이 점은 이미 예전에 쓴 『구약성
경과 신들』에서 다루었다.)

다양한 언어들

셈어와 비셈어

고대근동인들은 어떤 언어로 소통했을까? 『구약성경』의 히브
리인들이 속한 셈족의(창세 5,32) 언어, 곧 '셈어'가 가장 널리 사용
되었다. 셈어는 고대근동 세계를 양적으로 지배하는 언어였다. 셈
어는 아래처럼 다시 세부적으로 나뉜다.

다음 표에서 히브리어(⑤)는 페니키아어(④)와 함께 가나안어
계통(③)에 속하며 우가릿어(⑥)와 아람어(⑧)와 친근하다. 더욱 크
게 보면 '중부셈어'에 속한다. 사실 동부셈어와 서부셈어는 차이
가 무척 크다. 중부셈어 안에서 아람어 계통과 가나안어 계통은
언어학적으로 친근하지만, 실제로 서로 통역 없이 이해할 수 있을
정도는 아니었다.(이 점은 뒤에서 보겠다.) 이 밖에 셈어는 아니지
만 고대근동 세계에서 중요하게 사용된 언어도 여럿 존재했다.

참고로, 이런 언어들의 분류법인 등어선(等語線, Isogloss) 분류는 각 언어의 특징을 어떻게 '정의'하는가 하는 문제와 긴밀히 관련되어 있다. 실제로 통일된 분류법이 존재하지 않기 때문에 이런 분류법은 학자들마다 조금씩 다르다. 그리고 이 언어들 각각의 문법서나 사전이 우리 말로 모두 갖춰지지 않은 상황이라서, 각 언어의 체계와 특징 등을 우리말로 공부하는 데 한계가 있다는 점도 언급해두고 싶다. 기초가 부실한 우리나라 신학계의 단면을 드러낸다고 할 수 있다.

동부셈어 ① 아카드어 ② 에블라어
서부셈어 -중부셈어 -북서셈어 -③ 가나안어: ④ 페니키아어, ⑤ 히브리어
　　　　　　　　　　　　　　　　-⑥ 우가릿어
　　　　　　　　　　　　　　　　-⑧ 아람어
　　　　　　　　　　　　　　　　　　　　-⑨ 고대 아람어, ⑩ 삼알어,
　　　　　　　　　　　　　　　　　　　　-⑪ 제국 아람어
　　　　　　　　　　　　　　　　　　　　-⑫ 중기 아람어: ⑬ 팔미라
　　　　　　　　　　　　　　　　　　　　　　어, ⑭ 나바태아어
　　　　　　　　　　　　　　　　　　　　-⑮ 후기 아람어: ⑯ 유다 아
　　　　　　　　　　　　　　　　　　　　　　람어, ⑰ 시리아어,
　　　　　　　　　　　　　　　　　　　　　　⑱ 만다어
　　　　　　　　　-북아랍어 -⑲ 아랍어
　　　　　　　　　　　　　　-㉓ 고대 남부아랍어(?): 스바어, 미내어, 카
　　　　　　　　　　　　　　　　타반어
　　　　　　-⑳ 남부셈어-고대 에티오피아어 -㉑ 게에즈어, ㉒ 암하라어
기타 셈어 ⑦ 아무르어, ㉔ 신남부아랍어
비셈어 ㉕ 수메르어, ㉖ 후리어, ㉗ 우라르투어,
　　　　　㉘ 히타이트어(헷트어), 핫트어, ㉙ 루비어, ㉚ 쿠쉬어

<표 2> 고대근동 언어 분류. (주원준 개역, 『우가릿어 사전』, 17쪽)

아카드어 – 최초의 국제공용어

이렇게 다양한 언어가 쓰였지만 고대근동 세계의 국가들은 서로 잘 소통하고 살았다. 고대근동 전체를 아우르는 국제 공용어(lingua franca)가 존재했기 때문이다. 국제 공용어란 서로 언어가 다른 사람들이 문화적으로나 상업적으로 의사소통을 할 수 있게 해주는 언어, 곧 현대세계의 영어나, 과거 동아시아의 한문, 중세 유럽의 라틴어 역할을 하는 언어를 일컫는다. 국제 공용어는 어느 시대나 엘리트들이 익혀야 하는 필수 언어라고 할 수 있다. 고대근동 세계의 국제 공용어는 아카드어였다. 기원전 22~23세기경 아카드의 사르곤 대왕이 수메르를 무너뜨리고 아카드인들은 메소포타미아 지역을 지배했다. 그 이후 아카드어는 서아시아 지역은 물론 고대근동 세계 전체에서 의사소통의 수단으로 사용되었다.

아카드의 전통을 잇는 아시리아와 바빌론은 아카드어를 계속해서 사용하였다. 다음 표에서 알 수 있듯, 아카드어는 남부 계열과 북부 계열로 나뉘는데, 남부는 바빌로니아 제국의 언어였고, 북부는 아시리아 제국의 언어였다. 바빌로니아어, 아시리아어, 아카드어가 사실상 하나의 아카드어인 것이다. 아카드어가 확산된 것은 이런 제국의 힘이 바탕이 되었을 것이다.

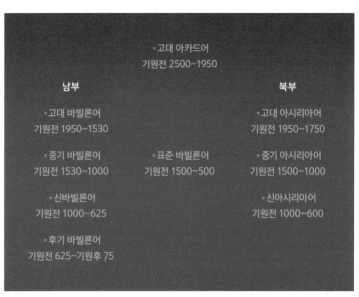

<표 3> 고대 아카드어 분류.(Caplice, p.5; 주원준 개역, 『우가릿어 사전』, 18쪽.)

　　고대 이집트는 문화의 선진국이었다. 의학, 기술, 지혜 등에서 언제나 다른 나라에 뒤지지 않았다. 더구나 기원전 14세기, 이른바 '엘 아마르나(El Amarna) 시대'는 신왕국 시대로서 독특한 문화가 꽃피던 시기였다. 그런데 엘 아마르나 문서군에서 외교문서의 가장 많은 부분을 차지하는 것이 아카드어 문헌이다. 고대 이집트가 강력했을 시대의 외교문서를 대부분 아카드어로 적었다는 사실에서 그 당시 국제 공용어로서 아카드어의 위상이 어떠했는지 잘 알 수 있다. 또한 이집트 같은 강대국도 외국어를 익혀야

생존할 수 있었던 국제적 현실도 가늠할 수 있다. 이렇듯 아카드어는 고대근동의 실상을 파악하는 데 꼭 필요한 언어였다.

고대근동에서 아카드어가 국제 공용어로 오랫동안 사용되었기 때문에, 고대근동의 전 지역에서 자신들의 고유한 언어와 함께 아카드어를 병기한 문헌 등이 발견되고, 일부는 지역어의 색채를 강하게 띤다. 이런 '지역적' 아카드어는 따로 지역을 병기하기도 한다. 이를테면 우가릿에서 발견된 아카드어는 '아카드어(우가릿)'으로, 마리에서 발견된 것 '아카드어(마리)' 등으로 표기하는 것이다.

고대근동의 이런 현실을 돌아보면, 고대 이스라엘의 엘리트는 외국과 무역이나 외교 등을 위해 아카드어를 어느 정도 구사했을 것으로 추측할 수 있다. 그리고 이런 외국어의 어휘 등은 『구약성경』 본문에 깊은 자국을 남겼다. 고대 히브리어 어휘에는 '외래어'가 존재한다. 실제 고대 이스라엘의 엘리트 등은 외국어를 능숙하게 구사하고, 일반 민중들은 전혀 알아듣지 못했던 정황이 『구약성경』에 나타난다. 이와 관련된 예를 뒤에서 들기 전에, 일단 국제 공용어에 대해서 조금 더 살펴보자. 고대 이스라엘의 현실을 더욱 구체적으로 알기 위해서다.

아람어 – 두 번째 국제공용어

아카드어는 6세기에 페르시아 제국이 등장하면서 국제 공용어의 위치를 아람어에 내준다. 페르시아인들은 인도-게르만어 계통의 언어를 사용했지만, 제국의 통일과 효율적 지배를 위해서 아람어를 제국의 공용어로 정한다. 이때의 아람어를 '제국 아람어'(〈표2〉의 ⑪)라고 하고, 제국 아람어 이전 시기의 아람어를 '고대 아람어'(〈표2〉의 ⑨)로 구별한다. 제국 아람어는 문법과 표기법 등의 통일이 이루어졌고 고대근동 전역에서 발견된다. 반면 고대 아람어는 도시별로 표기법 등의 차이가 비교적 크고 훨씬 소박하다. 아람인들은 본디 작은 백성이었기 때문이다. 게다가 아람인들의 나라는 사실 기원전 7세기에 아시리아 제국에 의해 모두 멸망했다. 그런데 아람어가 어떻게 6세기 이후 고대근동 전체의 국제 공용어가 된 것일까?

아람인들은 나라를 잃고 고대근동으로 흩어졌다. 하지만 아시리아 제국 곳곳으로 흩어진 아람인들은 끈질기게 살아남았고, 상업에서 두각을 나타냈고, 자신들의 언어를 퍼뜨렸다. 그래서 아람인들을 흔히 '고대근동 세계의 유다인'이라 칭한다.

아람어는 셈어의 일종으로서 문법이 단순하고 알파벳을 사용하는 장점 때문에, 결국 아카드어를 무너뜨리고 고대근동 세계의 국제 공용어(lingua franca)가 되었으며, 페니키아어, 가나안어, 히브리어 등을 멸종시켰다.(Edzard) 결국 훗날 히브리인들도 자신들의 경전을 아람어로 적었고, 예수님의 모국어는 아람어였다. 동방교회 신학을 발전시킨 다수의 교부들이 아람어 계통의 언어를 사용했다. 아람어는 지금도 아르메니아 등에서 사용된다. (주원준, 「아람인 3」, 25쪽)

아람어의 영향력은 엄청나서, 일부 작은 나라들은 아예 모국어를 잊고 아람어를 일상어로 사용할 지경이었다. 아람어와 문법과 단어가 비교적 가까웠던 히브리인들도 마찬가지였다. 그래서 일부 국가는 페르시아 제국이 멸망한 다음에도 계속해서 자신들의 언어로 아람어를 사용했다. 〈표 2〉에서 중기 아람어(⑫)에 속하는 팔미라어(⑬)가 여기에 속한다. 현대 요르단의 대표적 관광지인 페트라를 세웠던 나바태아인들의 언어(⑭)도 여기에 든다.

이후에도 아람어는 계속해서 사용되었는데, 유다 아람어(⑯), 시리아어(⑰), 만다어(⑱) 등이 후기 아람어(⑮)로 분류된다. 특히 시리아어는 동방 정교회의 위대한 신학자인 마르 에프렘 등의 언어였다. 고대 시리아어로 쓰여진 다수의 걸작은 그리스도교 신학뿐 아니라 이슬람 신학의 형성에도 크게 기여하였다. 유다 아람어는 일부 유다인들이 계속해서 사용한 언어였다. 그러므로 아람어는 유다교와 그리스도교와 이슬람 모두에게 중요한 언어라고 할 수 있다.

일상어가 거듭 교체된 나라 이스라엘

이제 이스라엘의 언어생활과 국제적 교류를 알아보자. 많은 분들이 고대 이스라엘의 언어는 단순히 히브리어라고 알고 있지만, 사실 하느님 백성의 언어는 유배 이전과 이후가 크게 다르다.

"유다 말로는 말씀하지 말아주십시오."(이사 36,11)

본디 히브리인들은 상류층을 제외하고 외국어를 거의 몰랐던 것 같다. 『구약성경』에 이를 잘 드러내는 일화가 있다. 남유다의 히즈키야 임금 14년인 기원전 701년, 아시리아 제국의 산헤립이 유다를 침공했다.(이사 36,1) 그때 산헤립은 유다의 라키스에서 대치했다.(이사 36,2) 남유다의 임금은 고위 관리들을 파견했다.(이사 36,3) 강대국 아시리아 군대를 코앞에 두고 나라의 운명이 걸린 협상이 시작된 것이다. 당연히 유다의 최고 엘리트들이 파견되었을 것이다.

그런데 대군을 이끌고 유다를 침공한 아시리아의 장수는 독특한 전술을 사용했다. 의도적으로 유다의 언어, 곧 히브리어로 크게 말을 한 것이다. 아마 그는 일종의 대중 심리전을 시도한 것 같다. 백성의 마음을 흔들어 전쟁을 유리하게 이끌려는 전술이다. 협상으로 군대를 거두려는 마음은 애당초 없었던 것 같다. 그가 한 다음의 말은 그런 추측에 설득력을 더한다. 이 말을 '히브리어로 직접 듣는' 유다의 백성들의 마음은 혼란에 빠졌을 것이다.

> **랍 사케가 그들에게 말하였다. "히즈키야에게 전하여라.**
> **대왕이신 아시리아 임금님께서 이렇게 말씀하신다. '네가 무엇을**
> **믿고 이렇게 자신만만하단 말이냐? (…) 네가 지금 누구를 믿고**
> **나에게 반역하느냐? (…) 자, 이제 아시리아의 임금님이신 나의**
> **주군과 내기를 해보아라. (…) 병거와 기병 때문에 이집트를 믿고**
> **있는 네가, 어떻게 내 주군의 하찮은 신하들 가운데에서 총독**
> **하나라도 물리칠 수 있겠느냐?'"** (이사 36,4~10).

이스라엘의 관리들은 이런 전술을 간파한 것 같다. 그래서 이스라엘 협상 대표는 군대를 철수해달라고 요청한 것이 아니라, 히브리어로 말하지 말고 제발 아람어로 말해달라고 요청했다.

> 그러자 엘야킴과 세브나와 요아가 랍 사케에게 말하였다.
> "저희가 아람 말을 알아들으니, 제발 이 종들에게 아람 말로
> 말씀해주십시오. 성벽 위에 있는 백성이 듣고 있으니, 저희에게
> 유다 말로는 말씀하지 말아주십시오." (이사 36,11)

하지만 랍 사케는 이 말을 완전히 무시한다. 그는 히브리어로 대중 심리전을 계속한다. 그는 히브리어로 히즈키야의 무력함을 주장할 뿐만 아니라 히즈키야가 믿는 이스라엘의 하느님도 무력한 존재라고 선동한다. 임금과 신을 모욕하여 백성들의 사기를 완전히 꺾으려는 것이다.

> 이어 랍 사케는 일어서서 유다 말로 크게 외쳤다. "대왕이신
> 아시리아 임금님의 말씀을 들어라. 이 임금님께서 이렇게
> 말씀하신다. '너희는 히즈키야에게 속지 마라. 그자는 너희를
> 구해내지 못한다. (…) 히즈키야의 말을 곧이듣지 마라.
> 히즈키야가 '주님께서 우리를 구해 내신다' 하면서, 너희를

부추기는 일이 없게 하여라. 뭇 민족의 신들 가운데

누가 제 나라를 아시리아 임금의 손에서 구해낸 적이 있더냐?

(…) 주님이(=야훼가) 예루살렘을 내 손에서 구해낼 수 있다는

말이냐?'" (이사 36,13~20)

그러자 약소국 유다의 임금 히즈키야는 대꾸하지 않는 전술을 펼친다. 히즈키야의 전술을 신학적 차원이나 현실적 차원에서 이해할 수 있다. 자신들이 믿는 하느님이 모욕을 당하자, 그에 대한 어떠한 말도 하지 않는 신앙의 침묵이기도 하고, 이런 대중 심리전에 말려들지 않겠다는 현실적 전술이기도 한 것이다.

그러나 그들은 침묵을 지킨 채 그에게 한마디도 대답하지

않았다. "그에게 대답하지 마라" 한 임금의 명령이 있었기

때문이다. (이사 36,21)

히브리어만 아는 히브리 민중들

이제 위 정황을 좀 찬찬히 짚어보자. 이스라엘의 협상 대표는 "저희가 아람 말을 알아들으니"라고 말했다. 이 말은 이스라엘의 고위 관리들이 외국어를 구사할 능력이 있었음을 증명한다. 그런

데 기원전 701년경은 아람어가 국제 공용어가 되기 이전이고, 아카드어가 국제 공용어로 쓰이고 있었을 시기다. 그런데 이스라엘의 관리들이 어떻게 아람어를 알고 있었을까? 그 이유는 아람인들이 이스라엘의 전통적인 이웃이기 때문이다.

아람인들은 하나의 나라가 아니라 여러 나라를 이루고 있었다. 아람인들은 고잔(2열왕 17,6; 18,11 등), 초바(1사무 14,47; 2사무 8,3 등), 아르팟(2열왕 18,34; 19,13 등), 하맛(*Hamat*)의 수도 하드락(즈카 9,1) 등을 지배했다. 성경에 등장하지 않는 삼알(*Sam'al*), 비트 아디니(*Bit Adini*), 비트 바히아니(*Bit Bahiani*), 비트 자마니(*Bit Zamani*), 나시비나(*Nasibina*) 등의 도시국가도 아람인들의 것이었다. 아람인들은 다마스쿠스도 점령하여 아람 왕조를 세웠는데, 훗날 다마스쿠스는 아람 민족 전체를 지휘하는 중심의 역할을 했다.(Lipiński, p.147)

이들 도시들과 국가들은 모두 이스라엘의 북쪽과 동쪽에 자리잡고 있다. 다시 말해 이스라엘의 이웃들이니, 이스라엘은 외교와 무역 등을 위해 아람인들과 교류해야 했고, 아람어를 익힌 엘리트들도 적잖이 있었을 것이다. 고대 이스라엘은 믿음으로 보면 하느님 백성이지만, 고대근동학의 시각으로 보면 고대근동의 보통국가적인 면모가 다분하다.

하지만 이스라엘의 민중들은 이웃의 언어인 아람어를 익히지 못했다. 그들은 아람어로 말하면 알아듣지 못했던 것이다. 〈표2〉에서 보듯 아람어와 히브리어는 모두 북서셈어 계통에 속한다. 비교적 가까운 친족어이기에 단어와 문법의 60퍼센트 이상이 일치한다. 이스라엘인들에게 아람어는 비교적 손쉬운 언어라고 할 수 있다. 하지만 위 정황에서 보듯, 서로 직접 이해할 수 있을 정도로 가깝지는 않았다. 의식적으로 문법과 어휘를 배우고 익혀야만 하는 것이다. 이스라엘의 일반 민중에겐 그럴 기회가 없었고, 엘리트 일부는 그런 노력을 기울여 아람어를 익혔던 것임을 짐작할 수 있다.

이스라엘의 민중들이 외국어를 구사하지 못했다는 것은 신학적으로 의미가 있다. 민중들 사이에서는 히브리 종교의 고유한 전승이 고스란히 전승될 가능성이 그만큼 크기 때문이다. 엘리트나 식자층은 외국 문물을 직접 경험할 수 있기에 국제적인 흐름 등을 빨리 알아챌 수 있다. 그들은 아마도 다른 나라의 신화를 이해하고 참조했을 것이다. 하지만 민중들은 그렇지 못하고 오직 '조상의 전승' 안에서만 살고 있었을 것이다.

한편 아시리아 측을 보자. 랍 사케의 언어는 어땠을까? 그는 아시리아의 장수였으니 아카드어를 자유롭게 구사했을 가능성이 크다. 아카드어와 서부셈어는 차이가 크다. 강대국의 큰 장수인 그가 작은 나라 이스라엘의 언어나 아람어를 배우고 익혔을까? 확실한 증거는 없지만, 랍 사케는 아마 통역을 써서 일종의 대중 심리전을 구사했을 것으로 추측할 수 있다.

그래서 랍 사케와 이스라엘의 관리들이 어떤 언어로 대화했는지도 질문할 수 있다. 이 역시 확실한 증거는 없지만, 이스라엘의 관리들 일부가 국제 공용어인 아카드어를 구사했을 가능성도 배제할 수 없다. 하지만 위 대화에서 이스라엘 측이 아람어로 말해달라고 청한 것으로 보아, 아카드어를 능숙하게 하는 전문가는 이스라엘에 비교적 적었을 것 같다. 약소국인 이스라엘의 고위관리 중에는 아무래도 아람어에 익숙한 사람이 더 많았던 것인지도 모른다. 또는 이도 저도 아니라, 모든 대화를 그저 통역을 썼을 가능성도 배제할 수 없다. 이 전쟁은 '아시리아(아카드어)-아람인(아람어)-이스라엘(히브리어)'이 관련된 국제전의 성격을 띠고 있는데, '국제적 사건'인 만큼 어떤 형태로든 통역이 개입했을 것이다.

실제로 고대근동에는 통역이 존재했다. 이미 창세기에서 외국어를 능숙하게 구사하는 통역의 존재가 드러난다. 다음은 이집트에서 재상이 된 요셉이 형님들을 만나는 장면이다. 형들은 요셉이 이집트어만 구사하는 이집트의 관리라고 생각했기 때문에, 그의 면전에서 히브리어로 자유롭게 대화했다. 그들은 이집트의 고위 관리(요셉)가 자신들의 언어를 이해하리라고는 생각도 못하고 있었다. 그들은 통역을 통해 요셉과 소통했기 때문이다.

그들은 자기들과 요셉 사이에 통역이 서 있었기 때문에, 요셉이 알아듣는 줄을 알지 못하였다. (창세 42,23)

사실 고대근동에서 통역은 중요한 역할을 했다. 문맹이 일반적이던 시대였다. 글을 아는 것 자체가 특권이던 시대였다. 글을 읽고 쓰는 직업, 곧 서기는 훌륭한 직업이었고, 권력에 가까이 갈 수 있었다. 더구나 외국어를 능숙하게 구사하는 것은 특권 중의 특권이라고 할 수 있다. 실제로 고대근동 전역에서 '학교' '교재' '선생' 등의 단어와 관련 유물이 출토되었다. 그 가운데는 외국어 교재도 있다. 『길가메시 이야기』의 가운데 「삼목산 여행」은 길가메시와 엔키두가 삼목산에 들어가 괴물 훔바바를 잡는 장면을 묘사한다. 이 토판은 고대근동 전역에서 100여 장이나 출토되었다. 학자들은 서사 자체도 흥미진진하고 어휘나 문장이 수려한 이 이야기가 일종의 '아카드어 교재'의 역할을 했을 것이라 추측한다. 이스라엘도 사정은 비슷했을 것이다. 고대근동의 국가 이스라엘은 진공상태에 홀로 존재하는 나라가 아니었다. 다른 나라처럼 부국강병을 원했고, 외교와 무역을 위해 통역을 양성했을 것이다.

통역은 외국어를 능숙하게 하는 사람이다. 그런데 통역을 어떻게 길렀을까? 이스라엘의 수도 예루살렘에는 고대근동의 다른 국가들처럼 외국어 학교가 존재했을 것이다. 앞에 길가메시 이야기의 예에서도 보듯, 그 당시 외국어 문헌은 대부분 다른 종교의 신화나 경전이었다. 이 말은 예루살렘의 한 구석에는 다른 종교의 신화나 경전을 공부하는 사람들이 어엿하게 존재했다는 말이된다. 그 당시 이런 고급 학문의 선생이나 학생은 대부분 귀족이었을 것이다. 그리고 외국어 학교를 우수한 성적으로 졸업한 학생들은 훗날 이스라엘의 왕실과 신전에서 중요한 역할을 맡았을 것이다. 우리는 이런 정황으로 미루어 다른 종교의 경전을 읽고 이해하는 일종의 '종교 간 대화'가 예루살렘에서 일상적으로 일어났을 가능성이 충분하다고 짐작할 수 있다. 작은 나라 이스라엘은 생존을 위해서 그런 일을 피할 수 없었을 것이다.

구약신학과 구약학의 차이 나는 관심

여기서 잠시 구약신학과 구약학에 대해서 돌아보자. 한국의 교회나 성당은 대부분 구약신학적으로 성경을 풀이한다. 위에서 본 랍 사케와 히즈키야의 대결에서 히즈키야의 올바른 신앙과 랍 사케의 오만을 대비하는 해설이 주류를 이루고 있다. 그러나 지금 보았듯이 구약학은 그런 구약신학적 관심을 부정하지 않으면서, 동시에 이 사건 너머의 다양한 현상에 관심을 둔다. 과연 이 국제전에서 얼마나 많은 언어가 사용되었는가? 그들은 어떻게 소통했을까? 그 언어들은 어떤 언어들인가? 누가 어떻게 그런 언어들을 익혔을까? 한 나라에서 외국어의 전승이란 어떤 의미일까? 그런 연구를 바탕으로 이 구절의 의미를 더 알아낼 수 있을까? 이와 같은 질문들이 구약학적 관심이라고 할 수 있다.

이런 면에서 구약학은 구약신학을 보완하며 『구약성경』 본문의 의미를 더 깊게 들여다볼 수 있게 도와준다고 할 수 있다. 『구약성경』은 인간의 다양한 관심에 열려 있는 본문이며, 인간의 더 많은 호기심과 참여를 기다리고 있는 경전이다.

히브리어를 잊은 히브리인들

민중은 히브리어만 알고 지배 엘리트는 외국어를 어느 정도 구사하던 상황은 유배 이후에 극적으로 뒤집어진다. 고대근동학의 관심으로 느헤미야와 에즈라서를 읽어보자.

우선 이 두 책에는 일종의 감격하는 마음이 들어 있다. 힘든 유배 상황을 견디고 드디어 조상들의 땅으로 귀환한 하느님 백성의 마음은 벅찼다. 그들은 자신들이 믿는 야훼 하느님에 대한 큰 감사와 무한한 신뢰를 느끼고 있었다. 정녕 그분은 살아 계신 분이요, 당신의 약속을 틀림없이 지키시는 분이셨다.

귀환한 백성은 여러모로 힘들고 가난한 사정임에도, 뜻을 모아 성전을 재건하고 조상들의 관습을 되살리려 애썼다. 「느헤미야서」를 보면, "그때에 온 백성이 일제히 '물 문' 앞 광장에 모여, 율법학자 에즈라에게 주님께서 이스라엘에게 명령하신 모세의 율법서를 가져오도록 청하였다".(느헤 8,1) 백성은 모두 모여 하느님의 말씀을 듣는다. 에즈라는 남녀노소 모든 이가 모여 있는 "회중 앞에 율법서를 가져왔다".(8,2) 그리고 "해 뜰 때부터 한낮이 되기까지 남자와 여자와 알아들을 수 있는 이들에게 그것을 읽어 주었다. 백성은 모두 율법서의 말씀에 귀를 기울였다".(8,3)

율법을 읽는 방법은 지금과 크게 다르지 않다. 율법학자 에즈라는 높은 나무 단 위에 올라갔기에, 그가 책을 펴는 것을 모든 백성이 볼 수 있었다. 그가 책을 펴자 백성들이 일어섰다. 왜냐하면 하느님의 말씀을 앉아서 듣는 불경을 저지르지 않기 위해서다. 에즈라는 책을 읽기 전에 하느님께 '아멘'으로 기도하고 무릎을 꿇고 땅에 엎드려 하느님을 찬양하였다. 그리고 온 백성이 이를 따라 했다.(8,4~6) 그런데 놀랍게도 그가 읽는 "모세의 율법서"(8,1)를 백성들이 알아들을 수 없었다.

그들은 그 책, 곧 하느님의 율법을 번역하고 설명하면서 읽어주었다. 그래서 백성은 읽어준 것을 알아들을 수 있었다.

(느헤 8,8)

조상 대대로 물려온 경전, 유배 중에도 잃지 않고 굳건히 지켜온 "하느님의 율법"은 토라다. 그 토라의 히브리어를 백성들이 알아듣지 못하여 에즈라와 율법 학자들은 "번역"해야 했다. 백성이 더 이상 히브리어를 이해하지 못했다니! 무슨 일이 일어난 것일까?

유배 중에 세상은 변하였다. 아카드어를 국제 공용어로 사용하던 신아시리아 제국과 신바빌로니아 제국은 무너졌다. 이미 신바빌로니아 제국 말기에 아카드어는 점차 국제 공용어의 지위를 잃어버렸고, 아람어가 득세했다. 오랜 세월 이웃 국가로 살았어도 백성들은 아람어를 이해하지 못했다. 그러나 바빌론으로 끌려간 이스라엘 백성은 생존을 위해 아람어를 익힐 수밖에 없었다. 모국어를 갈아야 했던 그들의 고통을 잠깐이나마 짐작할 수 있다. 그나마 아람어는 히브리어와 친근한 언어이니, 다른 나라 사람들보다는 비교적 수월하게 익히지 않았을까.

유배 중에 백성은 아람어를 일상에서 더 많이 더 자주 사용하였고, 어느새 아람어가 일상어의 지위를 차지했다. 그 결과 조상의 언어를 잊어버리게 된 것이다. 그래서 에즈라는 백성들에게 히브리어로 된 토라를 번역하면서 설명해줄 수밖에 없었다. 그렇게 해야만 백성은 성경의 내용을 "알아들을 수 있었다". 유배를 끝낸 백성은 조상의 땅에 들어왔지만, 조상의 언어를 되살리지는 못했다.

율법 학자들의 새 임무 – 히브리어 경전의 번역

위에서 묘사한 느헤미야와 에즈라의 상황은, 이스라엘 백성이 히브리어를 '완전히 망각한 상황'이라기보다는, '일부 백성이 히브리어를 온전히 이해하지 못하는 상황'에 가까울 것 같다. 조상 대대로 사용한 모국어는 그렇게 쉽게 잊히는 것이 아니기 때문이다. 아마 히브리어로 경전을 듣고 이해하는 백성은 얼마 되지 않고, 대부분의 백성이 히브리어와 아람어를 혼용해서 사용했을 가능성이 크다. 하지만 '히브리어 망각'의 흐름은 멈추지 않았다. 페르시아 제국의 공용어를 일상어로 사용할 수 있다는 것은 현실적으로 큰 도움이 되었을 것이기 때문이다. 백성들은 더욱 아람어를 사용하게 되었고, 히브리어는 율법학자 등 종교인들만 아는 언어가 되어 갔다.

위 느헤 8,8에서 보듯, 유배 이후 율법 학자들에겐 새로운 임무가 하나 추가되었다. 그것은 이스라엘 사람들을 위해 이스라엘 조상들의 경전을 '번역'하는 일이었다. 율법 학자가 성경을 '해설'하는 것이야 그 전에도 하던 것이다. 이제는 백성이 히브리어를 잊으니, 해설뿐 아니라 '번역과 해설'의 시대가 열린 것이다.

그러다가 경전마저 아람어로 쓰는 시대가 열린다. 『구약성경』의 「다니엘서」는 아예 아람어로 쓰였다. 이스라엘 내부에서 일상어의 지위도 내어준 히브리어는 이제 '경전을 저술하는 언어'의 위치마저 아람어에 물려주게 된다. 히브리어를 아는 것은 오직 '조상의 전승'을 이해할 용도에 국한된다. 소수의 전문 종교인 외에는 완전히 망각해버린 것이다. 이제 아람어의 비중이 더욱 커지고, 히브리어는 오직 '경전을 읽는 언어'로만 축소된다.

일상어의 변화란

이제 구약학적 관심을 가지고 유배의 의미를 음미해보자. 유배에 대한 신학적 관심은 대개 유배 중에 새로 등장한 신학적 사조나 힘든 유배 중에도 꿋꿋이 신앙을 이어나간 백성, 언제나 변하지 않는 하느님의 계약 등에 초점을 맞춘다. 그러나 우리는 '일상어의 변화' 그 자체에도 관심을 가질 수 있다.

일상에서 사용하는 언어가, 그것도 개인이 아니라 한 민족 전체의 일상어가 바뀐다는 것은 어떤 의미일까? 하이데거는 "언어는 존재의 집"이라고 말했다. 이 말에 따르면 언어가 바뀌는 것은 존재 양식에 큰 영향을 받는 일이다. 이 일상어 변화 사건은 이스라엘 백성이 얼마나 크게 변했는지 보여주는 의미로서 손색이 없다.

유배 중 일상어의 변화는 신학적으로나 종교학적인 의미도 크지만 인문학적으로도 다양하게 성찰할 수 있다. 우선 유배가 이 백성에게 얼마나 쓰라리고 힘든 일인지도 느낄 수 있고, 일상어가 달라지면서 이스라엘에 얼마나 많은 외래 요소들이 들어왔는지도 가늠할 수 있을 것이다. 외래 요소는 신학과 종교는 물론, 정치, 문화, 기술, 상업, 행정 등 전면적으로 들어왔을 것이다. 결국 외국의 말을 자신의 말로 삼을 수밖에 없었던 유배살이는 이웃과 전면적 영향을 주고받던 시기요, 거대한 종교 간 대화의 시기이기도 한 것이다. 국제적 정세가 소용돌이치는 한복판에서 이스라엘은 세파에 적응해야 했다.

이 현상을 이해하기 위해서 우리의 경험에 빗대보자. 한국의 언어에는 영어에서 들어온 외래어가 매우 많다. 일제 강점기에는 일본어 어휘가 많이 들어왔다. 그 이전에 한국어는 중국어의 영향을 많이 받았다. 이는 보편적 현상이다. 현실에 존재하는 모든 언어들은 어느 정도 외래어 어휘를 필수적으로 담고 있다. 성경 히브리어도 마찬가지다.

그런데 한국인은 일상어 자체를 바꾼 경험은 없다. 그래서 '조상의 언어를 새롭게 번역하는 상황'이라든가 '우리 역사를 우리 땅에서 외국어로 적는 상황' 등은 참 멀게 느껴진다. 그 대신 재일교포 3세라든가, 카자흐스탄이나 우즈베키스탄의 고려인 후손이라든가, 미국이나 유럽의 교포 3세 등에서 한국어를 잊은 경우를 볼 수 있을 뿐이다. TV 등에서 이따금 그런 '동포'들을 볼 때면, 언어가 바뀌는 것이 얼마나 사람을 달라 보이게 하는지 체감할 수 있다. 나 또한 독일 유학 시절에 독일어만 가능한 교포 자제들을 보곤 했다. 언어가 다르다는 것은 사고방식 자체는 물론

이요, 기본적 정서 자체가 일부 변한다는 느낌을 받았다. 그러니 민족 전체의 언어가 바뀜과 함께 이스라엘의 종교와 신학이 '얼마나 깊고 광범위하게' 변했을까? 아마 우리의 상상을 초월할 정도가 아닐까.

이제 그리스어를 쓰는 이스라엘인들

앞서 말했듯 마케도니아의 알렉산드로스 대제가 페르시아 제국을 무너뜨린 사건으로 고대근동 시대는 막을 내린다. 하지만 이스라엘인들의 삶은 헬레니즘 시대에도 계속되었다. 이제 세계의 공용어는 그리스어가 되었고, 이스라엘인들은 점차 그리스어를 익히게 된다. 그 결과 이 시대에 나온 마카베오 상하권, 토빗서, 유딧서 등은 그리스어로 쓰였다. 그리스어가 아람어를 몰아내고 '이스라엘의 경전을 저술하는 언어'로서 사용된 것이다. 이렇게 그리스어로 쓰인 문헌들은 『공동번역 성서』에는 제2경전에 수록되어 있고, 가톨릭 『성경』에는 정경으로 자리잡고 있다. 이스라엘 사람들이 스스로 그리스어로 자신들의 경전을 저술하는 관행은 고스란히 『신약성경』 시대로 이어졌다. 『신약성경』은 모든 책이 처음부터 그리스어로 쓰였다.

그런데 그리스어를 익히는 것은 아람어를 익히는 것과는 여러모로 성격이 달랐다. 우선 어족(語族)이 완전히 달랐다. 아람어는 셈어 중에서도 비교적 가까운 편이었지만, 그리스어는 인도-유럽어의 일종이다. 그리스어를 익히기 위해서는 더 많은 노력을 기울여야 했다. 그리고 아람어를 익히는 과정은 힘든 유배살이 중에 전면적으로 이루어졌기 때문에 일반 민중들도 아람어에 숙달하게 되었다. 하지만 그리스어를 익히는 과정에서 이스라엘인들이 이스라엘 땅에서 거주하였다. 그래서 그리스어는 큰 노력을 기울일 수 있는 귀족과 지식인의 언어가 되었고, 가난한 사람들은 아람어를 계속해서 일상어로 사용했다. 이런 상황에서 히브리어의 입지는 더욱 좁아졌다.

이런 언어생활이 『신약성경』 시대로 전승되었다. 『신약성경』은 이스라엘 땅에서 일어난 사건을 이스라엘 사람들이 그리스어로 쓴 것이다. 그런데 일부 복음사가들은 (히브리어가 아니라) 아람어 단어를 그리스어로 '번역하고 설명하고' 있다. 대표적으로 다음과 같은 것들이다.

> **"보아라, 동정녀가 잉태하여 아들을 낳으리니 그 이름을 임마누엘이라고 하리라" 하신 말씀이다. 임마누엘은 번역하면 '하느님께서 우리와 함께 계시다'는 뜻이다.** (마태 1,23)

그리고 아이의 손을 잡으시고 말씀하셨다. "탈리타 쿰!" 이는
번역하면 '소녀야, 내가 너에게 말한다. 일어나라!'는 뜻이다.

(마르 5,41)

그들은 예수님을 골고타라는 곳으로 데리고 갔다. 이는 번역하면
'해골 터'라는 뜻이다.   (마르 15,22)

이런 번역과 설명의 과정을 보고 있으면, 일부 이스라엘인들
이 이제 아람어마저 망각하고 일상어로 그리스어를 썼던 정황을
짐작할 수 있다. 이 사람들은 이스라엘 땅에 거주하던 사람들이
아니라 외국에 흩어져 살던 이스라엘인들일 것이다. 이스라엘 영
토 밖에서는 아예 일상어로 그리스어를 썼기 때문에 아람어 단
어마저 잊었던 것이다. 그래서 아람어 낱말이 나올 때마다 이렇
게 친절하게 그리스어로 번역하고 설명했던 것이다. 이렇게 하느
님 백성을 위해서 '번역하고 설명하는' 임무는 앞의 「느헤미야서」
에서 이미 시작된 것이다.

그러면 이 시대 예수님의 언어는 어땠을까? 아래에서 보듯 예
수님이 십자가 위에서 마지막으로 하신 말씀은 명백히 아람어였
다. 평생을 이스라엘 땅을 떠나지 않고 가난한 사람과 즐겨 어울

리셨던 예수님은 일상어로서 아람어를 쓰고 계셨던 듯하다.

오후 세 시에 예수님께서 큰 소리로, "엘로이 엘로이 레마
사박타니?" 하고 부르짖으셨다. 이는 번역하면, '저의 하느님,
저의 하느님, 어찌하여 저를 버리셨습니까?'라는 뜻이다.

(마르 15,34)

    물론 예수님은 어느 정도 그리스어도 이해하셨을 것 같다. 소
년 예수가 나자렛 회당에서 이사야 예언자의 두루마리를 읽었다
는 이야기 때문에 그렇게 추측할 수 있다.(루카 4,16~17) 예수님이
읽으신 성경은 그리스어 성경이었던(LXX) 것이다.

    『신약성경』에 쓰인 그리스어를 흔히 코이네 그리스어(Koine
Greek)이라고 하는데, 널리 쓰이는 민중들의 그리스어라는 의미
다. 이런 그리스어는 그리스어를 모국어로 하지 않던 곳에서도 사
용되는 쉬운 그리스어로서 헬레니즘 시대에 국제 공용어의 역할
을 했다. 그러나 수천 년간 셈어를 쓰던 사람들의 습관이 쉽게 버
려지겠는가. 『신약성경』의 그리스어에는 히브리어의 영향이 강
하게 남아 있다. 이런 히브리어 고유의 요소(hebraism)을 알아야
『신약성경』 본문을 잘 알 수 있다. 쉽게 말해, 『신약성경』에 쓰인

그리스어에는 일종의 '콩글리시' 같은 말이 보인다는 뜻이다. 영어나 그리스어에서는 매우 어색하지만 이스라엘인이나 한국인은 잘 이해할 수 있는 독특하고 고유한 표현을 이해해야 성경 본문을 깊이 있게 이해할 수 있을 것이다.

헬레니즘의 전파는 예수의 제자들에게 큰 영향을 끼친다. 3세기 정도 후에 그들의 후손은 셈족의 종교를 플라톤 식으로 해석하는 일을 미룰 수 없었다. 그것은 매우 힘든 일이었다. 다양한 논의와 역사적으로 우여곡절을 겪은 이후에 그들은 공의회에서 삼위일체 교리를 확정하고, 오늘날까지 이른다. 이렇게 국제 공용어의 변화는 큰 시대적 변화를 상징할 수 있고, 그런 변화의 파도에 맞추어 인간의 삶은 큰 변화를 겪는다. 이스라엘의 종교와 신학도 여기에서 자유로울 수 없었다. 세상의 변화에 따라 자신이 믿는 고유한 하느님 신앙의 언어를 새롭게 다듬고 발전시키는 일은 이미 고대 이스라엘의 초창기부터 시작되었다. 그 과정에서 세상과의 대화와 이웃 종교와의 대화는 피할 수 없었다.

고대 이스라엘의 기본 성격

이제 본격적으로 고대 이스라엘의 성격을 알아보자. 구약신학으로 이해하는 고대 이스라엘의 '신학적 특성'과 함께, 고대근동학의 역사와 지정학을 중심으로 고대 이스라엘의 '인문학적 특성'을 알아보자.

상대적 후발국가

이스라엘 건국 이전의 국가들

'고대근동 국가 이스라엘'의 첫째 특징은 고대근동 세계의 '상대적 후발국가'라는 점이다. 사울과 다윗 시대, 곧 고대 이스라엘이라는 '고대근동의 국가'를 건국한 것이 기원전 11세기경이다.(〈표 1〉을 참고하라.) 그런데 고대근동에는 이미 기원전 33세기경부터 도시국가가 등장하였다. 고대 메소포타미아 지역에서는 "인류 역사의 최초 도시(van de Mieroop, p.54)", 이 당시 우르크가 시작되었다. 우르크에서는 이미 직업이 분화되고 화폐경제가 시작되었으며 행정과 회계와 문자가 정교해졌다. 그보다 조금 뒤 고대 이집트 지역에서는 상이집트와 하이집트가 통일되어 '이중왕관'을 쓴 통합왕조가 시작되었다.

<**그림 1**>

상이집트의 백관(白冠, Hedjet)

높은 흰색의 왕관은 나일강 상류 지역을 상징하는 왕관이다.

© fi:Käyttäjä:kompak(CC BY-SA 3.0)

<**그림 2**>

하이집트의 적관(赤冠, Deshret)

낮고 평평한 붉은색의 왕관은 나일강 하류 지역을 다스리던 파라오의 왕관이다.

© fi:Käyttäjä:kompak(CC BY-SA 3.0)

<**그림 3**>

상·하 이집트의 이중왕관

백관과 적관을 통합한 '이중왕관'은 이미 고대 이집트의 거의 최초의 시기부터 상·하 이집트를 모두 지배하는 파라오의 상징이었다.

© Jeff Dahl(CC BY-SA 4.0)

그 이후 고대 서아시아와 북아프리카 지역에서는 수많은 왕조가 명멸하였다. 32쪽에서는 한 시대를 대표할 수 있을 정도의 큰 제국의 이름만 표기한 것이다. 실제로 고대근동의 역사에는 수백, 수천의 민족과 도시와 나라 이름들이 기원전 3000년대와 2000년대를 빼곡히 채운다. 제국들은 서로 치열한 외교전을 펼쳤으며 때로 원정도 불사했다. 이미 기원전 24세기, 그러니까 다윗보다 1400여 년 전에 아카드의 사르곤 대왕은 "극단적인 정복정치를 추구함으로써 근동 역사의 새 시대를 열었다."(van de Mieroop, p.106). 사르곤의 기록 가운데 "매일 5400명의 남자들이 그와 함께 식사했다"(van de Mieroop, p.109)는 것이 있다. 아마 이 숫자는 상징수가 포함된 '의미의 숫자'일 테지만 그래도 상당한 군대를 유지했음을 알 수 있다. 이렇게 큰 군대를 유지한 이유는 정복지를 획득하기 위한 것이기도 하지만, 방대한 정복지를 경영할 필요도 있었기 때문이다. 그 이후 고대근동에는 크고 작은 전쟁과 내분이 끊이지 않았다. 물론 그들이 다투기만 한 것은 아니다. 상업과 문화적 교류도 활발히 이루어졌고, 종교적 교류도 끊이지 않았다.

3000년의 기간을 서술하는 방대한 고대근동의 역사책을 읽다 보면, 거의 3분의 2 정도가 지날 즈음에 이스라엘의 이름을 볼 수 있다. 처음의 2000년간의 일을 설명하고 나서 기원전 1000년의 서술이 시작될 때, 그것도 이스라엘 홀로 등장하지 않고, 가나안 국가들과 페니키아 등과 함께 나온다. 그만큼 이스라엘은 후발 국가였던 셈이다.

'야훼 성읍'은 없다

혹자는 아브라함과 이사악과 야곱 등 창세기의 선조들의 기록이 그보다 훨씬 이전이 아니냐고 반문할지 모른다. 그러나 창세기의 선조들은 어떤 도시국가도 세우지 못하고 떠돌아다닌 유목민에 가까운 존재였다. 기원전 33세기는 메소포타미아와 이집트에 국가가 성립하여 왕조가 시작된 시기이다. 이스라엘에서는 이 시기가 11세기경에 시작한다. 만일 우리가 '도시국가 이전의 유목민(또는 농경) 시대'에서 '도시국가 시대'로 발전했다는 일반적 도식을 적용하면, '도시국가 성립 이전의 유목 시대'는 고대 이집트나 고대 메소포타미아에서는 기원전 4000년경에 해당할 것이다. 이스라엘의 경우 창세기의 이런 유목 시대는 아무리 올려 잡아도 기원전 20세기 이전으로 소급되기 힘들 것이다.

여기서 참고로 하나의 사실을 짚고 넘어가자. 이스라엘의 선조들이 어떤 도시국가도 세우지 못했기 때문에, 고대근동 역사는 물론이고 『구약성경』에도 '야훼 성읍'이 없다는 점이다. 고대근동 세계에서는 자신들이 믿는 신의 이름을 지명으로 삼는 일이 흔했다. 이를테면 아시리아 사람들의 고향 앗슈르는 '앗슈르'(*Aššur*)라는 신을 믿는 도시였다. 예언자 예레미야의 고향 아나톳(예레 1,1)은 '아나투'(*Anatu*)라는 신을 믿는 고장이었다. 예레미야는 고향 사람들과 종교적인 문제로 여러 번 갈등을 빚었는데(예레 7:18; 44,17.18.19.25), 이 아나투 여신 숭배와 관련 있을 것이다.(이런 면에서 그에게 아나투 숭배는 낯설지 않은 일이었다.) 하지만 우리는 야훼 이름을 붙인 성읍을 알지 못한다. 그럴 기회를 잡지 못한 민족이었다.

사실 이스라엘 역사상 도시에 자신들의 하느님 야훼의 이름을 붙일 수 있는 절호의 기회가 두 번 있었다. 첫째는 다윗이 예루살렘을 여부스인들에게서 빼앗아 건국의 수도로 삼았을 때다. 둘째는 북왕국이 분열하여 사마리아를 수도로 삼았을 때이다. 이스라엘은 두 번의 기회도 살리지 못했다. 그래서 결과적으로 지금도 이스라엘의 하느님 야훼의 이름이 들어간 지명이 하나도 없다. 하지만 인명의 경우에는 존재한다. 주로 왕국이 세워지고 나서 야훼 이름을 모신 인명이 여럿 출현한다.

지정학적 요충지의 약소국

3강1약의 구도

'고대근동 국가 이스라엘'의 둘째 특징은 고대근동 세계의 '지정학적 요충지에 자리 잡은 약소국'이라는 점이다. 이스라엘이라는 나라는 한 번도 강대국의 반열에 이름을 올리지 못했다. 그렇게 된 가장 근본적인 이유는 이 나라가 자리 잡은 지역이 너무도 협소하여 강대국이 되기에 충분한 인구와 산출물을 내기 힘들었기 때문이다. 고대근동의 무대는 이른바 '비옥한 초승달 지대'다. 수메르, 바빌로니아, 아시리아, 이집트, 히타이트, 밋탄 등 강대국들은 그 무대의 주연들이었다. 하지만 레반트 지역의 약소국들은 한 번도 주연급의 위치를 차지하지 못했다.

고대근동의 세계는 크게 네 지역으로 나눠 이해하는 것이 좋다. 나는 이 지정학을 '3강1약', 곧 '강한 3지역과 요충지 1지역'으로 나눠서 설명해보겠다. 〈그림 4〉와 앞서 제시했던 표를 비교하면서 이 지역의 기본적인 지정학적 구도를 살펴보자. 지정학은 쉽게 바뀌는 것이 아니니, 지금부터 설명할 내용은 이후 헬레니즘 시대, 그리스도교 시대, 이슬람 시대는 물론 일부 현대의 중동 정세에도 참고할 만한 것들이다.

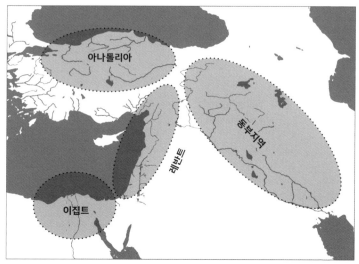

<그림 4> 고대근동의 지역 구분.
고대근동의 대략적인 지역을 구분한 지도다.

지도 레이블: 아나톨리아, 동부지역, 레반트, 이집트

강대국들의 동부지역

첫째는 동부지역으로서 전통적으로 서아시아, 또는 서남아시아라 부르는 이름이다. 이 지역의 이름이 전통적인 이름은 '두 강 사이'라는 뜻의 '메소포타미아'(Mesopotamia)이다. 36쪽 〈표 2〉를 보면, 아카드어로 대표되는 '동부셈어'를 쓰는 지역이기도 하다. 언어적으로나 문화적으로나 종교적으로 비교적 친밀한 지역이다. 동부지역은 다시 북부와 남부로 나뉘는데, 38쪽 〈표 3〉에서 남부의 아카드어가 바빌로니아어이고, 북부의 아카드어가 아시리아어다.

메소포타미아 남부와 북부는 차이가 크다. 메소포타미아 문명이 시작한 곳은 남부다. 남부는 자연 환경이 비교적 동질하고 풍요롭다. 이집트 나일강 삼각주의 풍요와 비교할 수 있는 유일한 지역이 여기다. 이 지역은 또한 일찌감치 문명이 발달했기에 문화적으로나 종교적으로 우월하다는 인식을 갖고 있다. 이런 인식은 메소포타미아 남부를 제외한 다른 지역의 자료에서도 확인된다. 이 지역과 이집트는 전통적인 고대근동의 문화 선진국이라고 할 수 있다.

한편 북부는 자연 환경이 다채롭고 남부보다 뒤늦게 출발했다. 그래서 문화적으로 열등감이 있지만 남부보다 진취적이고 실용적이라는 특징이 있다. 남부와 북부의 갈등은 생각보다 깊고 오래되었다. 남부를 대표하는 나라는 수메르와 바빌론 등이며, 북부를 대표하는 나라는 아시리아다. '바빌로니아'나 '아시리아'라는 이름은 제국의 이름이기도 하지만, 메소포타미아 남부와 북부를 지칭하는 '지역명'으로 사용될 때도 있음에 주의하라.

문화와 지혜의 강대국 이집트

북아프리카의 이집트는 언제나 크고 강력한 선진국이었다. 인구, 농업, 의술, 지혜, 문화, 종교 등 모든 면에서 우월한 나라다. 이집트의 언어는 아프로-아시아 어족으로서 셈어가 아니다. 하지만 셈어적 특징을 일부 보여주기도 한다. 이집트는 강대국이었지만 메소포타미아를 침략해서 정복하려는 생각을 한 번도 하지 못한 나라이기도 하다. 아마 자신들의 나라 이집트가 세상의 중심이요 가장 풍요로운 땅이고, 이민족이 사는 지역은 혼돈과 불모의 땅이라는 인식 때문에 그랬을 것이다. 가장 강력했던 신왕국 시대의 파라오들도 〈그림 4〉의 지도에서 레반트 지역까지 원정했을 뿐이다.

고대 이집트가 위치한 북아프리카 지역은 다시 몇 개의 지역으로 나눌 수 있다. 우선 이집트 자체를 상이집트와 하이집트로 나누는데, 이들 사이의 오랜 갈등은 우스갯소리로 '인류 최초의 지역 감정'이라고 부를 정도로 뿌리 깊다. 시나이반도는 일종의 '경계 지역'으로 이집트 안보에 늘 중요한 역할을 했다. 나일강을 따라 남부로 내려가면 누비아 또는 쿠쉬 지역이 나오는데 현재의 에티오피아 부근이다.

독특한 아나톨리아반도

한편 유럽과 아시아를 잇는 아나톨리아반도는 문명의 출발이 늦었다. 기원전 17세기까지 이 지역은 '핫트인(*Hatt*)'들이 살고 있었는데, 이들에게 문자 등 문명을 전해준 것은 아시리아였다. 이들을 이어 아나톨리아반도를 지배한 사람들은 인도-유럽어를 사용하는 헤트인(*Heth*)들이다. 이들은 히트인(*Hitt*)이라고도 하는데 여기서 '히타이트(Hittite)'라는 이름이 나왔다. 지금 우리에게는 '히타이트'라는 이름이 익숙하지만, 사실 『공동번역 성서』의 '헷족'이라는 이름이 더 원어에 가깝다고 할 수 있다.

히타이트 제국의 무와탈리(*Muwatalli*) 2세는 기원전 1275년(또는 1274) 이집트의 라메세스 2세와 '카데쉬 대전'을 치른다. 고대근동 세계의 패권을 두고 두 제국이 레반트 지역에서 맞붙은 것이다. 그 전쟁으로 레반트 지역은 쑥대밭이 되었다. 카데쉬 대전은 양측 모두가 승전을 주장하는 전쟁이다. 하지만 면밀히 살펴보면 이 전쟁은 본디 이집트의 라메세스 2세가 '카데쉬 탈환'을 목표로 출정하여 시작된 것이다. 하지만 카데쉬 대전 이후 카데쉬는 여전히 히타이트 진영에 속했기 때문에 전쟁 자체는 히타이트의 '방어승'이라고 조심스럽게 평가할 수 있다.

카데쉬 전쟁 이후 15년이 지나서 양측은 평화조약을 맺는다. 기원전 1259년은 마침 이집트의 라메세스 2세의 즉위 20주년이기도 하였다. 하지만 히타이트에서는 그새 왕이 교체되어 평화조약은 핫투쉴리(*Hattušilli*) 3세가 맺었다. 최초의 세계대전과 최초의 국제적 평화조약을 맺은 히타이트 제국은 그러나 이후 국력이 급격히 추락하여 작은 소왕국으로 몰락하였고, 기원전 8세기까지 간신히 명맥을 유지하였다. 카데쉬 방어에 성공했을지 몰라도 기초체력은 이집트에 당해낼 수 없었던 것이다.

참고로 아나톨리아의 특이한 역사를 몇 개만 짚고 넘어가자. 현재 터키가 자리 잡은 아나톨리아 반도는 오스만 투르크 제국이 강력한 이슬람 제국을 이끌었던 곳이다. 하지만 이곳은 기원후 15세기까지 동로마 제국의 적통이랄 수 있는 비잔틴 제국의 땅이기도 했다. 정교회 역사에서도 매우 중요한 곳이다. 한국어와 투르크어의 친밀성 때문에 한국은 터키를 형제의 나라로 알고 있지만, 사실 아나톨리아반도는 어족이 여러 번 바뀐 곳이다. 하트어는 정확한 어족을 모르며, 히타이트어는 인도-유럽어이고, 투르크어는 우리말과 친근하다. 하지만 이곳에 사는 사람들의 민족은 크게 바뀌지 않았다. 히타이트 시대의 유물이나 그림을 보면 이들의 후손이 지금의 터키인임을 알 수 있다. 민족은 그대로인데 어족이 바뀐 땅이다. 언어와 핏줄이 반드시 일치하지 않을 수도 있음을 보여주는 좋은 예라고 할 수 있다.

중간지대인 시리아-필리스티아 지역

지금까지 세 지역은 강대국을 세워 고대근동 전체의 패권전쟁에 이름을 올린 경험이 있다. 그러나 시리아-필리스티아 지역의 나라들은 한 번도 그런 일을 해보지 못하였다. 이 지역은 '(지중해의) 동쪽'이라는 의미에서 '레반트(Levant)'라고도 한다. 레반트라는 이름의 라틴어 어근(levare)은 '(해가) 떠오르다'는 뜻이다. 지중해에서 볼 때 해가 떠오르는 동쪽 해안가, 곧 현대의 시나이반도, 이스라엘, 레바논, 요르단, 시리아 지역이다. 학술적으로는 '시리아-필리스티아(Syro-Palestina)'라는 이름이 널리 쓰인다.

이스라엘이 자리 잡은 이 지역은 땅이 협소하고 산물이 풍부하지 않아서 인구를 늘리거나 강력한 문화를 발전시키기 어려웠다. 고대근동의 3000년 역사상 이 지역에서는 한 번도 제국이 발흥한 적이 없다. 36쪽 〈표 2〉에서 '서부셈어-중부셈어-북서셈어'의 가지에 속하는 지역이 바로 이 지역이다.

그런데 이 지역은 주변의 강한 3지역으로 가는 교통의 요충지다. 아나톨리아반도, 이집트, 메소포타미아는 모두 하나의 공통점이 있다. 바로 시리아-필리스티아를 지나지 않으면 서로에게 군대를 보낼 수 없다는 점이다. 그래서 이 지역의 소국들은 주변 제국들 사이에서 힘든 세월을 보낼 수밖에 없었다. 주변의 강한 세 지역 가운데 한 지역이 발흥하여 다른 지역을 침략할 때 가장 먼저 손에 넣어야 하는 지역이 바로 이 지역이다. 그러므로 이 지역에 자리 잡은 이스라엘은 '지정학적 요충지에 자리 잡은 약소국'의 운명을 피할 수 없었다.

형제의 나라와 종의 나라

고대근동의 나라들을 크게 강대국과 약소국으로 분류하는 것은 현대 학자들의 연구 결과가 아니다. 놀랍게도 고대근동 세계의 임금들 스스로 그렇게 생각했다. 실제로 강대국의 임금들은 서로를 '형제'로 불렀고, 자신들의 영향력하에 있다고 생각하는 나라의 임금을 '종'으로 불렀다. 엘 아마르나 문서 등 공식 문서에서 그렇게 부른 증거가 남아 있다.

동등한 형제들인 강대국의 임금들은 서로 값비싼 선물을 주고받았으며 공식 외교 문서를 교환했다. 그런데 만일 속국, 곧 '종의 나라들' 가운데 어떤 나라가 정치적으로 부상하여 형제국 행세를 하면 강대국들은 어떻게 반응했을까? 실제로 그런 일이 있었다. 한때 바빌론이 강성하여 아시리아를 휘하에 두고 있었다. 하지만 시간이 흘러 "아시리아가 정치군사적으로 강대국이 되었을 때" 일어난 일이다. 아시리아의 젊은 임금 앗수르-우발릿

(*Assur-uballit*, 기원전 1363~1328)은 이집트 임금에게 "형제국으로서" 두 통의 편지를 보냈다. 이제 아시리아가 강성해졌으니 형제국 대접을 해달라는 내용이었을 것이다. 그런데 이 첩보가 즉시 바빌론 임금의 귀에 들어갔다. 바빌론의 임금은 지체하지 않고 "이집트 형제 왕"에게 다음과 같은 편지를 보냈다. 강대국의 지위를 노리는 아시리아를 가만두지 않겠다는 의지의 표현이다.

왜 그들이 나의 허락없이 너의 나라에 갔는가? 당신이 나의 형제라면 그들과 거래하지 마시오. 그들을 빈손으로 내게 돌려 보내시오! (van de Mieroop, p.204.)

고대근동 세계는 이처럼 치열한 외교전의 무대였다. 또한 전쟁도 잦았다. 고대근동의 국제전을 크게 두 부류로 나눌 수 있는데, 하나는 강대국이 속국을 침입하는 전쟁이고 다른 하나는 강대국 사이의 직접 충돌이다. 첫 번째 형태가 형태는 시리아-필리스티아 지역에서 "가장 자주 발생한 군사적 분쟁 형태였다."(van de Mieroop, p.215) 이 지역의 운명은 강대국의 충돌을 느슨하게 만드는 지대, 곧 완충지대였다.

(시리아-필리스티아 지역은) 이 국가들 사이에 완충 역할을 하였다.
강대국들은 그 지역에서 직접 전투하거나 대리전을 하였다.

(van de Mieroop, p.201)

완충 지대의 운명

만일 어느 강대국이 강성하여 완충 지대가 한 세력으로 편입
되면, 강대국 사이의 직접 대결로 이어졌다. 그런데 그런 직접 충
돌의 국면에서 가장 피해를 보는 측은 '전장(戰場)을 제공하는 나
라들' 곧 완충 지대의 나라들이었다. 현대의 예를 들면, 2차대전
의 가장 잔혹한 승부였던 독일군과 소련군의 대결에서 가장 피해
를 본 측은 패전국 독일이나 승전국 소련이 아니었다. 바로 두 강
대국 사이에서 전통적인 완충 지대의 역할을 하다가 결국 전장을
제공하는 역할을 맡은 폴란드와 우크라이나 등이었다. 이스라엘
의 처지도 이와 같았다.

이를테면 신바빌로니아가 부상하여 고대근동의 패권을 장악
하던 시절, 이스라엘의 요시야 임금의 고민은 깊었을 것이다. 이집
트의 파라오 느코가 신아시리아를 돕기 위해 출정하였기 때문이
다.(기원전 609) 이 시기는 신아시리아의 전성기가 끝날 무렵이었
다. 이제 다시 신아시리아의 지배를 뚫고 신바빌로니아가 역사의

전면에 등장했다. 예나 지금이나 국제사회에는 영원한 친구도 영원한 적도 없다. 그동안 신아시리아에 침공을 당하는 등 수모를 겪던 이집트가 이번에는 신바빌로니아의 확산을 저지하기 위해서 출정한 것이다.

이 복잡한 강대국의 틈바구니에서 이스라엘은 어찌해야 할까? 새롭게 부상하는 신바빌로니아에 편을 들어야 할까? 그런데 요시야 임금과 이스라엘의 엘리트들은 미래를 확신할 수 있었을까? 과연 신바빌로니아는 충분히 강한 세력이 될까? 아직까지 천하를 호령했던 신아시리아는 몰락할까? 그런데 이스라엘은 지리적으로 이집트와 국경을 맞대고 있지 않은가? 그러므로 이집의 말을 무시하면 안 되지 않을까? 결국 이스라엘의 요시야 임금은 아시리아을 도우러 출정한 이집트의 군대를 저지하기 위해서 나섰다가 전사하였다.(2열왕 23,29~30 등) 요시야의 판단은 신바빌로니아의 편을 든 것이다. 결과적으로 신바빌로니아는 고대근동 세계의 패권을 차지한 국가이니, 신바빌로니아의 편을 들어 외교적 이익을 보려 했던 요시야의 전략적 판단은 옳았다고 볼 수 있다. 하지만 이집트를 당해낼 '실력'이 이스라엘에게는 없었다. 결국 요시야 사후 이스라엘은 더욱 혼란에 빠진다.

요시야 임금 이후 유다의 통치자들은 이집트와 바빌론 사이를 오락가락하면서 22년 동안 한 나라에 대한 충성을 여섯 번이나 뒤집는다. 이는 당시 근동의 국제 정세가 무척 불안하고 예측하기 어려웠다는 것을 단적으로 증명한다. (정태현, p.351)

시리아-필리스티아 지역에 위치한 이스라엘은 절대 진공상태에 존재한 국가가 아니다. 치열한 외교전이 벌어지는 한복판에서 시시각각 국제정세를 살펴야 생존할 수 있던 나라였다. 이 나라는 생존을 위해서 강대국의 정세에 민감할 수밖에 없었고, 외국어로 작성된 외교문서의 민감한 뉘앙스를 잘 파악해야 하는 나라였다. 또한 생존을 위해서 평소 무역과 외교에 힘써야 하는 나라였다. 이스라엘은 야훼 신앙을 지켜온 나라지만, 외부의 문물에 눈과 귀를 꼭꼭 막고 살았던 증거는 어디에도 없다. 순수한 신앙을 지키는 것은 다른 종교와 다른 문화에 해박한 지식을 배제하지 않는다. 또한 다른 종교를 참조하거나 서로 대화하는 일을 거부하는 것도 아니다. 하느님 백성의 역사에 쇄국(鎖國)은 없다.

오직 두 임금뿐이다

이스라엘이 얼마나 약소국이었는지 이스라엘 자체의 역사를 통해서도 알 수 있다. 이스라엘은 한 번도 강대국으로 인정받은 적도, 스스로를 '형제국'으로 참칭(僭稱)한 적도 없다. 이스라엘은 인근 지역, 곧 시리아-필리스티아 지역의 일부라고 할 수 있는 가나안 지역조차 병합한 역사가 없다. 오히려 그 작은 나라마저 남북으로 분열하였고 순차적으로 망했다.

기원전 11세기경 다윗과 솔로몬이 이 나라를 건국했지만, 솔로몬 사후 남북으로 분열되어, 저마다 고대근동의 보통 국가로 발전한다. 하지만 기원전 587년 결국 남유다마저 멸망하여 하느님 백성은 바빌론으로 유배를 가야 했다. 그들은 기원전 538년 페르시아의 키루스 칙령으로 귀환했다. 그들은 귀환하여 성전을 재건하고, 이집트 탈출의 하느님께서 다시 민족을 이끌어내 주셨음에 감사하고 기뻐하며 하느님을 찬미하였다. 우리는 대개 유배 이후의 시대에 일어난 일을 이렇게 '신학적'으로 읽는다.

그런데 유배 이후에 이스라엘의 임금이 누구인지 아시는가? 나는 성경공부를 비교적 많이 한 신자들도 이 질문에 쉽게 답을 하지 못하는 경우를 보고 내심 놀란 적이 없다. 이 질문에 대한 답은 이렇다. 유배 이후 이스라엘을 다스린 임금은 '없다'. 왜냐하면 이 시대는 페르시아 식민지 시대였기 때문이다. 이 시대에 이스라엘을 다스린 이는 다름 아닌 '페르시아 총독'이었다.(에즈 2,63; 8,36; 느헤 7,65,69; 8,9; 10,2) 이 총독의 성격에 대해서는 여러 의견이 분분하지만, 적어도 이 총독의 분명한 성격에 대해서는 누구도 토를 달지 못할 것이다. 이 총독은 다윗 왕가의 임금이 아니라 페르시아가 임명한 사람이었다.

그러므로 고대근동 국가 이스라엘이 건국된 이후 지배자의 흐름을 객관적으로 보면 이렇다. 사울과 다윗과 솔로몬의 3대는 '건국'과 '통일'이 이루어진 시기였다. 이후 남북으로 분열되어 '분단 시대'가 이어졌다. 북왕국과 남왕국은 차례로 멸망했는데, 이후 이 지역에는 '바빌론 총독'이 다스렸고(2열왕 25,22.23) 백성의 상당수는 유배를 갔다. 유배 이후에는 바빌론 총독이 페르시아 총독으로 바뀌었고, 백성은 귀환하였다. 이스라엘은 여전히 자신의 임금을 지니지 못하였다.

이런 역사를 돌아보면 『구약성경』 시대의 이스라엘이 귀환 후에 왜 그토록 '다윗과 솔로몬 임금'을 그리워했는지 이해할 것이다. 시편과 지혜 문학 등에는 다윗과 솔로몬 임금을 향한 무한한 존경과 깊은 그리움의 감정이 스며 있는데, (사울이 하느님의 뜻을 저버렸으니) 이 둘은 사실상 고대 이스라엘의 통일 시대를 이끈 유일한 임금들이다. 사실 이 둘뿐이다.

약소국의 고단한 역사

내친김에 헬레니즘 시대까지 살펴보자. 헬레니즘 시대에 이스라엘 땅은 이집트의 프톨레마이오스와 시리아의 셀루우쿠스 왕조가 경합하는 지역이었다. 강대국이 서로 절묘한 '국제적 힘의 균형'을 이루던 시기, 이스라엘은 마카베오 항전으로 하스모니아 왕조를 잠시 세웠으나 100년을 지속하지 못하였다.(기원전 142~63) 이후 이 지역은 로마의 속주로 전락하여 다시 '로마 총독'의 지배를 받고 신약시대로 이어졌다. 이후 기원후 70년경 나라를 잃었고, 기원후 132~136년에 바르 코크바의 항쟁으로 독립을 도모했지만, 로마에 처절하게 탄압 당했다. 이후 로마 황제 하드리아누스는 예루살렘을 '콜로니아 앨리아 카피톨리나(Colonia Aelia Capitolina)'로 개명하고 유다인의 출입을 제한했다. 이 이름에서 '앨리아'는 하드리아누스 자신의 이름에서 따왔고(그의 이름은 Publius Aelius Hadrianus Augustus이다) '카피톨리나'는 로마의 제우스 신전이 있는 언덕 이름에서 왔다.(Collis Capitolinus) 그는 이때 예루살렘에 제우스 신전을 지었으니, 예루살렘의 새 이름은 '하드리아누스 황제 본인이 직접 제우스 신께 바친 식민지'라고 새길 수 있다. 치욕적인 이름이다.

그러므로 고대와 중세에 유다고 랍비들이 하스모니아 왕조를 왜 그리 애틋하게 생각했는지도 이해할 수 있다. 현재 유다교 주요 명절 가운데 하나인 '하누카(Hanukkah)'는 마카베오 항쟁이 승리하는 날, 곧 기원전 164년에 예루살렘을 점령하고 성전을 정화하고 다시 야훼 하느님께 봉헌한 날에서 유래했다.(1마카 4,36~61) 참고로 이날은 『신약성경』에도 나온다.(요한 10,22) 유다교의 이런 중요 명절에도 약소국의 고단한 역사가 스며 있다. 이런 역사를 돌아보면, 이스라엘이 주변 세계에서 수많은 영향을 받은 것 자체를 부인할 수 없을 것이다.

대화와 교류의 예

그러면 구체적으로 어떤 영향을 받았을까? 실제로 수많은 영향을 받았는데, 이 짧은 글에서는 대표적인 예만 추려서 설명할 수밖에 없을 것이다. 아래는 성서학계에서 일반적으로 수용되는 내용을 최대한 개괄적으로 설명한 것이기에 '일반적 교양'의 수준에 해당하는 것이라고 할 수 있다. 예민한 내용이나 논쟁의 여지가 있는 것은 최대한 제외했음을 밝혀둔다.

완전수 40

숫자로 의미를 드러내다

고대근동에서 40은 단순한 '숫자'가 아니라 '완전함' 또는 '충만함'을 뜻하는 상징이었다. 40은 완전함을 뜻하는 4에 다시 완전함을 뜻하는 10을 곱한 것으로 고대근동의 문헌에서 비교적 자주 쓰인다. 그런데 4가 왜 완전수(完全數)가 된 것일까?

이 의미의 기원은 크게 두 가지로 볼 수 있다. 첫째는 기원전 2350년경 아카드의 사르곤이 메소포타미아 남부 일대를 점령했을 때이다. 그가 세운 아카드 제국은 기존에 보지 못한, 전혀 새로운 규모의 제국이었다. 그는 막대한 땅을 다스리는 자라는 의미에서 동서남북 "세상의 네 끝"을 다스리는 자로 불렸고, 이는 "무제한의 권한과 큰 책임"을 뜻했다.(Veenhof, p.67) 땅이 동서남북의 사각형 모양이라고 상상했기 때문에 '네 방향'을 다스리는 자는 세상을 완전하게 지배하는 자라고 생각했던 것이다.

또한 당시는 태음력을 사용했는데, 한 달의 28일은 7일(일주일)이 4번 돌아오는 순환으로 이해했던 것이다. 이런 기원으로 '7'이나 '4'는 모두 고대근동의 중요한 상징수로 전승된다.

사실 고대근동의 역사 문헌은 4, 7, 12 등의 상징수를 즐겨 사용한다. 또한 이 상징수들의 변형된 형태, 이를테면 40, 70, 120, 14(=10+4), 480(=4×12×10), 700(=7×100), 1400(=14×100) 등의 숫자도 곧잘 등장한다. 당시는 숫자로 '객관적 팩트'를 전달한다는 사고 자체가 존재하지 않았던 시절이었다. 근대의 실증주의적 사고방식은커녕 플라톤이 태어나기도 수천, 수백 년 전이었으니 말이다.

그러므로 『앗수르 왕명록』에서 "일루슈마의 아들, 에리슈(1세)"가 "40년 동안" 임금으로 다스렸다는 기록이나, 『모압 석비』에서 북이스라엘의 오므리가 메베다를 "40년 동안" 통치했다는 기록도 '객관적 사실'로 이해하기 힘들다. 이렇게 역사 문헌에서 상징수를 사용하는 것은 고대근동에 매우 흔하다. 아시리아의 살만에세르 3세(Šulmānu-ašarēd III, 재위 기원전 858~824)의 재위 6년차 원정을 기록한 이른바 『쿠르크(Kurkh) 석비』를 보면, 그는 아람과 북이스라엘의 '12명의 임금들의 연합'을 무찔렀는데, 이 또한 '12'라는 상징수로 볼 수 있다. 이 석비는 다마스쿠스의 임금은 '전차 1200대, 전차병 1200명'을, 하맛 임금은 '전차 700대, 전차병 700명'을, 이스라엘의 아합 임금은 '전차 2000대, 보병 1000명' 등을 제공했다고 기록하는데, 이런 기록은 모두 '역사문서의 객관적 팩트'가 아니라, 살만에세르 3세의 권위를 내세우는 상징수로 읽어야 할 것이다. 이토록 많은 임금과 군대를 그 홀로 무찔렀다는 말이니까 말이다.(ANET-K, p.514)

『구약성경』의 '40'

『구약성경』에도 이런 상징수가 즐겨 사용된다.

태초의 홍수는 40일 동안 일어났고(창세 7,4) 야곱의 시체를
방부 처리할 때도 40일이 걸렸다.(창세 50,3) 이스라엘의 산모는
사내아이를 낳았을 경우 40일을, 계집아이를 낳았을 경우
그 두 배인 80일을 집에 머물러야 했다.(레위 12,1~5) 골리앗은

이스라엘 군과 40일을 대치했고(1사무 17,16), 엘리야가 호렙산에 갈 때도 40일이 걸렸다.(1열왕 19,8) 예언자 요나는 40일 후에 니네베가 무너진다고 예언했다.(요나 3,2) 신명기도 완전수 40을 즐겨 사용한다. 신명기를 기록한 날짜 자체가 이집트 탈출 40년째이며(신명 1,3. 참조 2,7), 모세가 계약판을 받기 전에 산에 머무른 기간도 40일이다.(신명 9,9.11.18.25; 10,10; 29,4) 사람에게 매질하는 숫자를 40으로 제한한 것도 역시 40이 완전함을 의미하기 때문에 이를 초과할 수 없다는 의미였다.(신명 25,2~3) 특히 '40년'은 인간에게 주어진 완전한 시간이었다. 그래서 이스라엘 백성은 광야에서 40년을 보냈고(탈출 16,35; 민수 14,34 등), 다윗과(2사무 5,4) 솔로몬(1열왕 11,42) 등은 40년을 다스렸다. 이집트 탈출 이후 솔로몬이 예루살렘 성전을 짓기까지 480년이 걸렸다는 기록(1열왕 6,1)은 완전수 40에 이스라엘 12부족의 숫자를 곱한 결과다. 완전수 40의 전승은 『신약성경』으로 이어졌다. 예수님이 공생활을 시작하시기 전에 광야에서 단식한 기간도 40일이었고(마태 4,2 등), 부활하신 다음 승천하실 때 까지 40일이 걸렸다(사도 1,3).   (주원준, 「신명기」, 163쪽)

이런 고대근동의 상징수를 이해해야 성경 구절의 의미를 제대로 이해할 수 있다. 과연 모세가 계약판을 받기 전에 시나이산에 40일 머물렀다는 의미가 무엇일까? 가장 최신의 가장 과학적인 시간 계산법으로, 절대 39일 이하도 아니고 41일 이상도 아닌, '오직 40일 째의 24시간 이내'에 '시나이산 정상 체류 종료'를 입증하는 것일까? 아니면 하느님의 가장 귀한 가르침인 10계명을 받기 위해 모세가 몸과 마음을 정결히 준비하는 시기를 온전하고 충만하게 잘 보냈다는 의미일까? 광야의 40년 유랑은 '39년도 아니고 41년도 아니라 오직 40년째'라는 의미일까? 아니면 이집트 종살이의 낡은 때를 벗고 약속한 땅으로 가기 위한 정화의 시기를 하느님의 인도로 온전하고 충만하게 완수했다는 의미일까? 『구약성경』의 모든 글자는 하느님의 가르침이라는 큰 의미를 담고 있다. 성경의 숫자에 깃든 풍부한 의미를 제거하거나 부차적인 것으로 미뤄두면 안 된다. 물론 이런 상징수 자체가 고대근동 세계의 대화와 교류의 흔적이다.

신의 가르침, 테르툼

고대 이스라엘은 거센 역사의 파도를 이겨내고 힘들게 살아야 하는 나라였다. 이 나라는 고대근동의 종교에서 필수적 개념들도 참고했다. 대표적으로 '토라'(תּוֹרָה, tôrah)를 들 수 있다. 그런데 이 말은 아카드어 /테-르툼/(têrtum)과 같은 말이다.(CAD vol. 18, p.357-368; AHw vol. 3, pp.1350-1351). 우선 낱말의 형태를 보자

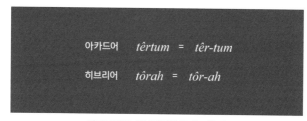

아카드어   têrtum = têr-tum

히브리어   tôrah   = tôr-ah

아카드어와 히브리어의 토라 – 형태

두 낱말은 우선 언어형식적으로 완벽히 대응하는 낱말이다. 이 아카드어 낱말은 어근(têr)과 여성형 어미(-tum)로 이루어져 있다. 그런데 히브리어 '토라'도 역시 어근(tôr)과 여성형 어미(-ah)로 나눌 수 있다. 38쪽에서 동부셈어에 속하는 아카드어의 장음 모음(ê)은 히브리어가 속한 중부셈어(또는 북서셈어)에서는 자주 /

오-/(ô)로 바뀐다. 이는 고대근동 언어학에서는 일반적으로 널리 인정되는 규칙이다. 그러므로 테르툼과 토라는 형태적으로 동일한 낱말이다. 언어형식적으로 이렇게 완벽히 대응하는 말을 찾기 힘들 정도다. 물론 단어 차원에서만 대응하는 것이 아니다. '신의 테르툼'(têrēti ša ilī)과 '하느님의 토라(תּוֹרַת אֱלֹהִים)'처럼 완벽히 대응하는 구문도 풍부하다.(Tawil, p.430)

테르투와 토라는 형태뿐 아니라 의미도 비슷하다. 아카드어 사전과 히브리어 사전에서 테르투와 토라의 의미를 살펴보면 다음과 같다.(아카드어 사전은 CAD를, 히브리어 사전은 '게제니우스'를 썼다.)

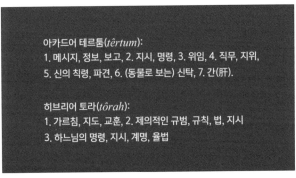

> 아카드어 테르툼(têrtum):
> 1. 메시지, 정보, 보고, 2. 지시, 명령, 3. 위임, 4. 직무, 지위,
> 5. 신의 칙령, 파견, 6. (동물로 보는) 신탁, 7. 간(肝).
>
> 히브리어 토라(tôrah):
> 1. 가르침, 지도, 교훈, 2. 제의적인 규범, 규칙, 법, 지시
> 3. 하느님의 명령, 지시, 계명, 율법

아카드어와 히브리어의 토라 – 의미

아카드어 테르툼은 우선 '사람이 전하는 소식'을 뜻하는데, 주로 높은 사람이 내리는 '명령', '위탁', '위임'으로 쓰이고, 그런 명

령이나 위탁으로 발생한 '직무'를 뜻할 수도 있다. 또한 테르툼은 '신이 내린 명령'을 뜻하기도 하는데, '우주의 질서를 잡는 명령'이나 '임금, 곧 백성의 대표에게 내리는 가르침'이다. 이렇게 명령을 받아 직무를 맡은 사람은 '테르툼의 주인'(bēl têrti)이라 불렸는데, 여기서 '주인'이란 테르툼을 내린 주체가 아니라, 그 테르툼을 받들고 수행할 직무를 가리키는 말이었다.

신이 백성의 대표에게 테르툼(가르침)을 내린 것은, 하느님께서 모세에게 '토라'를 주신 것과 내용이나 형식이 비슷하다. 그리고 토라와 테르툼이 작용하는 사회적 맥락도 비슷하다.

> 메소포타미아의 임금들은 신의 명령(테르툼)으로 이 땅에
> 실현하는 통치자를 자처했다. (…) 메소포타미아에서는 임금은
> 신적 정의를 지상에 펴는 자였고, 임금도 그 정의를 따라야
> 한다는 점이 강조되었다. (…) 기원전 2000년경부터 바빌론의
> 임금들은 새로 등극할 때 가난한 자가 갚을 수 없는 빚을
> 탕감해준다든가 하는 칙령을 반포했는데, 그 칙령을
> '미샤룸(mīšarum)'이라고 했다. 그리고 일부 임금들은 체계적인
> 법률을 반포하기도 했다.
>
> (주원준, 「지혜와 경험과 법이 하나다」, 22~23쪽)

이스라엘의 테르툼, 토라

결국 히브리인들은 모세가 시나이산에서 하느님께 받은 가르침을 '테르툼(토라)'으로 '표현'했던 것이다. 그것은 하느님께서 백성의 대표를 통해서 만백성에게 주신 가장 귀한 가르침이요, 삼라만상의 질서를 밝히시는 원리다. 이제 하느님 백성을 다스리는 원리는 토라다. 임금은 토라에 충실하여 세상에 하느님의 뜻을 펴야 할 의무가 있다.

히브리인들은 시나이산에서 하느님께 받은 가르침을 가리키는 '배타적 표현'을 가지고 있지 않았다. 히브리인들이 지니고 있던 '토라'라는 표현 자체가 본디 고대근동에 널리 퍼져서 보편적으로 사용되던 것이라는 점은 토라의 본질을 성찰하는 데 도움을 줄 것이다. 그들은 하느님께서 주신 가르침을 고대근동 세계에서 가장 널리 사용하는 말로 불렀다. 이를테면 널리 쓰이는 형식 안에 독특하고 유일한 내용이 담긴 것이다. 토라가 과연 고대근동의 수많은 테르툼'들과 어떤 면에서 차이 나는지는 이 짧은 글에서 다룰 수 없을 것이다. 다만 여기서는 이런 식의 '고대근동학과 구약신학의 비교연구', 또는 '탄탄한 구약학에 기반한 구약신학'이 『구약성경』의 본질을 잘 드러내는 데 도움이 될 수 있다는 점을 확인하고 다른 예로 넘어가자.

성전

이스라엘 역사에서 성전은 매우 중요하다. 솔로몬이 봉헌한 제1성전과 유배가 끝나고 재건한 제2성전 모두 이스라엘의 종교와 신학에서 빼 놓을 수 없는 것이었다. 히즈키야 임금과 요시야 임금은 성전을 정화하였고, 앞서 말했듯 유다교 주요 명절인 '하누카'는 기원전 164년에 점령하고 성전을 정화한 날을 기린 것이다.

히브리어로 성전을 /헤-칼/(הֵיכָל, hēkal)이라 한다. 헤칼은 이따금 성전의 안뜰을 포함한 건물 전체를 가리키기도 하지만, 성전의 가장 깊숙한 방인 '성소(sanctuary)'를 의미하기도 한다.(1열왕 6,5.17; 7,50) 그런데 헤칼은 아카드어 /에칼루/(ekallu)에서 온 외래어(loanword)이고, 이 아카드어는 다시 수메르어 /에갈/(É.GAL)을 음차한 것이다. 고대 수메르어 단어가 음차에 음차를 거듭하여 전승된 것이다.

수메르어: É.GAL

아카드어: *ekallu*

고대 히브리어: *hēkal*

헤칼의 음차 역사

수메르어에서 아카드어로

신전을 뜻하는 수메르어 에갈은 두 글자로 이루어져 있다. 초보자를 위해 한 글자씩 따로 떼어 차근차근 살펴보겠다. 우선 첫 글자 /에/(É)는 본래 한 도시의 가장 중요한 건물을 가리키는 말이다. 이 말은 그저 '집'이나 '방'을 의미했는데, 때로는 '집에 딸린 것', 곧 '가정 경제'나 '재물'을 가리키기도 하였다. 수메르 문명을 이은 아카드인들은 É를 '집'을 의미하는 아카드어 /비-투/(*bītu*)로 옮겼다. 비투에 해당하는 히브리어는 /바이트/(בַּיִת, *bayit*)로, 역시 '집'을 의미한다.

<그림 5> É와 *bītu*

왼쪽 글자는 '집'을 뜻하는 수메르어 쐐기문자인데, 라틴 문자로 옮길 때는 É 또는 e2로 쓴다. 오른쪽 글자는 같은 글자를 신아시리아 시대의 양식으로 쓴 것이다. 글자의 모양이 퍽 크게 바뀌었다. 이 오른쪽 글자를 아카드어로 읽으면 *bītu*가 된다.

두번째 글자는 수메르어 /갈/(GAL)이다. 이 글자는 본디 '크다', '위대하다'를 뜻했고, '선대(先代)의' 또는 '성숙한'이라는 뜻도 있다. 위대하고 오래된 것을 의미하는 뉘앙스를 품고 있다고 할 수 있다. 수메르어 GAL을 아카드어로는 대개 /라부-/(rabû)로 옮긴다. rabû도 역시 '크다', '고상하다' '우두머리' 등의 뉘앙스를 담고 있다.

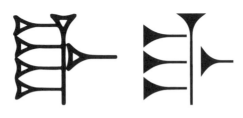

<그림 6> GAL과 rabû
출처: ePSD, public domain

왼쪽 글자는 수메르어도 '크다'를 뜻하는 GAL이고, 오른쪽 글자는 같은 글자를 아카드어로 쓴 것이다. 이 오른쪽 글자는 아카드어 rabû로 읽을 수 있다. 이 글자는 거의 변형이 없이 단순화되어 전승되었음을 알 수 있다.

이처럼 에갈을 한 글자씩 풀어서 직역하면 '큰 집'이란 뜻이다. 에갈은 고대 수메르에서 한 도시에 가장 큰 집을 의미하고, 그것은 신전이었다. ÉGAL의 두 번째 뜻은 '왕궁'이다.

그런데 여기서 잠시 참고할 점이 있다. 태초에는 신전과 왕궁이 명확히 구분되지 않았다. 인류 최초의 도시라는 우르크에서 왕궁보다 먼저 등장한 것이 신전이었다. 태초에는 신전을 다스리는 종교적 지도자가 도시 전체의 행정과 정치도 담당했던 듯하다. 그래서 에갈의 최고 지도자를 현대의 학자들은 '사제-임금(priest-king)'으로 옮긴다. 종교와 정치가 완전히 한 몸이던 제정일치의 사회를 연상하면 이런 현상을 이해하기 쉬울 것이다.

그러므로 이제 독자들은 이 글자의 형태와 의미는 물론 뉘앙스도 잘 이해할 것이다. 에갈은 '신이 사는 큰 집(신전)'을 의미했고, 신전과 왕궁이 분리되면서 '임금이 사는 큰 집(왕궁)'도 의미하게 된 것이다.

외래어의 의미

아카드인들은 수메르 문명을 계승하였지만, 사실 두 민족의 언어는 크게 차이 난다. 엄밀히 말해서 수메르어가 어느 어족에 속하는지는 아직도 논쟁거리다. 현재로서는 단지 셈어에 속하지 않는다는 점만 확실하게 말할 수 있을 뿐이다.(그러므로 섣불리 한 민족과 관련되었다든지 하는 어처구니없는 말을 할 수 없다.) 하지만 아카드인들은 38쪽에서 보았듯 분명히 셈어에 속한다. 두 민족의 언어가 크게 차이 나기 때문에, 아카드인들에게 수메르어는 쉽게 익힐 수 있는 말이 아니었다.

아카드인들은 수메르어 낱말을 풀어서 아카드식으로 번역했다. 그런데 이 에갈은 그렇게 하지 않았다. 쉽게 설명하면, 수메르어 É와 GAL에 해당하는 아카드어 *bītu*와 *rabû*가 있기 때문에, 아카드인들은 É.GAL을 아카드어로 '큰 집'을 뜻하는 /비-투 라부-/(*bītu rabû*)로 옮길 수도 있었다. 그런데 아카드인들은 이렇게 하지 않고 에갈의 경우, 수메르어를 그저 음역하는 방식을 취했다. 그래서 아카드어로 신전을 뜻하는 단어는 /에칼루-/(*ekallu*)가 되었다. 에칼루의 뒤에 붙은 어미(*-u*)는 아카드어의 주격을 의미하므로 에칼루는 그저 에갈을 음차한 말임은 쉽게 알 수 있다. 이런 해석은 일반적으로 수용된다. 비유를 들자면 마치 우리말의 '컴퓨터'이나 '라디오' 같은 성격의 외래어라는 것이다.

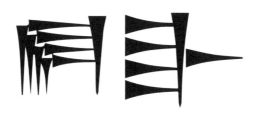

<그림 7> 수메르어 É.GAL
© Jberkel (CC-BY-SA 4.0)

99

실제로 토판을 보면 수메르어 É.GAL은 이런 느낌에 가깝다. 이 낱말은 '큰 집'으로 하나 하나 풀어서 옮기지 않고, 이 말 전체가 하나의 명사로 굳어져서 그대로 음역되어 전승되었다. 고대근동 세계의 신전이 지닌 중요성을 고려해볼 때, É.GAL이라는 낱말뿐 아니라 '신전과 관련된 모든 것'이 이 낱말과 함께 전승되었을 가능성을 짐작할 수 있다.

왜 아카드인들은 에갈을 음차하여 에칼루로 썼을까? 흔히 아카드인들은 수메르 문명을 존경하여 수메르어 전문 용어를 그대로 차용한 경우가 많았다. 에갈은 이미 수메르어에서 하나의 복합명사로 굳어졌기에, 아카드인들은 에갈은 '두개의 낱말'이 아니라 '하나의 전문 용어'처럼 인식하여 그대로 음역한 것으로 추측한다.

그런데 우리는 여기서 아카드인들이 단지 낱말만 받아들인 것이 아니라 '에갈과 관련된 많은 것'들도 함께 전승했음을 추측할 수 있다. 수메르 문명을 향한 아카드인들의 존경심을 고려하면, 수메르의 신전 운영과 관련된 인적, 물적 관습도 함께 전승되었을 것이다. 신전에 드리는 종교적 의례, 신전 건축 양식, 신전의 장식 등도 전승되었을 것이다. 제정일치의 사회에서 신전은 매우 중요했고, 아카드인들은 사실상 '에갈과 관련된 모든 것'도 깊이 참조했던 것이다.

아카드어 에칼루는 고대근동 전역에 큰 영향을 준 말이다. 신전을 지칭하는 낱말은 우가릿어(hkl), 페니키아어(הכל, hkl), 아람어(hēkal), 시리아어(haiklā), 아랍어(haikal) 등에서 거의 비슷한데, 모두 아카드어 에칼루에 영향 받은 것이다. 이런 현상을 보면 아카드어 에칼루는 종교적 전문 용어로 크게 확산되었음을 알 수 있다. 이렇게 에칼루를 받아들인 모든 나라에서 '수메르의 에갈'의 어떤 요소가 전승되었음은 물론, 아카드인들이 발전시킨 '신전과 관련된 모든 것'이 영향을 주었을 것이다. 에칼루는 그 자체가 종교 간 대화와 교류의 증거다.

이스라엘의 헤칼

그런데 이스라엘에서도 주님의 성전이 바로 /헤-칼/(הֵיכָל, hēkal)이다. 히브리어에는 아카드어 주격 어미(-u)에 해당하는 말이 없으니, 헤칼은 에칼루를 고스란히 음차한 것이다. 그렇다면 히브리어 헤칼의 어두에 자리잡은 음가는(h-) 어디서 온 것인가? 이 질문에 답하기 위해서 다음 〈표 4〉를 보시기 바란다.

우가릿어	히브리어	고대아람어	신아람어	에티오피아어	아카드어
ǧ	ʿ	ʿ	ʿ	ḫ, ʿ	$(ʾ_5)$
ḥ	ḥ	ḥ	ḥ	ḥ	$(ʾ_3)$
ʿ	ʿ	ʿ	ʿ	ʿ	$(ʾ_4)$
h	h	h	h	h	$(ʾ_2)$
ʾ	ʾ	ʾ	ʾ	ʾ	$(ʾ_1)$

<표 4> 셈어의 폐쇄음과 마찰음 비교표의 일부(주원준 개역, 『우가릿어 사전』, p.50.)

위 표는 셈어의 폐쇄음과 마찰음의 대응 가운데 일부만 옮긴 것이다. 셈어는 우리말과 달리 후음 계통의 음가가 발달하여, 한국인들은 그 음가를 일일이 구별하기가 쉽지 않다. 이를테면 히브리어의 알레프(א), 아인(ע), 헤(ה), 헤트(ח) 등은 우리에겐 서로 비슷비슷하게 들린다. 그런데 아카드어에는 이 음가들을 따로 표시하지 않기 때문에 고대근동 언어학자들은 아카드어의 음가들에 $ʾ_1$, $ʾ_2$, $ʾ_3$, $ʾ_4$, $ʾ_5$처럼 숫자를 붙여 표기하여 구별한다. 위 표를 보면 오른쪽 칼럼의 아카드어 음가가 히브리어의 어떤 음에 대응하는지 알 수 있을 것이다. 위 표에 따르면 에칼루(*ekallu*)의 어두에 쓰인 *e-*는 히브리어 *h-*에 해당하는 $ʾ_2$이다.(더 이상의 자세한 설명은 생략한다.)

다시 말해, 이스라엘이 자신의 성전을 일컬을 때, 고유한 히브리어가 아니라 '라디오' 같은 외래어를 사용한 것이다. 본래 신전을 의미하는 종교적 전문 용어(terminus technichus)가 이스라엘에는 없었기 때문이다. 이 점에서 이스라엘 종교의 성격을 잘 알 수 있다.

야훼 성전을 짓지 못한 다윗

본디 이스라엘의 야훼는 신전이 없이 작고 가난한 백성과 함께 광야를 떠도는 신이었다. 앞에서 우리는 창세기의 조상들이 변변한 도시 하나 점령하지 못하고 떠도는 사람들임을 보았다. 그래서 훗날 야훼 하느님께 성전을 지어 바치는 과정이 순탄하지 못하였다. 그 과정을 돌아보면 2대에 걸친 임금의 노력이 사뭇 드라마틱하게 이루어졌음을 알 수 있다.

이집트에서 탈출하여 광야를 떠돌던 백성은 약속된 땅에 들어가 왕국을 세우는 데 성공했다. 이스라엘의 임금 다윗은 여부스인들에게서 예루살렘을 획득하여 새 나라의 수도로 삼았다. 이제 이스라엘은 처음으로 어엿한 나라를 세우고 군사적으로나 행정적으로 체계를 갖추어 나가고 있었다. 그런데 다윗 임금은 자신이 이제 어엿한 궁궐에 사는데 야훼 하느님을 초라한 천막에 모신 것이 마음에 걸렸다.

임금이 나탄 예언자에게 말하였다. "보시오, 나는 향백나무
궁에 사는데, 하느님의 궤는 천막에 머무르고 있소." (2사무 7,2)

다윗이 이렇게 말한 그날 밤으로 즉시 야훼의 말씀이 나탄에
게 내렸다. 이때 야훼 하느님의 대답은 분명히 '집을 거부한다'는
것이다.

나의 종 다윗에게 가서 말하여라. "주님이 이렇게 말한다.
내가 살 집을 네가 짓겠다는 말이냐? 나는 이집트에서 이스라엘
자손들을 데리고 올라온 날부터 오늘까지, 어떤 집에서도
산 적이 없다. 천막과 성막 안에만 있으면서 옮겨 다녔다.
내가 이스라엘의 모든 자손과 함께 옮겨 다니던 그 모든 곳에서,
내 백성 이스라엘을 돌보라고 명령한 이스라엘의 어느 지파에게,
어찌하여 나에게 향백나무 집을 지어 주지 않느냐고 한마디라도
말한 적이 있느냐?" (2사무 7,5~7)

앞에서 다윗이 말한 "향백나무 궁"은 직역하면 "향백나무의

바이트(בַּיִת=집)"이다. 또한 야훼 하느님이 나탄을 통해서 전한 말씀에서도 모두 히브리어 바이트가 쓰였다. 야훼 하느님은 헤칼은 커녕 바이트 자체를 거부하신 것이다. 왜냐하면 야훼는 "어떤 집에서도 산 적이 없"기 때문이다. 야훼는 늘 "옮겨 다녔다". 다시 말해 야훼는 '정주(定住)'의 경험이 없는 신이다. 이는 야훼 종교의 본질적 특징을 이룬다. 일체의 바이트 자체는 정주의 상징이고, 야훼 하느님은 그렇게 한 곳에 뿌리박고 머무르는 신이 아니었다. 앞에서 보았듯이 '야훼 성읍'은 없다.

다윗의 이 이야기를 성찰하면, 야훼 성전을 짓는 일이 간단하지 않은 문제였음을 짐작할 수 있다. 아마 야훼 신앙인 내부에 큰 반대에 부닥친 것이다. 다윗과 가까운 예언자 나탄이 주님의 직접 계시라는 권위를 들어 성전 건립을 정면으로 반대했고, 임금은 그런 반대를 넘지 못하였다. 다윗은 결국 예루살렘에 야훼 성전을 짓지 못했다.

야훼 성전을 건립한 솔로몬

그런데 다윗의 아들 솔로몬은 성전을 짓는 데 성공하였다. 그는 집권 초부터 헤칼(1열왕 6,3.6.17.33 등)을 지으려 노력했다. 하지만 솔로몬 대에도 이 일이 즉각적으로 쉽게 이루어진 것 같지는 않다. 솔로몬은 아버지 다윗과 달리, 예언자를 통해서가 아니라 자신에게 직접 하느님의 계시가 내렸다고 하며 다음과 같이 말했다.

> 나의 아버지 다윗께서는 주 이스라엘의 하느님의 이름을 위한
> 집을 지으려는 마음을 품으셨소. 그러나 주님께서는 나의 아버지
> 다윗에게 말씀하셨소.
> "네가 내 이름을 위한 집을 지으려는 마음을 품었으니, 그런
> 마음을 품은 것은 잘한 일이다. 그러나 너는 그 집을 짓지
> 못한다. 네 몸에서 태어날 너의 아들이 내 이름을 위한 그 집을
> 지을 것이다."
> 이제 주님께서는 말씀하신 것을 이렇게 이루셨소. 나는 주님께서
> 말씀하신 대로 나의 아버지 다윗의 뒤를 이어 이스라엘의 왕좌에
> 올랐고, 주 이스라엘의 하느님의 이름을 위한 집을 지었소. 또한
> 주님께서 우리 조상들을 이집트 땅에서 이끌어 내실 때에 그들과
> 맺으신 계약을 넣은 궤를 둘 곳을 여기에 마련하였소.
>
> (1열왕 8,17~21)

솔로몬의 이런 말에서도 성전 건립이 간단하지 않은 것이었

음을 짐작할 수 있다. 어쨌든 2대에 걸친 임금의 노력으로 이스라엘의 하느님은 성전을 지니게 되었고, 광야를 떠돌던 계약궤는 이제 성전 안에 자리를 잡았다.

솔로몬이 지은 성전의 성격은, 어엿한 나라의 수도에 지은 중앙 성전이라고 할 수 있다. 분명 규모도 크고 위용도 대단하였을 것이다. 한마디로 신생국 이스라엘이 쓸 수 있는 가용자원을 아낌없이 쏟아부었을 것이다. 실제로 성전 건립을 준비하는 성경본문(1열왕 6~7)을 보면, 외국에서도 기술자와 자원을 가져오는 등 대단한 노력을 기울였음을 알 수 있다.

그럼 이런 질문을 해볼 수 있다. 솔로몬은 성전을 어떻게 지었을까? 한 번도 성전을 지어본 적이 없는 백성들 아닌가? 도대체 어떤 설계도에 따라서 어떤 모습으로 지었을까? 그리고 갑자기 생겨난 신전에서 일할 사람들은 누구일까? 사제, 예언자, 서기관과 레위인 등은 저마다 다시 어떤 하위 범주로 나뉘었을까? 얼마나 많은 사람들이 필요하였으며, 각각의 임무와 권한은 무엇이었을까? 큰 성전에 얼마나 많은 방이 필요하고 각 방의 용도는 어떻게 정해졌을까? 이런 모든 것을 가능하게 하는 신전 경제는 어떻게 운영되었을까?

성경에는 이런 질문에 대한 직접적 대답을 찾을 수 없다. 가장 강력한 힌트는 솔로몬이 '헤칼'을 지으려 노력했다는 점이다. 솔로몬은 외국과 교역에 힘쓰고 외국 문물에 밝은 임금이다. 그는 결국 고대근동 전역에 널리 퍼진 에칼루를 깊이 참조해서 야훼 성전을 건립했을 것이다. 이런 전승 과정에서 '신전과 관련된 모든 것', 곧 신전의 인적·물적 운영 방식이나 기타 요소들도 크게 영향 받았음을 쉽게 짐작할 수 있다.

사제직의 수입

아래는 히브리어로 사제를 뜻하는 말이다. 참고로, 유럽권의 성씨 가운데 코헨(Kohen)이나 코언(Cohen)은 이 말에서 유래했을 가능성이 있다.

<그림 8> 히브리어 코헨

이스라엘인들이 야훼 신전을 건립하면서 외래 요소를 대폭 수용했다는 것과 깊이 관련되는 것이 이스라엘의 '사제'(제사장)이다. 사제를 히브리어로 /코헨-/(כהן)이라고 한다. 이 말도 역시 아카드어 등에 영향받은 말인데, 번제를 올리거나 신전 운영을 담당하는 전문 종교인을 지칭한다. 이 코헨이란 말이 『구약성경』에서 사용된 예를 분석하면, 이스라엘에는 본디 전문 사제직이 없었던 듯하다. 『구약성경』에 맨 처음 등장하는 사제는 물론 둘째와 셋째도 모두 이스라엘 백성이 아니다.

창세기와 탈출기에 등장하는 사제는 모두 이스라엘인이 아니다. 성경에 최초로 등장하는 사제는 멜키체덱이다. '살렘의 멜키체덱'은 아브라함을 축복했고 아브라함은 그에게 십일조를 바쳤다(창세 14,18~20). 살렘은 훗날 예루살렘으로 불렸고, 이스라엘의 수도가 되어 사제직이 꽃피는 장소가 된다. 이 이야기에서 역사를 주관하시는 하느님의 크신 계획과 신비를 묵상할 수 있다. 『구약성경』의 두 번째 사제는 이집트의 사제 포티 페라이다.(창세 41,45) 그는 이집트에 팔려간 요셉의 장인이기도 한데, 요셉과 사이가 좋았던 것 같다. 이집트의 재상이 된 요셉은 흉년이 들었을 때, "사제들의 농토만은 사들이지 않았다".(47,22.26)

세 번째는 미디안의 사제이자 모세의 장인 이트로였다.(탈출 2,16; 3,1) 모세는 동족으로 돌아가겠다는 결심을 제일 먼저 장인에게 밝혔다.(탈출 4,18) 이집트 탈출 이후에도 이트로는 모세와 긴밀히 협력했던 것 같다. 그는 모세에게 백성을 다스릴 지혜를 나누어주었다.(탈출 18장)

창세기의 조상들은 주님께 번제물을 바칠 때, 사제를 초청하지 않고 가장이 직접 행했다. 이를테면 아브라함이 아들을 "나에게 번제물로 바쳐라"(창세 2,2)는 하느님의 명을 받았을 때, 그는 사제를 구하지 않고 직접 아들과 함께 산에 올랐다. 야곱도 '제단을 만들어 바쳐라'(창세 35,1)는 하느님의 명을 받고 직접 제단을 쌓고 제사를 드렸다.(창세 35,7.14)

(주원준, 「히브리어 산책」, 18쪽)

하지만 점차 이스라엘에 점차 사제직이 생겨났다. 정확히 언제 이스라엘에 사제직이 도입되었는지는 분명하지 않다. 다만 솔로몬의 제1성전이 건립되고 나서 코헨이 확고히 자리잡았을 것이라는 점은 쉽게 추측할 수 있다. 고대근동 세계에서 일반적으로 사제의 일자리는 신전이었기 때문이다. 결국 이스라엘의 사제직이란 이스라엘 고유의 제도라기보다는 외부의 강한 영향으로 도입

되었고 정착한 것이라고 추측할 수 있다. 이스라엘의 사제직도 역시 고대근동 세계의 대화와 교류를 웅변한다.

나가며

고대 이스라엘은 '고대근동 세계의 작은 나라'였다. 현대 이스라엘의 넓이가 경상북도와 비슷할 정도니 얼마나 작은 나라인지 짐작할 수 있다. 시리아-필리스티아 이웃과 내륙으로 이어진 작은 나라는 외부의 강한 영향을 받을 수밖에 없다. 이스라엘의 전 역사를 통하여 대화와 교류는 필수적이었다. 하느님 백성의 역사에 한 번도 '쇄국' 같은 일은 없었다.

고대근동 세계나 지금이나 한 나라는 생존과 번영을 위해 외부와 다양한 교류를 맺는다. 그리고 그런 교류와 대화를 통해 문화와 종교 등을 살찌웠다. 그래서 고대 이스라엘이 고대근동 세계의 이웃들과 어떤 영향(Wirkung)을 주고받았는지, 다시 말해 어떤 요소가 수용(Rezeption)되었는지를 연구하는 것은 『구약성경』 이해의 당연한 전제가 되고 있다.

이 글에서는 고대근동과 이스라엘의 관계에 대한 전반적 그림을 묘사하고, 지면의 한계 때문에 몇몇의 사례를 들 수밖에 없었다. 하지만 고대 이스라엘이 외부와 교류했고, 이웃나라들에서 강한 영향을 받은 흔적은 퍽 많이 찾을 수 있다. 고대근동 문명은 고대 이스라엘의 언어, 문학, 정치, 종교, 문화, 기술, 신학 등 모든 면에서 다양한 영향을 끼쳤다. 『구약성경』은 끊임없는 대화와 교류의 과정에서 탄생하고 전승된 문헌이다.

참고문헌

교회문헌 및 고대어 사전과 문법서

제2차 바티칸공의회, 『교회헌장』

수메르어 사전: ePSD(The Pennsylvania Sumerian Dictionary)

   - http://psd.museum.upenn.edu/epsd1/index.html

히브리어 사전: HALOT

Koehler, L., et. al. (eds.), *Hebräisches und Aramäisches Lexkon zum*
   Alten Testament, Band I-II (Leiden, 2004).

우가릿어 사전과 문법:

트롭퍼, 요제프(Tropper, J.), 『우가릿어 문법(*Ugaritisch: Kurzgefasste*
   Grammatik mit Übungstexten und Glossar)』, 주원준 개역, 한님성서
   연구소, 2010.

───, 『우가릿어 사전(*Kleines Wörterbuch des Ugaritischen*)』, 주원준 개
   역, 한님성서연구소, 2010.

기타

Caplice, R., *Introduction to Akkadian* (Rome, 1980).

Kuhrt, A., *The Ancient Near East - c. 3000-330 BC, vol. I-II*
   (London, 1996).

Lipiński, E., "Aramäer", *NBL I*, p.146-148.

반 드 미에룹, 마르크(van de Mieroop, M.), 『고대근동 역사(*A History of the Ancient Near East*) — B.C. 3,000년경~B.C. 323년』, 김구원 옮김, 기독교문서선교회(CLC), 2010.

루, 조르주(Roux, G.), 『메소포타미아의 역사(*La MÉsopotamie*) 1, 2』, 김유기 옮김, 한국문화사, 2013.

Sasson, Jack M.(ed.), *Civilizations of the Ancient Near East, vol. I & II, III & IV* (Peabody 2000)

von Soden, W, *Einführung in die Altorientalistik* (Darmstadt, 1985).

빈호프, 클라아스 R.(Veenhof, Klaas R.), 『고대 오리엔트 역사—알렉산더 대왕 시대까지(*Geschichte des Alten Orients bis zur Zeit Alexanders des Grossen*)』, 배희숙 옮김, 한국문화사, 2015.

정태현, 『성서입문 상권: 성서의 배경과 이스라엘의 역사』, 한님성서연구소, 2010.

조철수, 『수메르 신화』, 서해문집, 2003.

주원준, 「지혜와 경험과 법이 하나다 - 고대근동의 법을 이해하기 위하여」, in: 명지대학교 중동문제연구소 엮음, 『법으로 보는 이슬람과 중동』 (모시는사람들, 2016), p.11-34.

주원준, 『신명기 - 거룩한 독서를 위한 성경 주석』 (한님성서연구소, 2016)

주원준, 『『구약성경』과 신들 - 고대근동 신화와 고대 이스라엘의 영성』 (한님성서연구소, 20182)

주원준, 「아람인 3」, 『말씀터』114호 (한님성서연구소, 2017.9-10.), p.25-26.

주원준, 「주원준의 히브리어 산책 - 콜, 코헨, 클리」, 『가톨릭 신문』 3059호 (가톨릭신문사, 2017.8.27) p.18

유다교는 이해할 수 없는
그리스도교 이야기

- 새로운 시작

박태식

그리스도교와 유다교 사이에는 깊고도 긴 이야기가 숨어 있다. 서로 가까운 듯하면서도 아주 멀게 느껴지는 이야기다. 도대체 어떤 연유로 한 뿌리에서 출발한 두 종교가 이토록 기묘한 갈등 관계에 들어서게 된 것일까? 이 글에서 유다교와 그리스도교의 유장한 관계사를 일괄하기보다 오히려 이야기의 초입으로 돌아가 상황을 정리하려 한다. 여기서 반드시 필요한 작업이 당시의 시대적인 배경과 유다교의 전통적인 가르침, 그리스도교의 시작인 예수 그리스도에 대한 이해를 살펴보고, 여기서 한 걸음 더 나아가 예수와 유다교의 가르침이 실제로 어떤 지점에서 마찰을 빚었는지 구체적인 예를 들어 알아보는 일이다. 그리되면 우리는 드디어 갈등의 기원에 근접하는 시야를 확보하게 될 것이다. 이는 곧 '새로운 시작'을 여는 시야이기도 하다.

시대사적 배경

알렉산드로스 대왕

우선 시대적 배경에 눈을 돌려보자. 이스라엘 역사에서 중대한 변곡점들 중 하나는 66~73년에 벌어졌던 1차 유다독립전쟁이다. 그리고 그로부터 60년쯤 후인 132~135년에는 2차 유다독립전쟁이 발발하는데, 이 두 사건은 그리스도교와 유다교 사이의 관계 설정에 중요한 역할을 한다. 사실 이런 역사적 사건들을 설명하기 위해서는 그 시작이 어디인지 따져보는 게 중요하다. 역사란 끊임없이 이어지기에 광범위하게 연결할 수도 있지만, 분명한 원인이 되는 지점을 짚어 살펴볼 수도 있기 때문이다. 여기서는 무엇보다 알렉산드로스 대왕(Alexandros the Great, 기원전 356~기원전 323)의 동방 원정과 로마의 식민지 관리 정책이 가늠자 역할을 단단히 한다.

기원전 4세기 그리스 북부 마케도니아에 알렉산드로스 대왕이 등장했다. 그는 지중해 세계(그리스, 북부 아프리카, 이탈리아 등)와 동방 세계(지금의 터키, 이란, 이라크 등의 지역)를 하나로 만들겠다는 야심 찬 계획을 세웠고, 그 계획을 실천에 옮기기 위해 동방으로 군사를 일으켜 떠났다. 이것이 유명한 '알렉산드로스의 동방 원정(기원전 334~기원전 323)'이다. 동방 원정 10년 만에 알렉산드로스는 인도 접경까지 영토를 넓혔지만, 돌아오는 길에 바빌로니아에서 숨을 거두고 말았다. 동방 원정은 그의 마지막 원정길이었던 것이다.

거대한 땅을 통합했지만 알렉산드로스는 결코 수탈을 일삼는 잔인한 정복자가 아니었다. 그는 동방을 정복하면서 문화적인 통일을 이루려 했다. 그래서 그리스 출신의 학자, 경제인, 상인들을 동방으로 대거 이주시켰고 피정복지의 주민들과 결혼하게 했다. 말하자면 혼혈 정책을 쓴 것이다. 알렉산드로스의 스승인 아리스토텔레스는 야만인과 문명인을 구분할 때 민족적 기준을 사용했다. 그래서 그리스인은 문명인이고 그 밖의 이방인은 야만인이라 취급한 데 반해, 알렉산드로스는 도덕적으로 성숙한 사람이 문명인이고 미성숙한 사람이 야만인이라는 기준을 내세웠다. 이를테면 피부색이 아니라 인격을 구분 기준으로 삼은 것이다.

두 사람을 비교해보면 청출어람이라는 한자성어가 절로 떠오른다. 여하튼 이로써 피정복지의 주민이라 할지라도 정복자와 똑같은 인간으로 존중받을 수 있는 길이 열린 셈이다. 알렉산드로스의 정복 정책은 '사해동포주의(cosmopolitanism)'의 기본이 되었다. 알렉산드로스의 정책에 따라 그리스 정신이 동방 세계로 옮겨 가 꽃을 피웠고, 동방 세계는 문화적인 통일을 이룰 수 있었다. 이를 두고 흔히 '헬레니즘 시대'로 정리하며, 그 세계에서 사용하던 언어를 헬라어(코이네 디알렉토스: 일반언어)라 일컫는다.

알렉산드로스가 사망한 후 제국은 넷으로 갈라졌다. 기원전 315년 당시 그의 휘하에 있던 네 장군들이 각각 네 지역을 차지해 다스렸는데, 구체적으로 안티고노스 1세(Antigonos I, 기원전 382?~기원전 301)는 헬라스(그리스)와 소아시아와 시리아와 유대아*와 지중해 연안에서 중앙아시아를, 카산드로스(Kassandros, 기원전 350~기원전 297)는 마케도니아를, 프톨레마이오스(Ptolemy I, 기원전 305~기원전 285)는 이집트와 지중해의 섬들을, 리시마코스(Lysimachos, 기원전 306~기원전 281)는 트라키아 지역을 차지했다. 하지만 정치적인 상황이 바뀌어 기원전 312년 프톨레마이오스가 예루살렘을 공격해 안티고노스를 꺾고 유대아를 점령한 후, 유대아는 100년 넘게 프톨레마이오스 왕조 치하에 있게 된다. 그러다가 기원전 198년 프톨레마이오스 5세(Ptolemy V, 기원전 210~기원전 181)가 안티오코스 3세(Antiochos III, 기원전 223~기원전 187)와 벌인 전투에서 패배하자 유대아는 안티오코스 3세가 속한 시리아의 셀레우코스 왕조의 지배를 받게 되었다. 여기서 셀레우

---

*   Judea. 훗날 이 이름은 로마의 행정구역명으로 사용되었다. 예루살렘이 여기에 속한다.

코스란 기원전 313년 안티고노스를 바빌로니아에서 몰아내고 그 지역에 세워진 왕조의 이름이다.

그렇게 셀레우코스 왕조의 지배를 받던 유대아에서는 기원전 141년 시리아 주둔군을 쫓아내면서 하스모니아 왕조가 시작되었다. 오랜 식민지 역사를 벗어나 드디어 유다인 독립 왕조가 탄생한 것이다. 이 왕조는 기원전 63년 로마의 폼페이우스(Gnaeus Pompeius Magnus, 기원전 106~기원전 48)에 의해 정복된 뒤 로마 제국의 시리아 속주에 병합된다. 이스라엘 왕조의 복잡한 시대사를 간단하게 정리했는데, 중요한 점은 이스라엘이 구약시대로부터 대부분의 시기를 식민 통치의 그늘에서 살아야 했다는 사실이다. 마치 우리나라가 그랬던 것처럼, 주변 강국들의 흥망성쇠가 거듭됨에 따라 약소국이 겪게 되는 설움을 온몸으로 받아낸 셈이다. 이 시기에 특히 주목해야 할 지점은 기원전 165년 마카베오 항쟁이다.

마카베오 항쟁과 하스모니아 왕조

유대아를 점령한 안티오코스 3세는 비교적 유다교에 호의적이었다. 사정을 감안해 세금을 면제하거나 감해주고 예루살렘 도시와 성전을 재건하는 사업에도 재정적인 도움을 주었다. 하지만 그의 아들 셀레우코스 4세(Seleucus IV, ?~기원전 175)의 후계자인 안티오코스 4세(Antiochos IV, 기원전 215?~기원전 163)가 등장하자 상황이 급변한다. 그는 이스라엘을 헬라화하려 전력을 기울였고 그에 상응하는 조치로 유다교 무력화를 시도했다. 안티오코스 4세는 예루살렘 대성전을 약탈했고 기원전 167년부터 예루살렘 성전에서 이방신을 모시는 제사를 드리게 했다. 그러면서 내린 칙령은 유다인의 민족정신을 자극하기에 충분했다.

유다인들이 자기 고장에서 낯선 관습을 따르게 할 것.
성소에서 번제물과 희생 제물과 제주를 바치지 못하게 하고,
안식일과 축제를 더럽힐 것.
성소와 성직자들을 모독할 것.
이교 제단과 신전과 우상을 만들고, 돼지와 부정한 짐승을 희생
제물로 바칠 것.
그들의 아들들에게 할례를 받지 못하게 하고,
온갖 부정한 것과 속된 것으로 그들 자신을 혐오스럽게
만들도록 할 것.

그리하여 율법을 잊고 모든 규정을 바꾸게 할 것.

임금의 말대로 하지 않는 자는 사형에 처할 것.

(1마카 1,44~50)

사실 이 정도면 자존심을 가진 민족 치고 항쟁에 나서지 않는 민족이 어디 있겠는가? 특히 야훼 신앙을 목숨처럼 아끼는 유다인들에게 이보다 모욕적인 처사는 없었을 것이다. 하지만 계기가 필요했다. 때마침 안티오코스 4세가 보낸 사절이 예루살렘 서북쪽 모데인에 도착해 그리스 신들에게 제사를 바치라고 하자 하스모니아 가문의 마타디아는 이를 거부했으며 그의 다섯 아들과 함께 이방신에게 제사를 드리려는 어느 유다인과 사절을 칼로 쳐 죽였다. 그들이 산악 지대를 장악해 전투를 벌이는 동안 '하시딤(경건한 자)'들이 동참했다. 1마카 2,42의 표현에 따르면 "그때에 한 무리의 하시딤들이 그들과 합류했다. 그들은 이스라엘의 용맹한 전사들이며 모두 율법에 헌신하는 이들이었다"고 한다. 기원전 165년의 일이다.

항쟁이 벌어진 다음 해부터 마타디아의 넷째 아들인 마카베오가 사령관이 되어 항쟁을 이어나가다 드디어 기원전 164년, 3년의 전쟁 끝에 성전을 되찾았다. 마카베오의 승리는, 종교적인 의미에서 예루살렘 성전을 정화한 사건으로 보아야 한다. 마카베오는 시리아군을 물리친 뒤(1마카 4,26~35) 성전에 올라가 황폐해진 성전을 보며 통곡한다. 그는 성전의 제 모습을 회복한 뒤, 같은 해 기슬레우 달, 즉 9월 25일 이른 아침에 봉헌 제사를 지냈다.(1마카 4,36~61) 이 사건을 요약한 기록이 2마카 10,1~8에 다시 나오는데, 그중에서 5~8절을 옮겨보자.

> 그리고는 전에 이방인들이 성전을 더럽힌 바로 그날, 즉 기슬레우 달 이십오일에 성전을 정화하였다. 초막절과 마찬가지로 이 즐거운 축제는 팔 일 동안 계속되었다. 그들은 얼마 전까지만 해도 초막절을 제대로 지내지 못하고 산과 동굴에서 들짐승처럼 지내던 일을 회상하였다. 그들은 나뭇잎으로 엮은 화환과 아름다운 나뭇가지와 종려나무 가지를 손에 들고 성전의 정화를 성취케 해주신 주님께 찬미드렸다. 그리고 나서, 그들은 공적인 결의를 하여 포고령을 내리고 온 유다인은 누구든지 해마다 이 축제를 지키라고 명하였다.* (2마카 10,5~8)

---

* 여기서 비롯된 유다인의 절기가 바로 봉헌절(奉獻節)이다. 히브리어로는 '하누카', 헬라어로는 '엥카이니아'. '기슬레우 월' 25일(대략 12월 초)에 시작해서 8일간 진행되는 연례 축제다. 인용문에서 보듯이, 이 축제의 외형은 초막절을 본뜬 것이다.(2마카 1,9 참조) 봉헌절은 또한 '빛의 축제'라고도 불리는데, 8일간 계속되는 축제 기간 동안 매일 하나씩 촛불을 더하여

마카베오 항쟁에서 승리한 후 마타디아의 다섯 번째 아들 중 유일하게 남은 시몬으로부터 하스모니아 왕조(기원전 142~기원전 63)가 시작된다. 하스모니아라는 이름은 본디 마타디아의 증조부에게서 따왔다고 하며 오래전부터 이 집안은 모데인에 사제 가문으로 자리를 잡고 있었다. 하스모니아 왕조는 헬레니즘을 표방한 안티오코스 4세와 싸워 이겨 탄생한 왕조였으나 헬레니즘 문화에서 완전히 자유롭지는 못했다. 그래서 끊임없이 이곳저곳에서 부딪쳤는데 그중에서도 특히 하시딤의 반발이 치열했다. 그들에게 헬라 세계의 다신교 신앙은 결코 유다인의 유일신 야훼 신앙과 공존할 수 없었다. 이에 하시딤은 더욱더 배타적인 입장을 고수해 하느님이 직접 전해준 율법을 만사의 중심에 놓기에 이른다. 이에 반해 헬레니즘 문화를 수용하고 그에 상응하는 정치적 이득을 보려는 집단도 있었다. 이들은 그 성격에 따라 각각 이름을 달리했는데, 바리사이파, 사두가이파, 에세네파 등으로 불렸다. 이들은 예수 시대 이스라엘 땅에서 중요한 종교, 정치 세력으로 자

축제 마지막 날에는 모두 여덟 개의 촛불이 밝혀지게 된다. 이 기간 동안에는 전통적으로 '할렐'이라는 찬미가(시편 112~117)를 부르고, 종려나무 가지를 앞세운 행진이 벌어지며, 매우 흥겨운 분위기가 형성되었다고 한다.(2마카 1,8~18이하; 요세푸스 『유다고사』 VII, 316 이하) 신약성서에는 봉헌절이 단 한 차례 요한 10,22에 나온다.

리잡고 있었기에 살펴볼 만한 가치가 있다.

바리사이파

바리사이파의 기원에 대해서는 여러 가지 견해가 있다. 바리사이라는 이름 자체가 '분리된 자들'이라는 뜻이니 이를 하시딤(경건한 자들)과 연결시키려는 시도가 있었고, 또한 어떤 이들은 '제2의 모세'라 불리며 바빌론 유배 이후 이스라엘을 재건한 에즈라(Ezra, 에스라, 기원전 480~기원전 440)와 연결시키기도 한다. 특히, 에즈라는 율법 중심의 공동체를 지향했기에 더더욱 믿음직한 근거가 될 수 있었다. 그런가 하면 아예 독립적으로 출현한 파로 바라보는 학자들도 있다. 정확히 알 수 없는 노릇이다. 아무튼 이들은 율법 중심적 사고와 순수한 열정을 지닌 평신도 신앙인들이었으며 저명한 '율사'들을 많이 배출했다. 예수 시대에 대략 6000명 정도의 바리사이가 있었다고 한다.

이제 바리사이파의 율법 해석에 대해 살펴보기로 하자. 바리사이들은 율법과 그에 대한 해석에 일가견이 있었기에 이스라엘에서 그 명성을 쌓아가고 있었다. 하느님에게 절대주권이 있으며, 영혼은 불사불멸하고, 천사와 악마라는 영적 존재가 있다. 특히 영혼의 불사불멸은 자연스럽게 부활로 이어졌다.

"모든 이스라엘 사람들은 내세를 차지할 텐데 이는 기록된 바,

'너의 백성은 모두 의인들로서 영원히 이 땅을 차지하리라.

그들은 나를 영화롭게 하려고 내가 심은 나무의 햇순이며 내 손의

작품이다.' (이사 60,21) 따라서 죽은 이들의 부활이 율법에 쓰여

있지 않다고 하는 자들은 내세의 생명을 차지하지 못하리라."

(『미슈나』, 네찌킨, 산헤드린 10.1)

율법을 철저하게 준수해야만 의인의 대열에 들어서고, 그렇게 열심히 산 의인에게는 당연히 그에 걸맞는 보상이 따라야 한다. 그리고 보상이 주어진다고 하면 자연스럽게 부활을 인정하지 않을 수 없다는 논리가 성립된다.* 바리사이들이 왜 맹렬하게 율법 준수를 부르짖고 유일신 하느님에게 온 힘을 기울이는지 알 수 있는 대목이다. 그들은 죽음과 함께 먼지 한 줌처럼 허망하게 사라지고 마는 인생의 건너편을 내다보았다. 영생의 희망을 갖고 있었던 것이다.(『외경 혜녹서』)

또 한 가지 바리사이들이 강조한 점은 조상으로부터 이어져 내려온 구두 전승의 효력을 인정하는 것이다. 율법과 그 해석인

---

* 부활신앙은 주로 바빌론 포로기(기원전 587~기원전 538) 이후 여러 문서에서 나타난다.(다니 12,2; 이사 25,8; 26,19; 시편 73,24~25)

'장로들의 전승'이 바리사이파에게는 종교와 세상을 대하는 기준이었다. 바리사이의 엄격한 율법주의는 대중의 인기를 얻었다고 한다. 또한 그들은 정치적으로는 반로마 성향을 띠고 있었다. 유일신 하느님에 대한 신념 때문이었을 것이다.

사두가이파

또 하나 주목할 만한 종파는 사두가이파다. 이들은 바리사이파와 짝을 지어 거론되는데 아마 두 파 사이에 종교적으로 심각한 대립이 있었기 때문일 것이다. 이 종파의 기원은 흔히 그 이름에서 찾는다. '사두가이' 하면 왠지 전통적으로 사제 노릇을 해왔던 사독 집안과 관련이 있을지 모른다는 생각이 드는데, 증명하긴 어렵다.(2사무 8,17; 1열왕 2,35) 오히려 쿰란 문헌을 보면 사독 일가가 스스로를 '사독의 후손'이라 표현함으로써 사두가이파와 구별을 두려고 했던 흔적도 발견된다. 이런 점들을 감안하면 사두가이파와 사독 가문을 연결지어 생각하는 것은 정확치 않은 추정으로 보인다. 그보다는 하스모니아 왕조 때 사제직을 수행했던 이들에게서 그 기원을 찾으려는 주장이 더 설득력 있다. 아무튼 사두가이파의 활동 범위는 성전을 벗어나지 않았던 것 같고, 이들이 일종의 '종교 귀족'으로 자리 잡았음은 분명해 보인다.

사두가이파는 현실적인 노선을 걸었던 종파로 유명하다. 성전 제사를 맡은 사제들을 주로 배출한 사두가이파는 신학적으로 많이 냉랭한 편이었다. 종말과 내세를 거부하고 부활을 인정하지 않았으며 천사와 악마라는 존재의 필요성도 받아들이지 않았다. 한마디로 눈에 보이는 현상세계에 기반을 두고 확인되지 않으면 무엇도 인정하지 않았던 것이다. 유다 역사가 플라비우스 요세푸스(Flavius Josephus, 37~100)는 "사두가이의 주장에 따르면 영혼은 육체에 깊이 뿌리를 내리고 있으며, 여기서 벗어나는 가르침을 율법서(모세오경)에서 찾아볼 수 없다"(『유다고사』 18,16~17)고 한다. 말하자면 바리사이가 주장하는 부활 신앙의 경우, 율법에 부활이 언급되어 있지 않기에 인정할 수 없다는 식이다. 모세오경만 정경(正經)으로 인정하는 그들의 신학 원칙을 잘 보여주는 입장이다.

사두가이파의 노선은 바리사이파와 극명한 차이를 이루는데, 그 하나는 부활을 거부하는 것이고 다른 하나는 모세오경(토라, Torah) 외에 어떤 구전도 인정하지 않는 것이다. 구전을 배격한 이유는 문자로 된 율법으로 하느님의 계시가 완성되었기에 거기에다가 왈가왈부 해석을 덧붙일 필요가 없는 노릇이기 때문이다. 그들은 하느님에 대해 철저한 불가지론을 내세웠다. 그러므로 하느님을 제대로 알지 못하는 인간이 마치 영혼의 불사불멸을 전

제하여 부활이 있는 듯, 또한 천사와 영이 있는 듯 판단하고 가르치는 행위는 옳지 않다. 그렇게 현세를 중요시했던 사두가이는 기득권 세력에 의존해 세를 유지할 수 있었다. 성전 제사를 도맡아 하면서 종교 귀족의 길을 걸었고 유다 땅이 로마의 식민지가 된 후로는 로마에 협조했다. 『신약성서』의 증언대로 사두가이와 바리사이가 매사에 부딪혔던 것은 어쩔 수 없는 일이었다.

또 한 가지 가능한 추측으로 사두가이들이 드리던 제사의 형태를 보면, 언제나 제물을 태운 연기를 하늘로 올려 보내고 이 연기를 하느님이 흠향하시는 것으로 간주했다는 점을 들 수 있다. 말하자면 제사를 드리는 중에 곧바로 하느님의 존재를 인식한다는 뜻이다. 그러니 구태여 하느님을 심판주로 섬기거나 부활 후에나 만나볼 수 있는 분으로 여길 필요가 없었을 터다. 사두가이가 현실 지향적인 노선을 선택한 이유를 설명하는 데 보탬이 되는 사실이다.

에세네파

에세네파에 대해서는 여전히 설왕설래 많은 주장들이 오간다. 우선 에세네파를 거론한 요세푸스에 따르면 이들은 약 4000명 정도였으며, 건실한 생활과 노동을 겸비한 삶을 살았다고 한다. 그들은 모든 재산을 공동으로 소유했으며 결혼을 하지 않았고 노예를 두지 않았다. 종교적으로는 매우 경건해서 하느님에 가까워지려 부단히 노력했다. 그리고 자신들 고유의 정결예식을 갖고 있었기에 재물을 바칠 때 따로 예배를 드리지 않았다. 영혼불멸을 주장한 이유는 모든 것이 하느님 손에 달려 있다는 교리를 신봉하기 때문이었다. 여기까지는 요세푸스의 『유다고사』에 나오는 내용이다.

그렇게 2차 자료로만 알려져오던 에세네파는 1947~1955년 사해 부근의 쿰란이라는 지역에서 대량의 고대 자료들이 발견되면서 그 실체를 드러냈다. 총 800여 점에 달하는 실로 어마어마한 양의 문헌이었다. 이 문헌들을 두고 딱히 에세네파의 그것은 아니라는 주장도 있기는 하나 전체적인 기조는 요세푸스가 알려준 에세네파와 연결하기에 안성맞춤이다. 특히 공동체의 규칙을 다룬 문헌 1QS가 주목할 만하다.

에세네파는 배타적인 공동체를 이루고 있었고 사제들과 책임자들, 그 밑으로 강력한 위계질서를 갖춘 회원들이 있었다. 에세네파에 입회하여 정식 구성원이 되려면 재산을 헌납하고 3년의 수련 기간을 거쳐야 했고, 침례로 이루어지는 정결례(미크베)를 통해 자신을 갈고닦아야 했다. 물론 이들은 독신 생활을 강조했으며 율법 준수에도 목숨을 걸었다. 율법 수호의 화신이었던 바리사이보다 더하면 더했지 결코 모자라지 않았을 것이다. 그들은 이원론적인 사고를 하여 육신은 사라지더라도 영혼은 불멸할 것이라 믿었고 예루살렘 성전을 장악한 사두가이 같은 사제들에 반대하여 광야로 나갔다. 이사 40,3에서처럼 광야에서 주님의 길을 준비했던 것이다. 그들은 역사의 마지막에 이르면 빛의 자녀들과 어둠의 자녀들 사이에 엄청난 전투가 벌어지고 결국 자신들 편이 이겨 예루살렘을 회복하리라고 기대했다. 종말-묵시사상에 물들어 있었던 것이다.

종말의 날에 사제계 메시아와 정치적 메시아가 등장해 세상을 장악할 터인데, 사제계 메시아는 자신들로부터 배출되리라는 믿음을 갖고 있었다. 그러나 실상은 매우 달랐다. 에세네파는 68년 예리코를 지나 쿰란으로 진격해 오는 로마군에게 손 한 번 써보지 못한 채 멸망하고 말았다. 절체절명의 위기에서 아마 하늘에서 내려오는 빛의 군대를 기대했을지 모르나 기대는 일거에 빗나갔고, 급하게 동굴에 숨겨두었던 문서들이 무려 2000년이 지난 뒤 발견되었다. 쿰란 공동체는 몰살당했으나 그들이 죽기 전 문헌들을 깊은 동굴에 감춰둔 까닭에 먼 훗날 후손들이 그 덕을 보게 되었으니 역사의 아이러니라 하겠다. 일설에 따르면 예수가

에세네파 출신이라고 하는데 그리 설득력은 없어 보인다. 예수는 어디 한적한 곳에 들어가 수도 생활을 했을 분이 아니다.

로마의 통치

알렉산드로스 대왕이 헬라 세계를 열었다면 정작 그 혜택을 본 수혜자는 로마제국이었다. 제국의 크기는 물론, 공통의 문화와 공용어(헬라어)까지 이미 알렉산드로스 시대에 그 윤곽이 잡혔으니 말이다. 그렇다고 해서 로마제국을 헬라 세계의 단순한 계승자라 부를 수는 없다. 로마제국은 잘 닦여진 기반에 웅장한 건물을 세우듯 제국의 위용을 견고하게 완성시켜나갔다.

기원전 67년 로마의 장군 폼페이우스는 지중해의 해적을 소탕해 그해 3월에서 11월 사이에는 비교적 안전하게 지중해를 오갈 수 있는 바닷길을 열었다.* 여세를 몰아 기원전 63년에는 예

---

* 이 덕분에 지중해권에는 무역이 발전했고 재력을 탄탄하게 갖춘 상인들이 등장하게 되었다. 그리고 로마는 제국 구석구석을 연결하는 도로망을 구축했다. 로마와 아드리아의 식민지를 잇는 580킬로미터의 아피아 국도, 스페인과 이탈리아를 연결하는 도미티아 국도, 로마와 비잔티움을 거쳐 다마스커스까지 이르는 에그나티아 국도 등등. 특히 에그나티아 국도를 통해 바울로는 아시아와 유럽으로 빠른 시간에 전도할 수 있었다.

루살렘을 점령했고, 이후로 유대아는 로마제국의 치하에 놓이게 된다. 그 뒤로 유대아의 정치적인 상황은 복잡하게 얽히고 마는데, 로마에 정복을 당했으니 어쨌든 로마에 잘 보여야 삶을 유지할 수 있었다. 여기서 유대아 남쪽 이두메아 출신의 헤로데가 정치력을 발휘해 유다의 민족영주(ethnarchon)로 들어앉는다.(기원전 37~기원전 4) 그는 통치기간 내내 로마의 실권자들을 갈아타면서 신임을 얻었고, 그의 아들들까지 로마의 후광으로 4분영주(tetrarchon)의 자리에 올랐다. 이쯤에서 로마의 속주 통치를 알아보자. 예수 시대 유대아의 사정을 아는 데 도움이 되기 때문이다.

로마는 제국을 다스리면서 힘의 균형을 놓지 않으려 했다. 그래서 속주와 속국, 속주는 원로원령 속주(아시아, 마케도니아 등)와 황제령 속주(시리아, 갈라티아 등)로, 속국은 민족영주, 지역영주, 4분영주로 나누었다. 원로원령 속주는 정치적으로 안정되어 있는 곳이라 따로 황제의 군대를 주둔시킬 필요가 없었으나 황제령 속주는 사정이 달라 군대가 주둔했다. 황제령 속주도 크기에 차이가 있어 큰 곳은 총독(legatus augusti)을 파견했고 작은 곳은 지방장관(praefectus)을 임명했다. 총독이 파견되는 큰 속주에는 6000인 부대 레기온(legion)이 주둔했고 작은 곳은 600인 부대인 코호르트(cohort)와 100인 부대인 센투리오(centurio)가 있었다.

속국은 로마가 직접 통치하는 속주와 달리 괴뢰정권을 세워 다스렸다. 이렇게 통치 형태를 다양하게 한 이유는 분할통치(divide et impera) 정책에 따른 것이었다. 나누면 나눌수록 구심력이 사라져 반란을 일으키지 못하기 때문이다.

이제 신약성서와 관련해 설명해보자. 이스라엘의 두 살 이하 아기들을 모두 죽였다고 하는 헤로데(Herodes, 기원전 73~기원전 4)는 민족영주였으며, 그 아들로 갈릴래아와 요르단강 동쪽 베레아를 다스렸던 헤로데 안티파스(Herodes Antipsa, ?~37?)는 4분영주였고, 예수에게 십자가형을 내린 폰티우스 필라투스(Pontius Pilatus)는 흔히 총독이라 불리지만 유다 속주의 지방장관(재위 26~36)이었다. 그리고 100인 부대를 이끄는 백부장이 여러 곳에서 등장한다.

로마제국의 범위와 정책은 오늘을 사는 우리로서도 경탄을 금치 못할 정도였다. 어림잡아 당시 세계 인구를 대략 1~2억으로 보는데, 로마제국에만 무려 5000만 명이 살았다고 한다. 고도의 정치철학과 술수 없이는 제국을 유지해나갈 수 없었을 터다. 로마는 피정복지의 언어와 문화를 통제하지 않았고 그들의 고유 종교를 거부하지 않았다. 그 대신에 세금을 걷고 군대를 주둔시켜 자신들이 정복자라는 사실을 끊임없이 일깨워주는 데 만족했다.

말과 종교를 막았던 일제의 식민지 정책이 얼마나 유치한 것이었는지 쉽게 알 수 있는 대목이다. 물론 그렇다고 해서 제국이 피정복지에 무한정 자유를 보장한 것은 아니었다. 고유의 종교는 유지하되 제국 전체를 하나로 묶어주는 역할을 하는 종교는 인정해야 했다. 이름하여 '황제 숭배'라 하는 이 종교는 황제를 세상에 내려온 신으로 숭배하는 것이었다. 이는 제국의 국민에게 자신들을 다스리는 존재가 사람이 아닌 신으로 여기게 하여, 그만큼의 존경심과 통치 효과를 얻어내려는 조치였으니 오늘날 식으로는 '통치 기술'이라 부를 수 있을 것이다.

황제 숭배의 기틀을 처음 잡은 황제는 '지존자(augustus)'라는 명칭을 얻은 옥타비아누스(Octavianus, 기원전 63~기원전 14)였고 그 이후로 모든 황제는 '신의 아들(Divi Filius)'로 숭상받았다. '로마의 평화(팍스 로마나: Pax Romana)'는 전적으로 '황제 숭배' 덕분이었다. 그런데 유다교는 체질적으로 '황제 숭배'와 맞지 않았다. 유다인은 하느님을 주님으로 모셨으니 지상의 황제에게 존경심을 보일 리 없었고 그에 따라 유다 땅 전역에 반역의 기운이 나돌았다. 여기서 우리는 두 개의 파당을 거론할 필요가 있다. 바로 열혈당과 헤로데파다.

열혈당

점령지에서 로마 총독의 중요한 임무는 세금 징수였다. 그러나 유대아 속주에서 세금을 제때 납부할 책임은 총독이 아니라 최고의회(산헤드린, Sanhedrin)에 있었다. 말하자면 최고의회가 징세 책임을 진 대신 총독에게서 독립성을 얻고, 실제 세금은 로마인의 주머니로 들어간 것이다. 세금의 종류는 직접세에 해당하는 토지세, 가옥세와 개인세(주민세와 소득세로 나뉨)가 있었고, 간접세에는 사업세, 노예세, 관세, 상속세가 있었다.* 유대인들은 개인세에 특별히 예민했다. 개인세는 로마에서 직접 거두어들이는 세금으로 로마가 자신들의 지배자라는 사실을 피부에 와닿게 일깨워주었기 때문이다. 하느님을 유일한 통치자로 여겼던 이스라엘에게는 있을 수 없는 일이었다. 그래서 서기 6년경 갈릴래아 출신 '유다'(사도 6,3)를 중심으로 납세 거부 운동이 벌어졌고, 이는 민족의 독립운동으로 발전해 이른바 '열혈당'이 창건되기에 이른다.

열혈당은 흔히 테러를 자행하는 '자객당'과 혼동되는 경우가 있는데, 추측컨대 자객당은 아마도 열혈당에 동조하는 세력으로

---

* 직접세는 로마 재정관이 직접 나서 거두었고, 간접세는 현지의 징세 대행업자를 통해 거두었다. 민중의 욕을 먹은 세리 마태오와 세리장 사케우스는 유다인 징세 대행업자였다. 각 사람의 과세액은 정기적인 호구 조사로 정해졌다. 세밀한 징세 체계와 다양한 세금의 종류는 제국이 세금을 걷는 데 얼마나 심혈을 기울였는지 잘 보여준다.

139

서 자객 활동을 하는 이들을 일컫는 말인 것 같다. 이들은 하느님만이 주인이라는 강렬한 믿음을 가지고 있었고, 하느님이 주신 이스라엘 땅을 철저히 지켜내야 한다는 소신이 있었다. 그래서 정치적으로 자신들을 이끌어줄 메시아를 기대했고 로마를 상대로 1차 유다독립전쟁을 일으키게 된 것이다. 때마침 네로 이후 로마에서 일어난 정쟁과 예루살렘성을 공격했던 시리아 총독 체스티우스의 철수로 힘을 받았다. 그러나 70년, 결국 로마군에 패퇴한 열혈당 중 자객당 일원들이 마사다(Masada) 요새로 피신했다. 여기서 로마군에게 항거하다 74년 몰살당하고 말았는데 요세푸스가 전하는 바에 따르면 장렬한 최후였다고 한다. 960명이 스스로 목숨을 끊었다는 것이다.* 이로써 열혈당은 이스라엘에서 일시에 사라지고 만다.

열혈당은 무장혁명을 통해 이스라엘을 로마에서 독립시키려는 정치적 목표를 갖고 있었다. 예수의 제자 중에도 열혈당원이 있었다고 한다.(루가 6,15)

---

* 960명 중 장정 10명을 뽑아 나머지 사람들을 죽이고, 다시 그 10명 중 1명을 뽑아 9명을 죽였으며, 최후의 1인도 자결했다고 한다. 아무래도 장렬한 최후를 통해 유다인의 애국심을 고취시키려 상상력이 발휘된 것 같다.

헤로데파

헤로데파, 혹은 헤로데 당원은 라틴어로 herodianus이고 라틴어식 표현법에 따르면 '헤로데 가문 사람들'이라고 해야 옳다. 헤로데는 유다의 왕이었으니까 당연히 왕족이 되는 것이다. 그런데 신약성서에서는 종종 꼭 '헤로데의 핏줄'이 아니라 '헤로데에 우호적인 사람들'이라고 확대 해석할 수 있는 부분들이 등장한다. 헤로데 왕가는 로마제국이 세워준 괴뢰정권이었으므로 로마에 호의적일 수밖에 없었다. 헤로데파는 「마르코복음」에 집중적으로 등장한다. 그들은 바리사이파와 작당해 예수를 없앨 흉계를 꾸미고(마르 3,6), 세금 바치는 문제로 예수를 곤경에 빠뜨리려 했으며(마르 12,13~17), 마치 누룩처럼 악영향을 끼친다(마르 8,15). 헤로데파가 예수를 정치적 경쟁자로 보았을 가능성을 상정해볼 수 있다. 아무튼 이들 파당의 이름은 유다를 통치했던 헤로데 대왕(기원전 37~기원전 4)에서 유래했을 테고 탄생 조건을 볼 때 로마에 충성했을 것이다. 그리고 현실 정치에 부합한다는 점에서 사두가이파와 여러 면에서 연합했을 가능성이 높다.

유다독립전쟁

유다인들은 로마를 상대로 각각 66~70년과 132~135년에 두 번의 독립전쟁을 펼쳤다. 이를 흔히 1차, 2차 유다독립전쟁이라 부른다. 특히, 2차 독립전쟁의 결과로 유다인은 더 이상 유다 지역에 살 수 없게 되었다. 하드리아누스(Hadrianus, 재위 117~138, 76~138) 황제가 유다인 소개령(疏開令)을 내린 결과였다. 유다인들은 1948년 영국 등을 비롯한 제2차 세계대전 승전국들의 도움으로 그렇게 빼앗겼던 나라를 회복해 오늘의 이스라엘을 건국했다. 여기서는 두 번의 독립전쟁과 그 결과에 대해 살펴보겠다.

로마는 가능한 한 피정복지 주민들의 심기를 건드리지 않는 정책을 썼다. 그러나 하느님을 주님으로 모신 유다인들에게는 그런 식의 유화책조차 거의 먹혀들 여지가 없었다. 그래서 열혈당을 중심으로 본격적인 독립전쟁이 벌어졌고 여기에 바리사이가 동조했으며 종말-묵시사상에 물든 쿰란(에세네) 공동체까지 공조했다. 반란군은 파죽지세로 유대아를 점령해나가기 시작했다. 위협을 느낀 시리아 속주의 총독인 체스티우스는 반란을 잠재우기 위해 속주에 주둔하고 있던 '황제의 군대'를 보냈으나 보기 좋게 패배하여 후퇴하고 말았다. 이 소식을 들은 당시 황제 네로는 체스티우스를 직위 해제하고 훗날 황제가 된 베스파시아누스를 유다로 파견했다.

그사이 예루살렘은 해방구가 되었으며 유다인이 구성한 정부까지 들어선 상태였다. 그러나 노련한 백전노장 베스파시아누스는 차근차근 실지를 회복했고 드디어 예루살렘만 수중에 넣으면 정벌이 끝나는 상황에 도달했다. 68년의 일이다. 그런데 정변이 일어나 네로가 자살했고 로마는 극도의 혼란 상태에 돌입했다는 소식이 전해지자 베스파시아누스는 예루살렘 공격을 멈추고 사태를 관망하게 된다. 특히, 그는 로마제국 최대의 곡창지대인 이집트를 장악하여 막강한 힘을 갖추기까지 했다. 드디어 로마에서 전쟁을 멈추게 할 인물로서 베스파시아누스가 돌아오길 원하자 아들 티투스에게 예루살렘을 맡기고 베스파시아누스는 로마로 향한다.

지휘권을 넘겨받은 티투스는 예루살렘 봉쇄 작전에 돌입했다. 70년 과월절 축제 기간에 순례객들에게 예루살렘에 들어가는 길을 터준 후 모두 가두어버린 것이다. 인구 5만 정도의 도시에 순례객이 들어와 갑자기 25만 명 정도가 머물게 되면 당연히 먹고 마실 음식이 완전히 바닥나게 되어 있다. 심지어 기아에 허덕이던 이들 중에 거리에서 자기 자식을 불에 구워먹은 어미를 발견했다는 말이 나돌 정도였다. 예루살렘이 극도의 혼란에 빠졌을 때 티투스는 힘들이지 않고 도시를 손에 넣었으며, 이때 도망간 최후의 반란군이 마사다 요새에서 4년을 더 버텼지만, 결국 실바 장군이 이끄는 로마군 최정예 10여단에게 몰살당하고 말았다. 이렇게 1차 유다독립전쟁은 실패로 끝났고 로마군은 서쪽 벽만 남겨둔 채 예루살렘 대성전을 파괴했다. 서쪽 벽을 남겨둔 이유는, 로마에 반기를 들면 어떤 결과를 낳는지 명심하라는 의미에서였다.

예루살렘 멸망 후 로마는 투항한 유다인들이 다시 일어설 수 있도록 허락했다. 70~80년 율사 요하난 벤 자카이(Yohanan ben Zakkai, 30~90)는 잔존하는 바리사이파를 이끌고 텔 아비브(Tel Aviv) 남동쪽 약 20킬로미터 지점에 위치한 야브네(Yavne, 그리스어로는 얌니아)로 가서 율법 중심의 유다교를 재건했다. 그는 율법학원(베트 미드라시)을 개설했고, 후임자 가말리엘 2세는 최고의회(베트딘)를 창설하여 산헤드린을 대신해 유다교 최고의결기관으로 삼았다. 100년경에는 히브리어·아람어 『구약성서』의 범위를 (39권으로) 확정했다. 그렇지만 「아가서」 「전도서」 「에즈라서」를 두고서는 경전인가 위경인가 하는 논란이 한동안 계속되었다.

1차 유다독립전쟁이 남긴 큰 상처는 유다교 전통 당파들의 몰

락이었다. 열혈당은 마사다에서 궤멸했고, 에세네파의 쿰란 공동
체 역시 로마군에게 몰살당했고, 예루살렘 대성전이 파괴되어 제
사를 지낼 수 없게 되자 사두가이파 역시 사라졌다. 게다가 전쟁
을 시작하자마자 민족주의자들은 헤로데파를 섬멸했으니 사실
바리사이 외에 잔존하는 세력은 모두 사라진 셈이었다. 그래서 바
리사이파는 이참에 예수를 따르던 나사렛(Nazareth) 도당 역시 정
리하기에 이른다. 말하자면, 이제부터 오직 바리사이파 율사들만
으로 유다교를 재건하기 위한 작업에 돌입한 것이다. 성전 중심의
유다교에서 율법 중심의 유다교로 변화된 것도 이 즈음이며, '랍
비 유다교(Rabbinic Judaism)'*의 시작도 이때로 보는 게 합당하다.

　1차 유다독립전쟁으로 유다인들을 절망은 맛보았다. 특히 성
전이 파괴되어 이제부터는 매년 내던 성전세 두 드라크마를 로
마제국에 바쳐야 했다. 선택받은 민족으로서의 자존심이 구겨
질 대로 구겨진 셈이었다. 인고의 세월을 보내던 중에 하드리아
누스 황제 때에 이르러 또 한 번 반로마 투쟁이 벌어지는데, 이것

* 이스라엘 역사를 구분할 때 예루살렘 대성전을 중심으로 하는 방법이 있다. 즉, 선조 시대,
솔로몬의 예루살렘 대성전 건설과 함께 시작된 '1성전 시대', 바빌론 유배에서 돌아온 뒤
대성전을 재건한 '2성전 시대', 1차 유다독립전쟁에서 대성전의 파괴와 함께 시작된 '랍비
유다교 시대'로 구분하는 것이다. 유다인의 시대 구분에 따르면 현재는 랍비 유다교 시대인
셈이다.

이 이른바 2차 유다독립전쟁이다. 로마 역사가 카시우스(Cassius, 150?~235?)가 쓴 『로마사』에 따르면 하드리아누스 황제가 예루살렘 대성전이 있던 곳에 주피터 성전을 세우고 유다인의 할례를 금지시키려 했기 때문이라고 한다.

전쟁이 시작될 무렵 대중의 존경을 받으며 명성이 자자했던 아키바(Akiba, 50?~135) 율사가 반란군의 지도자 시몬 벤 코스바를 메시아로 지명했다.(『예루살렘 탈무드』, 타나니트, 4.8.68d) 벤 코스바는 메시아로 지명 받은 후 민수 14,27의 "야곱에게서 별(코카브, Kochab, 메시아를 은유함)이 나온다"라는 말에 따라 이름까지 아예 바르 코케바(Bar Kokhba, 별의 아들)로 바꾸었지만 전쟁은 반란군의 패배로 끝났고, 시몬과 아키바 율사도 죽음을 맞이했다.

전쟁이 끝나자 하드리아누스 황제는 특단의 조치를 내렸다. 안식일 준수와 토라 연구, 할례를 금지했을 뿐 아니라 유다인들은 예루살렘 근처에 얼씬도 못 하게 만들었으며 만일 유다인들이 예루살렘에 접근하다 발각되는 경우에는 사형에 처했다. 그리고 유대아 속주를 시리아 속주에 편입시켰고 이름마저 팔레스티나로 바꿔버렸다. 이렇게 로마의 행정구역에서 유대아라는 이름이 사라지자 유다인들은 고향 없이 떠도는 신세, 곧 디아스포라(Diaspora)

신세로 전락했다. 그리고 예루살렘은 엘리아 카피톨리나(Aelia Capitolina)라는 새 이름의 도시가 되고 말았다. 강력한 제국 로마에 맞서면 어떤 운명을 맞이하는지 하드리아누스가 분명하게 알려준 셈이다. 유대아는 그렇게 공식적인 종말을 맞이했다.

유다교 문헌

『탈무드』가 나오기까지

유다인들은 흔히 "5세부터는 『구약성서』를, 10세부터는 『미슈나』를, 15세부터는 『탈무드』를 가르쳐라"라는 말을 한다. 이 책들이 가진 중요성을 일깨워주는 말이겠다. 하지만 말처럼 그리 간단하진 않은데, 유다교 문헌들과 그와 관련된 개념들은 종류가 하도 많아 헷갈리기 십상이다. 이 글을 읽는 독자들 중 신학이나 성서학에 조금이라도 발을 담가본 경험이 있는 이라면 무슨 말인지 다 알 것이다. 토라, 아보트, 랍비, 미슈나, 게마라, 토세프타, 타르굼, 미드라쉬, 탄나임, 아모라임, 할라카, 학가다, 팔레스티나 탈무드, 예루살렘 탈무드, 바빌로니아 탈무드, 랍비니즘(랍비 유다교) 등등. 자칫 계보를 놓쳐 혼란에 빠질 수 있다. 이 개념들 하나하나를 가능한 한 간단하게 설명해보겠다.

'토라'는 제한적으로는 모세오경, 확대하면 율법 전체나 『구약성서』 전체를 가리킨다. 그러나 우리에게 익숙한 토라의 범위는 「창세기」「출애굽기」「레위기」「민수기」「신명기」로 이루어진 '모세오경'이다. 이를 읽어볼 때 1장부터 11장까지 전사(前史)를 12장부터 50장까지 족장사(族長史)를 다루고 있는 「창세기」를 제외하면 이후로는 법령집을 방불케 하는 지난한 규정들이 등장하는 것을 알 수 있다. 정결례, 음식 규정, 제사 규정 등등 그 종류도 다양하다. 그런데 세월이 지나고 시대가 바뀌면서 이런 규정들도 변화를 맞이하게 된다. 무엇인가 보충 설명과 보충 규정이 필요해진 것이다.

예를 들어, '간음하지 말라'는 십계명 중 제7계명인데, 이것이 하느님이 돌에 직접 새겨주신 계명이라고 하여 인간 사회에서 간음이 근절되지는 않는다. 그렇다고 신성한 모세오경의 자구(字句)에 직접 손을 댈 수도 없는 노릇이니, 결국 간음이 일어난 경우 이를 어떻게 처리해야 할지 적절한 해설과 보충 규정을 덧붙여야 한다. 요즘 식으로 하면 판례집이 필요했던 것이다. 이렇게 경우에 따른 해설과 보충 규정을 도맡아 하는 사람들을 '랍비(rabbi, 율사·율법교사)'라 부르고 이들이 내린 해설을 '아보트'라 한다. 아보트는 보통 '장로들의 전승(조상의 전통)'으로 번역된다. 당연히 수백 년 동안 입에서 입으로 전해져 내려온 구전의 결과물이었을 테고 랍비들은 이를 모아 200년경 갈릴래아 우샤 지역에서 책으로 펴냈다. 그 책이 바로 『미슈나(Mishnah)』다. 구전 규범을 최초로 성문화한 성문 규범인 셈이다. 『미슈나』는 총 6부 63편 520장으로 이루어져 있다.

『미슈나』는 시대에 맞춰 모세오경을 확대한 (넓은 의미에서)

규정집이다. 하지만 『미슈나』가 출간되었다고 해서 세상 이치를 다 풀어낼 수 없는 노릇이다. 그래서 나온 것이 '보충'이라는 의미를 가진 구전법 토세프타(Tosefta)다. 또한 『미슈나』의 세부 규범들에 대해 자세히 설명해놓은 주석도 필요했는데 이를 두고 '게마라'라 부른다. 『탈무드(Talmud)』는 이렇게 『미슈나』와 그 주석인 '게마라(Gemara)'로 이루어져 있다. 그러니까 『탈무드』에는 딱딱한 규정(Haggadah, 학가다)이 있는가 하면, 이를 보완하는 부드러운 설명(Halakha, 할라카)도 들어 있는 셈인데, '게마라'를 주도한 사람(Amoraim, 아모라임)들과 완성된 시대, 장소에 따라 이름을 달리한다.

5세기경 팔레스타인 지방에서 나온 『팔레스타인 탈무드』(혹은 『예루살렘 탈무드』)는 팔레스타인 지역에서 활동했던 가이사리아 학파와 세포리아 학파의 주석을 모아놓았다. 그리고 7세기경 메소포타미아 지역에서 완성된 『바빌로니아 탈무드』는 같은 지역에서 활동했던 네하르데아, 품페디타, 수라 학파의 주석을 모아놓은 책이다. 『탈무드』가 얼마나 방대한지 『바빌로니아 탈무드』를 보면 알 수 있다. 모두 63권에 1만2000쪽, 250만 단어, 무게만도 75킬로그램에 달한다. 수천 년을 두고 율사들의 해석을 끊임없이 보충해갔으니 양이 늘어나는 것은 당연한 이치다.

이쯤에서 유다교의 종교 상황을 들여다볼 필요가 있다. 원래 유다교는 예루살렘 성전을 중심으로 하여 발전했다. 그러나 기원 후 70년에 이르러 성전이 파괴되자 어쩔 수 없이 회당으로 그 중심이 옮겨갔고 회당을 이끄는 랍비들이 유다교를 재건해야 했다 (I.4). 이 시절에 랍비들이 회당 설교와 경전 연구를 위해 한 주석 모음을 미드라쉼('해석'이라는 뜻을 가진 미드라쉬의 복수형)이라 부른다. 미드라쉼에는 법적 문구를 담은 딱딱한 규정 형태의 할라카와 문학적 기법을 듬뿍 사용한 학가다가 있다. 그리고 이때 사용되었던 구약성서의 아람어 역본인 타르굼도 회당에서 자리를 잡게 된다.

이렇게 살펴보았듯이 『탈무드』라는 책의 해설을 위해서는 수많은 보조 개념들이 필요하며 이 모든 개념들이 얽혀 있는 책의 총아가 『탈무드』이고 보면 유다교에서 그 중요성을 새삼 되새길 필요조차 없을 정도다. 1948년에 재건된 나라 이스라엘에서 헌법을 만들 때 『탈무드』가 기초가 되었다는 것은 잘 알려진 사실이다. 그러니까 지금도 『탈무드』의 집필은 진행형이라고 해야 옳을 것이다.

『미슈나』

위의 문헌들 중 『미슈나』를 더욱 자세히 들여다보겠다. 『미슈나』는 모세오경에 대한 보충규정이자 일종의 판례집이라고 정의 내렸다. 하지만 그런 단편적인 정의로는 충분하지 않다. 왜냐하면 예수가 활동하던 시대에 구전으로 전해진 '장로들의 전승'이 훗날 『미슈나』가 되었기 때문이다. 그러니까 『미슈나』를 알면 예수 시대의 유다교를 읽어낼 수 있는 것이다. 백문이 불여일견, 실제로 『미슈나』 중에 나오는 규정을 한 가지 예로 들어 알아보자.

『미슈나』에서 상해(傷害)를 다루는 '나찌킴'에는 모두 10편의 하부 규정이 나온다. 그들 중 제1편 '바바 캄마'는 주로 사람들이나 가축으로부터 입은 상해를 다루는데, 이를테면 황소나 뚜껑을 덮지 않은 우물, 풀을 뜯는 짐승들로 인해 생기는 상처나 재산상의 손해를 어떻게 처리할 것인가 하는 따위의 문제들이었다. 그 규정들 중 하나가 "숯불에 굽는 빵을 개가 물고 가서 건초더미에 태웠다면 그 주인은 빵 값 전부와 건초 값 절반을 변상해야 한다"이다. 이를 자세히 들여다보면 이 규정이 『미슈나』에 실리기까지의 과정을 어렵지 않게 짐작할 수 있다.

어떤 이가 키우던 개가 밖에 나갔다가 사고를 쳤다. 그 사고에 개 주인과 빵 주인과 건초 주인의 이해관계가 걸려 있었고, 배상 문제에 이르러 각자의 주장이 첨예하게 대립했을 것이다. 아마 주먹다짐이라도 생겼을지 모를 일이다. "한동안 먹을 것이 없다가 이제야 겨우 빵 몇 개 구해 막 먹으려던 참인데 말이오." "몇 달간 말린 양질의 건초였는데 하루아침에 다 태웠으니 꼭 배상을 받아내야 하겠소!" "아니, 내가 언제 우리 집 개에게 사고 치라고 시켰단 말이오?"

이럴 때 필요한 사람이 율사다. 율사는 상황을 파악하고 나름 적절한 문제 해결책을 제시했다. "따져보니 개 주인이 빵 값 전부와 건초 값 절반을 변상하는 게 가장 합리적이오." 그리고 곰곰이 생각하다가 앞으로 언제 또 그런 일이 생길지 모르니 말로 남겨두는 게 상책이라고 판단했을 것이다(장로들의 전통, 아보트). 하지만 그 율사는 잘못 생각했다. 도대체 상식적으로 똑같은 일이 어떻게 또 일어날 수 있겠는가? 마침 집에 도통 정을 못 붙이고 마실 다니기 좋아하는 개가 있어야 하고, 마침 주인의 감시가 소홀한 틈에 석쇠에 놓여 있던 빵을 개가 훔쳐야 하고, 마침 적당한 거리에 건초더미가 있어야 하고, 때마침 바람까지 알맞게 불어와 불이 나야 하지 않겠는가? 그렇게 별별 것들을 다 실어 놓았으니 『미슈나』의 양이 엄청나게 늘어났을 게 불 보듯 빤한 일이다.

이제『미슈나』의 중요한 원칙들 몇 가지를 알아보자.

첫째, 『미슈나』에서는 율사의 해석에도 토라(모세오경)와 동등한 권위를 부여한다. 그래서 "모세는 시나이 산에서 토라를 받아 여호수아에게 물려주었으며, 여호수아는 장로들에게, 장로들은 예언자들에게, 그리고 예언자들은 그 율법을 대회당의 남자(율사, 장로)들에게 물려주었다."(『미슈나』, 아보트 1,1)고 한다. 이로써 모세오경의 규정이나 그에 대한 율사들의 보충 규정에 똑같은 권위를 부여한 셈이다. 율사들의 전통적 해석에 따르면 '모세오경'은 하느님께서 통합적으로 이스라엘에 한 번 선사하신 것이기에 자체적인 모순이 있을 수 없다. 십계명에 나오는 '안식일을 거룩하게 지켜라'(출애 20,8~11)와 '돼지를 먹지 말라'는 부정한 동물 규정(레위 11,7)을 비교하면 언뜻 안식일 법이 중요해 보이나 둘 다 하느님이 주신 계명이기에(출애 20,1; 레위 11,1) 경중을 따지는 짓은 불경하다. 따라서 이스라엘은 하느님이 직접 주신 율법 규정 하나하나를 동등한 의무감으로 지켜야 된다. 만일 그렇지 않다면 하느님의 절대권위에 손상이 갈 수밖에 없다. 하느님의 명령에 인간의 가치 판단을 더할 수 있는 여지가 형성되기 때문이다. 그리고 이를 율사들의 해석에까지 확대해『미슈나』에 실었던 것이다. 즉, 율법 규정의 적용에 있어 우리에게는 익숙한 상위법(上位法)/하위

법(下位法) 개념이 없었던 것이다.

둘째, 율사들의 학풍에 따르면 율사후보생의 중요한 요건은 암기력과 판단력이었다. 율법서 어느 구절에 어느 대목이 있는지를 우선 외워야 했다. 공부의 교재는 토라(모세오경)인데 그 양이 실로 방대했다. 그러니 암기력이 떨어지는 사람은 율사 공부에 어려움을 느끼기 마련이었을 것이다. 외우는 능력과 동반해 또 한 가지 필요한 능력은 선배 율사들의 해석인 아보트(장로들의 전승)를 공부하고 이해하는 것이었다. 그렇게 토라 암기와 『미슈나』의 원리를 습득한 율사후보생은 산파술 교육을 통해 서로의 견해를 확인하고 접점을 찾아나간다. 그래서 율사가 되기 위해서는 세 가지 과목을 교육받았다고 하는데, ① 율법, ② 장로들의 전승, 그리고 자신의 견해를 피력할 수 있는 ③ 수사학 등이었다.[*]

셋째, 장차 율사를 꿈꾸는 학생은 스승을 찾아가 개인 제자가 되고 스승은 그에게 알맞은 교육을 시킨다.[**] 그때 사용되는

---

[*] 바울로의 편지를 보면 비록 스스로 밝히지는 않으나 전문적인 율사 공부를 했음을 짐작할 수 있다. 장로들의 전승을 열심히 지켰다고 한 본인의 고백은 물론, 시시때때로 율법과 예언서 구절을 인용하는 솜씨는 체계적으로 율법 암기훈련을 받았다고 보기에 충분하다. 그리고 갖가지 수사학을 비롯해, 시 한 수 읊는 재주(예를 들어, 1고린 13장)도 비상했다. 바울로가 체계적으로 율사 교육을 받았으리라는 추측할 수 있게 하는 대목이다. 사실 당시의 어느 유랑 전도사도 바울로처럼 논리적으로 율법을 비판할 능력을 가진 이가 없었다.

[**] 1차 유다독립전쟁에서 패망한 뒤 랍비학원(베트 미드라쉬)이 세워졌다. 랍비학원에서

156

방법이 산파술(産婆術)이었다. 산파술의 원칙은 간단하다. 먼저 학생이 선생에게 궁금한 것을 물어본다. 그러면 선생은 대답 대신 오히려 학생에게 역 질문을 던진다. 이 방법은 요즘 교육 현장에서도 많이 사용된다. 학생이 질문을 던질 때는 대체로 자신의 머리에 답을 갖고 있으면서 자신의 생각이 맞는지 교수를 통해 확인하려는 경우다. 흔히 '질문이 대답을 결정한다.'고 한다. 따라서 학생의 질문을 받았을 때는 우선 '자네의 생각은 어떤가?'라고 물어보면 대답의 방향을 제대로 잡아나갈 수 있다. 그렇게 여러 번 질문과 대답이 오가는 중에 학생은 스스로 문제에 대한 통찰력을 얻고 핵심을 올바르게 이해하기에 이른다. 고대 사상가 중에는 소크라테스가 산파술의 대가로 알려져 있다. 오늘날도 미국 등지에 있는 율사 학교를 가보면 너른 교실에 학생들이 둘씩 짝을 지어 끊임없이 대화를 나누는 풍경이 눈에 띄는데, 여전히 산파술을 사용하고 있다는 증거다.*

학생을 받으면 1학년은 '현자'라 불렀고 2학년은 '철학자'로 불렀으며, 3학년이 되어야 비로소 '학생'이라는 이름이 주어졌다고 한다.
* 루가 10,25~37에 보면 예수 역시 산파술을 사용한 것으로 보인다. 어느 날 율사 한 사람이 예수에게 다가와 말을 건넸다(25절). 그러자 예수는 똑 떨어지는 대답 대신 오히려 율사의 생각을 물었고(26절), 그는 자신의 맘속 깊이 감추어두었던 생각을 말한다(27절). 사실 이미 답을 갖고 있는 사람에게 더 이상 답이 필요 없으니 예수는 생각대로 하라는 충고를 한다(28절). 율사는 밋밋한 예수의 말씀에 심드렁해져 질문을 더욱 구체화시킨다(29절).

넷째, 산파술을 통해 키워낸 통찰력이 율법 해석으로 확장될 때는 사물의 이치를 하나하나 정확하게 따지는 결의론(決疑論)이 사용된다. 이 역시 이해를 돕기 위해 『미슈나』에서 한 가지 예를 들어보자. 모에드 삽바트 편에 따르면, 안식일에 일을 하지 않으신 하느님(출애 20,10;23,12; 신명 5,14)을 좇아 인간들 역시 안식일에는 쉬어야 한다는 원칙이 나온다. 하지만 구체적으로 하지 말아야 할 행동은 무엇일까? 그에 대해 율사들은 39가지 노동을 따로 정해두었다. 파종, 가꾸기, 수확, 단으로 묶기, 탈곡, 키질, 씻기, 빻기, 체로 쳐서 가루 만들기, 반죽, 굽기, 양털 깎기, 양털 표백, 양털 두드리기, 양털 염색, 실뽑기, 베틀에 날실을 걸기, 두 사침대 만들기, 두 실 짜기, 두 실 풀기, 매듭 짓기, 매듭 풀기, 두 뜸 박기, 두 뜸 박으려고 찢기, 사슴 사냥, 사슴 목 따기, 사슴 가죽 벗기기, 사슴 가죽 소금 절이기, 사슴 가죽 다듬기, 가죽 털 뽑기, 가죽 자르기, 두 글자 쓰기, 두 글자 쓰려고 지우기, 집짓기, 집 헐기, 불끄기, 불을 지피기, 망치로 (모루를) 두드리기, 물건 나르기 등이다.

율사의 속마음을 간파한 예수는 마침내 한 가지 예화를 답으로 내놓는다(30~35절). 그리고 예수는 율사에게 다시 질문을 하고(36절) 드디어 율사는 고대했던 답을 얻는다(37절). 여기서 율사가 예수에게 이웃의 개념 설정이 모호하다고 따져 물은 것은 바로 결의론적인 호기심이 발동한 까닭이었다. 그러니 루가 10,25-37은 예수가 율사들의 학풍을 방법론 삼아 어느 율사를 가르쳤다고 해석할 수 있다. 학자들의 일반적인 견해이기도 하다.

39가지 항목에 흐르는 원리는 어떤 노동이든 시작과 완성을 하지 말아야 진정한 쉼을 실천한다는 것이다. 이를테면 '두 글자 쓰기'와 '두 글자 쓰려고 지우기'를 금지한 이유는 히브리어는 두 글자부터 의미가 생성되는 특징을 갖고 있어서다. 엄격하기 짝이 없다는 느낌을 주는 대목이다. 하지만 거기서 끝이 아니다. 이에 더하여 안식일에는 2000걸음 이상을 걷지 못한다고도 하였는데 (사도 1,12 참조), 사실 모든 인간사가 '2000걸음' 안에서 이루어질 수 있겠는가? 그래서 다음과 같은 규정들이 나왔다.

안식일에 허용된 거리는 2000걸음인데, 만일 그날 초상집이나 혼인 잔치가 있어 2000걸음에서 벗어날 경우, 미리 금요일에 2000걸음 지점에 두 끼 식사를 차려두면 또 다시 2000걸음을 갈 수 있다. 또한 안식일에 물건 나르기도 금지되어 있는데 만일 이웃집에서 금요일에 공동으로 식품을 마련해 한쪽 집에 모아 두었다면 두 집은 (식품을 같이 나누어 먹으니) 한 집과 마찬가지로 여겨서 물건을 마음대로 나를 수 있다. 단지 물과 소금은 예외다(모에드 제2편 에루빈). 이렇게 일반적으로 옳다고 여겨지는 규정을 현실에 맞춰서 규정화하는 작업을 두고 '결의론'이라 한다.

『미슈나』의 성격을 파악하기 위해 몇 가지 점으로 나누어 살펴보았다. 『미슈나』는 『탈무드』의 근간일 뿐 아니라 이전부터 구전으로 내려오던 '장로들의 전승'을 율법과 더불어 집대성한 점, 예수 시대 유다교의 모습을 알 수 있다는 점, 그리고 무엇보다도 전승의 의미, 율사교육, 산파술, 결의론 등등 '랍비유다교'의 대표적 특징까지 두루 포함하고 있어 유다교뿐 아니라 그리스도교에도 매우 중요한 문헌이다. 가톨릭, 개신교 할 것 없이 열정과 재력이 넘쳐나는 우리나라에서 이렇게 중요한 문헌이 아직 번역되지 않았다는 사실이 아쉬움으로 남는다.

묵시문학

　예수가 활동하던 때의 유다 땅에서는 종말-묵시사상이 크게 유행했다. 당시의 이스라엘은 로마의 압제에 짓눌려 기를 못 펴던 처지였고, 하느님의 백성으로서 갖고 있던 자부심은 땅에 떨어질 대로 떨어진 신세였다. 그 같은 상황에서 묵시사상가들이 등장해 한 시절을 풍미하게 된다. 그들은 세상을 '이 세상'과 '오는 세상'으로 양분하고, 이 세상은 악의 세력이 지배하느라 인간에게 고통만 안겨줄 뿐이고, 악화일로를 걸어 언젠가는 멸망하게 되리라고 예견한다. 그러다가 종말이 오면 드디어 하느님의 직접통치가 이루어지는 새 세상이 온다. 말하자면 역사란 퇴보로 치닫고 있으며, 장차 극도의 혼란이 발생한 후 새로운 질서가 등장하게 된다는 것이다('두 세상 체계').

여기서 종말론과 묵시사상 사이에 약간의 거리를 둘 필요가 있는데, 종말론이 일반적으로 '세상 역사에는 끝이 있다'라는 사고방식이라고 한다면 묵시사상은 종말의 모습을 구체화시켜 가시적으로 묘사하는 것이라 하겠다. 그리고 묵시사상이 문학적인 틀을 입었을 때 비로소 '묵시문학'이라는 이름이 붙여지게 된다.(「다니엘서」「요한계시록」 등)

묵시사상이 유다 땅에서 대대적으로 유행하던 시기는 대략 주전 2세기-주후 2세기 정도로 잡을 수 있다. 당시에 양산된 묵시문학들은 비록 세부적인 내용은 서로 간에 일치하지 않으나 대체로 다음과 같은 기본 줄거리를 가진다. 종말이 가까워질수록 가뭄, 홍수, 기근, 지진, 전염병 등 갖가지 환난이 발생하고, 나라 사이에 전쟁이 터지게 된다. 그리고 천체가 흔들리며 우주적인 파국이 닥쳐 사람이 도저히 살 수 없는 지경에 이르고 만다. 그렇게 극도의 절망과 혼란이 세상을 뒤덮고 나면 하느님이 하늘로부터 내려와 만민을 단죄하고 선민을 구원하여, '이 세상'에서 고통받던 선민이 마침내 '오는 세상'에서 최고의 행복을 누리게 된다.

묵시문학이 성립된 배경에는 대체로 사적(私的) 계시가 들어 있고, 작가 자신의 이름을 직접 밝히기보다는 이스라엘의 위대한 과거 인물들의 이름을 빌리는 가명 작품(혹은, 가명 집필 pseudonymity)들이 대부분이다. 「다니엘서」와 「요한묵시록」 외에도 「에티오피아어 헤녹서」 「라틴어 모세승천기」 「제4 에즈라서」 「시리아어 바룩서」 등등이 있다. 종말-묵시사상은 주로 난세에 등장하며, 고통뿐인 현재 역사의 부정과 초월적인 역사에 거는 희망이 그 핵심을 이룬다.

종말-묵시문학에서 이스라엘의 구원과 관련해 또 하나의 인물이 등장하는데 '사람의 아들', 바로 '인자(人子)'다. 원래 종말-묵시사상에서는 하느님이 홀로 보좌에 앉아 심판하기 때문에 구태여 대리자를 필요로 하지 않았다. 그러나 시간이 지나면서 하느님의 전권을 부여받은 '인자'라는 존재가 묵시문학에 등장하기 시작했다. 분명하게 인자가 나와 있는 곳으로는 다니엘서 7장을 꼽을 수 있다. 여기에서 인자는 시간에 묶이지 않는 초월적인 존재로 종말심판에서 하느님의 대리자 역할을 할 것이다.

내가 또 밤에 환상 중에 보니 인자 같은 이가 하늘 구름을
타고 와서 옛적부터 항상 계신 이에게 나아가 그 앞에 인도되어

그에게 권세와 영광과 나라를 주고 모든 백성과 나라들과

다른 언어를 말하는 모든 자들이 그를 섬기게 하였으니

그의 권세는 소멸되지 아니하는 영원한 권세요, 그의 나라는

멸망하지 아니할 것이니라. (다니 7,13~14)

「다니엘서」의 인자는 다분히 현실과 거리가 먼 상징적인 인물로 보인다. 권세와 영광, 모든 백성이 섬기리라는 등 거창한 표현들이 그런 인상을 주는데 에티오피아어 「헤녹서」로 가면 훨씬 구체적인 모습을 띤다. 「헤녹서」 37~71장에는 인자가 하늘로부터 나타난 구원자이며 심판자로 묘사되는데 일부를 읽어보자.

나는 거기서 영원한 분을 보았으니, 그의 머리는 깨끗한 양모와

같았다. 그리고 그와 함께 있는 이를 보았으니 그의 용모는

사람의 모습과 같았다. 그의 얼굴은 호의로 가득 차 거룩한

천사의 얼굴과 같아 보였다. 나는 나를 인도한 천사에게 이

'사람의 아들'에 대해 물었다. 그는 모든 신비를 보게 해주었다.

그는 누구이나이까, 그는 어디서 왔나이까, 그는 왜 영원한 분과

동행하고 있나이까, 그는 나에게 대답하여 말했다.

"이 분은 정의를 쥐고 계신 사람의 아들이로다. 정의에 그에게

거하며, 그는 모든 신비의 비밀을 계시하리라. (혜녹 46,1~4)

혜녹서에서 '영원한 분'은 하느님의 다른 이름이고 사람의 아들을 묘사하는 데 있어서도 가능한 한 세부적인 묘사를 한다. 특히 인자의 존재 이유에 대해 물어보는 질문들이 그의 존재를 보다 분명하게 만들어준다. 혜녹서를 읽어보면 전반적으로 인자는 하느님의 선택을 받은 이로서 야훼의 종과 동일한 이로 묘사 된다: "그는 자기의 의향에 따라 영들의 주 앞에 선택되었기 때문이다."(49,4), "영들의 주는 그를 영광의 보좌에 앉히시고 정의의 영이 그에게 부어졌도다. 그분 입의 칼은 모든 죄인을 멸망시키고 모든 불충한 자들은 그의 면전에서 사라지리라."(127) 종말 심판자로서 인자의 위상이 분명하게 부각되는 본문들이다.

예수는 누구인가?

이 장에서 예수의 수난부터 다루는 이유는 수난을 통해 예수 사건의 발단과 그 진행 과정을 함축적으로 들여다볼 수 있기 때문이다. 게다가 십자가 처형은 유다 세계와 헬라 세계와 로마 세계가 극적으로 만난 사건으로 당시 시대상을 적나라하게 드러내는 좌표 역할을 한다. 예수를 섬기는 그리스도교회는 예수가 부활 승천한 이후 그를 추종했던 이들이 모여 만들었다. 구체적으로 예루살렘에 세워진 최초의 교회(예루살렘 모교회), 안티오키아에 세워진 최초의 유다인과 이방인의 혼성 교회 그리고 바울로가 선교한 이방인 교회들이다. 이들은 태생적으로 유다교 유산을 물려받았고 이를 적절하게 변화시켜 교회 안으로 수용해야만 했다. 그 당시 교회가 직면했던 문제는 '예수는 누구인가?'라는 질문이다.

예수의 수난과 죽음

예수는 갈릴래아 호숫가 주변 지역들을 여기저기 오가면서 하느님 나라의 복음을 선포했다. 그리고 예수의 공생활 내내 유다교의 종교 지도자들은 그의 정체에 대해 의구심을 품었다(마르 2,1~12; 23~28; 7,1~15 참조). 하지만 선포 초기만 해도 유다교의 제도권 종교 지도자들은 예수의 복음에 큰 위기 위식을 느끼지 않았던 것으로 보인다. 당시만 해도 거리에 많은 현자들이 오고 갔으며, 세례 요한 같은 종말-묵시적인 예언자들이 우후죽순 격으로 등장했던 시절이었으니 말이다(사도 5,35~37 참조). 그러니 예수 역시 시류를 타는, 제도권 유다교에 비판적인 예언자들 중 하나쯤으로 치부되었고, 그저 예수라는 인물을 점검해두는 차원에 머물렀던 것 같다. 그 사실은 종교 지도자들이 예루살렘에서 보냈을 법한 하수인들이 예수에게 하느님의 징표가 될 수 있는 기적을 보여달라고 한 데서 미루어 짐작할 수 있다(마르 8,11~13). 예수는 그들의 기적 요구를 거부했다.

예수가 갈릴래아에서 활동할 때만 해도 큰 소요가 일어나지 않았다. 그러나 일단의 추종자들과 함께 수도 예루살렘으로 진격해 들어오자 상황은 급변했다(마르 11,1~10). 그는 유다교의 심장부인 예루살렘 성전에서 임박한 종말을 선언했고 수차례에 걸쳐 스스로 메시아임을 밝혔다(마르 11~12장). 말하자면 종교 지도자들의 코앞에다 칼을 들이댄 격이었다. 만일 예수라는 재야의 존재를 종교적으로 인정하면 곧바로 유다교의 제도권 교회가 송두리째 붕괴될 위기의 상황에 처할 판이었다. 유다교의 종교 지도자들이 가졌던 위기의식, 이것이 바로 예수가 십자가 죽음에 처해진 직접적 원인이었다. 특히, 예수가 예루살렘에 입성하자마자 한 행동은 제도권 종교인들을 경악시키기에 충분했다. 예루살렘 성전에 들이닥쳐 안뜰에서 장사꾼들의 좌판을 뒤엎으며 성전을 아수라장으로 만들었기 때문이다(마르 11,15~19).

유다인들에게는 한 해에 한 차례 예루살렘 성전을 순례해야 할 의무가 있었다. 순례 때는 제사를 지내는 데 필요한 제물을 가져와야 하는데, 제물로 쓰일 짐승은 반드시 흠이 없어야 했다. 하지만 성전 문 앞에 포진한 제물 검사관들의 눈은 여간 까다롭지 않아서 순례자들이 직접 가져온 제물은 문을 통과하기 매우 어려웠다. 따라서 순례자들에게는 성전 안뜰에서, 성전 문을 이미 통과한 제물을 구입하는 게 가장 안전한 방법이었다. 이는 곧 전문적인 제물공급업체의 필요성을 뜻했다. 게다가 성전 내에서는 오직 성전에서 주조한 코인(동전)만 사용될 수 있었으므로 모든 외국 돈은 성전에서 자체적으로 제작한 주화로 교환해야만 했다. 즉, 성전 안뜰에 돈을 바꾸어주는 환전상이 있었다는 말이다. 정황을 미루어볼 때 우리는 예루살렘 성전을 장악한 대제관들과 장사꾼들 사이에 모종의 뒷거래가 있었음을 어렵지 않게 짐작할 수 있다. 동서고금을 막론하고 세상은 어디나 다 비슷한 법이다.

예수는 "내 아버지의 집을 도둑놈의 소굴로 만들었구나!"라는 일갈로 그 추악한 탐욕의 현장을 뒤엎었는데, 달리 보면 제도권 종교인들의 튼튼한 돈줄을 막아버린 꼴이었다. 게다가 예수는 스스로 이스라엘을 구원할 메시아라고 떠벌였으니, 제도권 종교인들이 예수를 처단할 이유는 넘치고도 남았다.

예수의 파격적인 말과 행동에서 심각한 위기감을 느낀 제도권 종교인들은 예수를 처치하기로 작정했다. 우선 사람들이 많이 왕래하는 낮에 예수를 체포하는 것은 자칫 소요를 일으킬 소지가 있어 밤에 체포하기로 했다. 하지만 전기불도 없던 시절에 어두컴컴한 밤에 예수를 어떻게 색출해내겠는가? 그런 까닭에 희미한 횃불 조명 아래서도 예수를 금세 알아볼 수 있는 사람이 필요했다. 제자 중의 한 명인 유다가 예수를 배신했고, 체포조와 함께 나타난 유다가 예수를 만나자 입맞춤을 한 이유다(마르 14,45).

유다교의 종교 지도자들은 예수만 제거하면 자연스럽게 폭풍을 잠재울 수 있으리라는 예상 아래, 교묘하게 그를 엮어 넣을 구실을 세웠다. 그들의 계획은 먼저 예수를 유다교 최고회의에 데리고 가 거짓 메시아의 가면을 벗긴 다음, 유대아 총독이었던 필라투스에게 넘겨주어 사형을 언도시키는 것이었다. 로마의 점령지였던 당시 이스라엘에는 범죄자를 사형시킬 권리가 없었기 때문이다.

『미슈나』 4부 네찌킨, 산헤드린 편에 보면 최고회의에서 죄인을 재판하는 과정은 대개 네 단계로 나누어진다. ① 우선 증인들의 증언을 듣고, ② 이어서 대사제(최고회의 의장)의 직접 심문이 있는 후, ③ 죄가 확정되면 죄인을 사형에 처한다는 사실을 공개적으로 고시하고, ④ 고시 기간 동안 별 반대가 없으면 사형을 집행한다. 예수를 재판할 때도 증인들을 불러 모았다. 그런데 증인들을 각각 별도의 방에 데리고 가 증언을 받은 후 나중에 증언들을 모아 비교하는 과정에서 문제가 발생했다. 증언들끼리 서로 아귀가 맞아떨어지지 않아 증거로 채택될 수 없었던 것이다(마르 14,59). 상황이 그리되자 이제 대사제가 나서서 직접 심문에 들어간다. 대사제는 예수에게 '당신이 하느님의 아들인가?'라는 질문을 던졌다. 그러자 예수는 "장차 인자(人子, 신의 대리자)가 구름을 타고 오는 것을 보리라"는 대답을 하여 질문을 긍정했다. 이스라엘의 법원은 지방회의와 그 상급기관인 최고회의로 나뉘어졌다. 최고회의에서는 세 가지 경우의 범죄(지파, 대제관, 거짓 예언자에 관한 범죄)만 다루었는데, 예수는 그중에서 '거짓 예언자'에 해당했다. 거짓 예언자란 구체적으로 '하느님에게 듣지도 않은 말을 들었다고 하는 자'이다. 예수의 대답을 듣고 나서 대사제는 옷을 찢음으로써 거짓 예언자 중에서도 구체적으로 '메시아 사칭' 혐의를 확정지었다. 유다인이 옷을 찢는 것은 지독한 슬픔과 고통을 표현하는 경우나 하느님을 모독하는 말을 들었을 때이다.

사형을 확정한 후 최고회의는 예수를 로마 총독에게 넘겼다. 하지만 '메시아 사칭'이라는 종교적인 범죄로 사형시키기는 어려울 것 같아 '황제 사칭'으로 죄목을 슬쩍 바꾸었다. 당시 로마의 총독은 폰티우스 필라투스였다.

필라투스 앞에서는 종교지도자들의 원했던 대로 일이 순조롭게 풀리지 않았다. 그는 사형언도를 꺼렸는데, 예수에게서 이렇다 할 황제 사칭 혐의를 발견하지 못했기 때문이었다. 그는 우선 예수를 헤로데 안티파스에게 보냈다. 책임을 피해보자는 심산이었다. 사실 갈릴래아는 4분영주(tetrarchon) 헤로데 안티파스가 다스리는 땅이었다. 따라서 엄격히 따지면 아무리 예루살렘에서 체포되었더라도 예수가 원래 갈릴래아 출신이니 유대아와 사마리아 총독인 필라투스의 관할이 아니었다. 게다가 마침 헤로데 안티파스는 예루살렘에 와 있었다. 하지만 무슨 이유에서인지 헤로데 안티파스는 예수를 필라투스에게 돌려보냈는데 아마 예수의 처형이 가져올 정치적인 파장을 걱정했던 것 같다(루가 23,11~13 참조). 마지막으로 필라투스는 예수를 군중 앞에 데리고 나가 '해방절 사면'(라틴어로 satis facere) 여부를 물었으나, 결국 군중의 압력에 밀려 '유다인의 왕'이라는 죄목을 씌워 예수를 십자가형에 넘기고 말았다. 거기에다 유다교 종교지도자들이 로마 황제에 대한 필라투스의 불충을 은근히 꼬집었다는 사실도 사형 언도에 한몫을 단단히 했다(요한 19,12). 오늘날 식으로 보면 높은 사람을 팔아 협박을 한 꼴이니, 종교지도자들은 상당한 정치 감각을 가지고 있었던 셈이다.*

여러 가지 정황을 미루어볼 때 예수가 실은 하느님을 모독한 종교 범죄자인데, 정작 사형은 로마 황제에 도전한 정치범이라는 죄목으로 언도받았다는 점만은 역사적인 사실로 꼽을 수 있다. 로마제국에 반기를 든 정치범은 통상 십자가형에 처해졌다.

로마의 사형 방법은 목을 자르는 참수형, 굶주린 맹수들의 먹이로 넘겨주는 맹수형, 그리고 십자가형 등이 있었다. 그중에서도 십자가형은 극형 중의 극형으로, 우리 식으로 따지면 부관참시나 능지처참에 해당할 법한 형벌이다. 얼마나 잔혹했던지 아무리 용서 못할 죄를 지었어도 로마 시민만은 십자가형을 당하지 않을

* 예수가 사형에 넘겨지기까지의 과정이 어느 만큼이나 역사적인 사실에 들어맞을까 라는 의문이 제기될 수 있다. 일례로 당시의 '해방절 사면'이란 마르 15,8에서처럼 관례가 아니었으며, 피정복지의 주민 한 명을 처형하는 데 로마 총독이 그 정도의 행정력을 낭비했을까 하는 의문이 제기될 수 있다. 게다가 필라투스는 다른 어떤 유다 총독들보다 잔혹한 인물이었는데 유독 예수에게만 호의를 보였다는 점도 어색하다.

권리가 있을 정도였다. 어떤 이가 십자가형에 처해진다는 것은 당시에 아주 끔찍한 일로 취급받았다. 그래서 로마의 철학자 키케로는 "십자가형이란 (단지 생명의 박탈일 뿐 아니라) 눈과 귀와 생각마저도 말살시키는" 형벌로 간주했으며, 점잖은 사람이라면 입에 올리기조차 꺼리던 처형 방법이었다.

십자가형의 순서를 정리하면 다음과 같다. ① 형리들이 죄수에게 태형을 가하고, ② 자신이 매달리게 될 횡목을 죄수 스스로 사형장까지 나르고, ③ 손목과 발등에 못을 박아 죄수를 십자가에 고정시키면, ④ 죄수는 대략 하루를 못 넘기고 질식사했다. 특히, 십자가 처형은 그 과정을 지켜보는 사람들에게 끔찍한 공포감을 심어주었기에 로마에 반기를 들 생각을 아예 못 하게 만드는 효과를 가져왔다.

예수의 십자가 처형에 대한 복음서의 보도는 매우 사실적이다. 십자가형이 언도된 후 예수는 먼저 모진 태형을 당했다. 그리고 십자가의 횡목을 직접 지고 사형장까지 운반했는데 태형 때문에 약해질 대로 약해져 미처 횡목을 운반할 만한 힘이 없었다. 그때 키레네 사람 시몬이 횡목을 대신 지고 사형장까지 갔다고 한다. 이는 피정복지 주민을 아무나 강제로 뽑아 임의로 부역에 차출할 수 있는 로마군의 권리에 따른 것이다(마태 5,21 참조). 사형장에는 수직목이 세워져 있고 횡목을 날라 온 예수는 손목과 발등에 못이 박혀 십자가에 달리게 된다. 손바닥이 아니라 손목에 못을 박는 이유는 손바닥이 몸무게를 못 이겨 찢어지는 바람에 사형수가 십자가에서 곤두박질치는 것을 막기 위함이다. 틀림없이 여러 번의 시행착오를 거쳐서 개발된 방법이었을 것이다. 십자가게 달린 죄수의 죄목은 누구나 알아볼 수 있게 따로 팻말을 만들어 십자가 상단부에 걸어놓는데, 예수의 경우는 '나자렛 예수 유다인의 왕'(Iesus Nazarenus, Rex Iudaeorum. 약자로 INRI)이었다고 한다.

십자가에 달린 죄수는 물론 극심한 고통을 겪는다. 그래서 고통을 조금이라도 덜어주려 예수에게 몰약을 탄 포도주를 해면에 적셔 마시게 했다. 아마 약간의 마취 효과가 있었던 모양이다. 십자가 죄수는 손목에 못을 박았으니 손목동맥 파열에 따른 과다출혈로 숨을 거둔다고 생각할지 모르나 실은 질식사로 사망한다. 몸이 아래로 처지면 횡경막이 눌려 숨을 못 쉬게 되고, 못으로 고정된 발의 힘을 빌려 몸을 바로잡는 과정을 여러 번 반복하다가, 마침내 몸을 추릴 기운마저 빠지면 호흡곤란으로 죽는 것이다. 그래도 죽지 않을 경우는 완전히 숨을 거두게 하기 위해 몽둥이로 다리를 꺾어버린다. 발에 힘을 못 주게 하려는 조치이다. 만일 질식사가 아닐 경우 급성심근경색과 급성심부전(폐부종 및 늑막삼출)일 가능성이 높다. 형리로 선발된 군인들은 사형수의 죽음을 눈으로 직접 확인해야 할 의무가 있었으므로 누구인가 예수에게 다가가 창으로 옆구리를 찔러 보았다. 만일 이때 작은 신음이라도 들렸다면 여지없이 마지막 일격을 가해 다리 꺾기를 했을 것이다. 그러나 예수는 이미 숨을 거둔 상태라 창에 찔린 곳에서 물과 피만 흘러나올 뿐이었다고 한다(요한 19,32-34).

십자가에 달린 죄수는 보통 하루 정도 버텼다. 기록에 따르면 기원전 2세기에 검투사의 반란을 일으켰던 스파르타쿠스가 십자가에서 사흘을 버텼다고 한다. 말하자면 십자가에 달려 오래 버티기 부문의 기록 보유자인 셈이다. 검투사의 다부진 체력이 한몫 단단히 했던 모양이다. 그러나 예수는 미처 세 시간을 못 버텼는데 아마 삼 년의 공생애 동안 영양 공급이 부실했기에 그만큼 몸이 약해진 때문이었을 것이다.*

---

* 1세기 그리스도교의 유랑전도사들의 고민은 바로 여기에 있었다. 메시아이며 하느님의 아들로 받들어진 그분은 전혀 죄가 없었다고 하는데, 왜 그런 참혹한 죽음을 맞이해야 했을까? 이런 질문에 대답하기 위해서는 예수의 수난과 죽음을 자세히 묘사하고, 이는 결코 실패한 인생으로서 허무한 죽음이 아니라 구원사적으로 엄청난 의미를 가진 죽음이라는 점, 즉 십자가라는 모순 속에 숨어 있는 하느님의 진정한 뜻을 충분히 설명할 필요가 있었던 것이다. 복음서에서 '수난 사화'가 차지하는 분량이 유난히 길어 전체의 1/4이나 된 것은 바로 이런 이유 때문이다. 십자가 사건의 참다운 뜻은 이어지는 예수의 부활을 통해 환히 밝혀진다.

종말-묵시적 예언자

어느 날 예수가 제자들에게 다음과 같이 물어본 적이 있었다. "사람들이 나를 누구라 하느냐?" 제자들이 대답한 바에 따르면 항간에 예수를 두고 '세례자 요한', '엘리야', '예언자' 등으로 불렀다고 한다(마르 8,27~28). 또한 헤로데가 예수에 관해 수소문하자 '엘리야'니, '예언자'니 하는 보고가 올라왔고, 헤로데는 예수가 환생(還生)한 '세례자 요한'이라며 몹시 두려워했다는 보도가 나온다(마르 6,14~16). 그리고 예수가 예루살렘에 입성하자 사람들이 "이분은 갈릴래아에서 오신 예언자 예수요"라고 부른다(마태 21,10~11). 예수에게 붙여졌던 그 같은 호칭들은 역사적으로 상당한 신빙성을 가지고 있다. 즉, '세례자 요한'이나 '엘리야'나 '예언자'는 주변의 사람들이 예수를 경험하고 느낀 대로 붙인 호칭이었다는 뜻이다.

① 세례자 요한은 예수와 비슷한 시기에 등장해 강력한 세례 운동을 펼침으로써 유다 땅 전역에 큰 반향을 불러 일으켰던 인물이었다(요세푸스, 『유다고사』, 18,116~119 참조). 그는 장차 다가올 심판(혹은, 장차 오실 분)을 앞두고 '종말이 다가왔으니 회개하라.'는 선포를 했고 그 징표로 세례를 주었다(마르 1,2~8). 그가 했

던 심판 설교의 중심에는 역사의 종말에 거는 강력한 기대가 들어 있으며 세례는 종말을 겨냥한 상징적 행위였다. 그의 행동거지나 생활양식은 구약성서의 예언자들, 특히 엘리야를 연상시키는 구석이 있다(마르 1,6; 2,8; 마태 11,8 등. 1열왕 1장 참조).

② 엘리야에 대해서는 구약성서에 다음과 같은 구절이 나온다. "이 야훼가 나타날 날, 그 무서운 날을 앞두고 내가 틀림없이 예언자 엘리야를 너희에게 보내리니… 그래야 내가 와서 세상을 모조리 쳐부수지 아니하리라."(말라 3,23~24. 집회 48,10~11 참조) 이 구절에 따라 예수 당시의 유다인들 사이에는 종말의 날이 들이닥쳐 세상이 심판 당하기 전에, 반드시 살아서 승천했던(1열왕 2장) 엘리야가 먼저 도래해야 한다는 믿음이 있었다(마르 9,11). 따라서 예수에게 엘리야라는 호칭이 붙여졌다는 것은 그분이 종말론적인 인물로 받아들여졌음을 암시하는 내용이 된다.

③ 예언자라는 호칭은 예수가 『구약성서』 시대에 등장했던 예언자들의 연장선상에 서 계신 분으로 받들어졌다는 사실을 보여준다(마르 6,4;8,27~30). 예언자들은 이스라엘 역사에서 언제나 재야 종교 세력을 대변하는 자들이었다. 예수 역시 제도권 종교와 결별하고 광야를 전전하며 하느님의 말씀을 선포했으니 예언자 대열에 낄 수밖에 없었을 것이다. 그러나 더욱 중요한 공통점은

예수 역시 예언자들처럼 임박한 하느님의 종말심판을 선포했다는 사실이다. 따라서 예수 역시 당연히 종말심판을 선포하는 예언자로 간주될 수 있었고, 특히 복음서작가 루가는 예수를 '모세 같은 예언자'로 간주해 그 점을 분명히 했다(사도 3,22; 7,37).

루가는 종종 예수가 유다인들에게 환영받지 못하는 모습을 두고 구약의 예언자들이 박해를 받았다는 사실에 견주곤 했다(루가 6,23; 11,47~51; 13,33~34; 사도 7,52 등). '모세 같은 예언자'는 신명 18,15에서 유추된 것으로 이스라엘의 구원을 이끌 하나뿐인 지도자를 가리킨다. 사도행전이 예수가 부활 승천한 직후의 교회사를 담은 책이라는 점을 감안한다면, '모세 같은 예언자'라는 명칭 뒤에는 예수를 장차 올 종말론적인 구원자로 간주하는 사상이 들어 있음을 알 수 있다.

이 호칭들은 모두 종말론적인 성격이 강하며, 예수를 따르던 이들이 예수에게서 직접적으로 읽어낸 모습들이다. 말하자면, 주변 사람들의 눈에 예수는 무엇보다도 하느님의 분노와 종말심판을 선포하는 종말-묵시적 예언자로 비쳐졌으리라는 뜻이다.

메시아

로마제국과 유다교 문헌뿐 아니라 신약성서 곳곳에서도 유다교와 그리스도교가 부딪치는 소리가 요란하게 들린다. 우선 예수의 일생을 그린 복음서를 읽어보면 예수의 등장이 유다인들이 갈망했던 기대에 딱 맞아떨어지는 사건임을 보여준다. 바로 메시아에 대한 기대이다.

메시아의 등장은 유다인들의 간절한 숙원이었다. 한 가지 예만 들어보자. 기원전 68~42년에 바리사이파에서 작성한 것으로 알려진 솔로몬의 시편에는 모두 17편의 시가 들어 있는데 로마제국의 지배와 맞물리면서 상당한 설득력을 얻게 된다.

오 하느님, 당신이 알고 계신 시각에

당신의 왕, 다윗의 후손

그를 굽어보시고, 주여 일으키소서.

그래서 당신의 종인 그가 이스라엘을 다스리게 하소서

그에게 힘을 주시어 불의한 권력가들을 쳐부수게 하소서

⋯⋯

(솔로몬 시편 17,23 이하)

179

이렇게 하느님이 일으키신 다윗의 후손은 막강한 힘을 발휘해 불의한 권력(로마제국)을 쫓아낸 후 거룩한 백성을 모으고, 만백성과 국가들을 다스릴 것이며, 이스라엘의 행복을 구현할 것이라고 한다. 말없음표로 이어지는 내용이다. 이 시에서 담겨 있는 핵심 내용은 하느님이 거룩한 백성을 황금시대로 이끌어줄 인물을 보내주시리라는 것이다. 그리고 그 인물은 반드시 남북조를 합쳐 통일 왕국으로 이루었으며 주변 국가에 위세를 떨쳤던 위대한 군주 '다윗의 후손'이어야만 한다. 이를 두고 흔히 '메시아 대망(待望)' 사상이라 부르는데 로마제국의 식민지배가 극에 달했던 예수 시대는 다른 어떤 때보다 메시아에 대한 기대가 높았다고 한다. 하지만 문제가 하나 있었다. 누구든지 나서서 다윗의 후손을 자처하면 온 나라에 큰 혼란이 오지 않겠는가.

　구약성서 미가 5,1~2에는 다음과 같은 구절이 나온다. "그러나 에브라다 지방의 베들레헴아, 너는 비록 유다 부족들 가운데서 보잘 것 없으나 내 대신 이스라엘을 다스릴 자 너에게서 난다." 유다인들에게 베들레헴이라는 지명은 특별한 의미를 가지고 있었다. 이 작은 마을은 다윗왕의 고향으로(1사무 16장), 미가서에 나오듯 장차 위대한 인물이 탄생할 곳이었다. 따라서 장차 나타날 위대한 인물도 마치 다윗처럼 이스라엘에게 영광을 가져올 것이고, 그에 걸맞게 반드시 다윗의 가문에서 그리고 그의 고향 마을인 베들레헴에서 태어나야만 했다. 예수는 마침 다윗의 고향인 베들레헴에서 태어났고(마태 2장), 비록 양아버지이기는 하지만 그의 아버지 요셉은 어엿한 다윗의 후손이었으니(마태 1,1~17; 루가 2,4) 자연스럽게 예수 역시 다윗 가문에 편입되었다. 그러므로 예수의 탄생지와 가계에 신기한 탄생이야기까지 덧붙여볼 때 메시아가 되기에 매우 합당한 조건이 제공된 셈이다. 뒤집어 말하면, 예수가 만일 필요조건을 채우지 못하면 가짜 메시아라는 비난을 면키 어려웠다는 뜻도 된다.

신약성서의 보도에 따르면 예수는 그야말로 완벽한 메시아였다. 그래서 사도 바울로 역시 예수를 정의할 때 "이 복음은 하느님께서 당신의 예언자들을 통하여 미리 성경에 약속해 놓으신 것으로, 당신 아드님에 관한 말씀입니다. 그분께서는 육으로는 다윗의 후손으로 태어나셨고, 거룩한 영으로는 죽은 이들 가운데에서 부활하시어, 힘을 지니신 하느님의 아드님으로 확인되신 우리 주 예수 그리스도이십니다"(로마 1,2~4)라 했다.

여기서 한 가지 문제점을 지적해보겠다. 냉정하게 사태를 판단할 때, 예수가 실제로 이스라엘이 그렇게 고대했던 '메시아'였는지라는 질문이다. 이 질문에 대해서는 '네'와 '아니오' 둘 다 가능하다. 예수를 구약의 메시아 도식에 맞춘 작업을 보면 메시아인 게 분명하지만 메시아에 대한 유다인의 기대치가 다분히 국수주의적이고 현실 지향적이라는 데서는 차이점이 발견된다. 즉, 유다인이 기대했던 메시아는 정치적인 인물이었던 것이다. 그러니 제대로 된 메시아라면 하루빨리 군사를 일으켜 로마를 축출하고 이스라엘을 강대국으로 만들어 마땅했다. 앞에서 살펴보았듯이 실제로 2차 유다독립전쟁(기원후 132~135) 중에 아키바 율사가 독립군 사령관인 시므온 바르 코시바를 메시아로 지명한 역사도 있다. 그런데 예수의 공생활을 살펴보면 정치적인 의도를 발견하기 힘들다.

> "어찌하여 율법 학자들은 메시아가 다윗의 자손이라고 말하느냐? 다윗 자신이 성령의 도움으로 말하였다. 주님께서 내 주님께 말씀하셨다. '내 오른쪽에 앉아라, 내가 너의 원수들을 네 발아래 잡아 놓을 때까지.'(시편 110,1) 이렇듯 다윗 스스로 메시아를 주님이라고 말하는데, 어떻게 메시아가 다윗의 자손이 되느냐?" 많은 군중이 예수의 말씀을 기쁘게 들었다. (마르 12,35~37)

이는 예루살렘에 입성한 예수께서 성전에서 가르치며 한 말씀이다. 구약성서 시편을 인용해 다윗마저 주님으로 섬긴 분을 어찌 다윗의 후손이라 부를 수 있냐는 역질문을 던진 것이다. 이를 통해 예수가 결코 다윗의 뒤를 잇는 '메시아' 기대에 맞추는 인물이 아니라는 사실이 밝혀진다. 그렇다면 결론은 단 하나, 당시 유다인이 기대했던 메시아와 실제 메시아였던 예수 사이에 간극이 있다는 뜻이다.

예수의 공생활을 훑어보면 누가 보더라도 그의 막강한 통솔력과 뚜렷한 소신과 다윗 못지않은 행동으로 이스라엘의 전성기를 부활시키기에 충분했다. 특히 무장혁명을 꿈꾸던 열혈당원들에게는 예수 같은 인물이 꼭 필요했을지 모른다. '메시아'라는 호칭을 두고 했던 1세기 교회의 고민은 거기에 있었다. 이스라엘 백성이 기대한 메시아를 훌쩍 뛰어넘는 가치를 가진 분으로 예수를 부각시켜야 했던 것이다.

우선 예수가 온 유다 땅에서 메시아로 추앙받았다는 현실에 눈감을 수는 없었다. 그런데 메시아가 기적을 베풀었다는 기록은 구약성서 어디에서도 발견되지 않는다. 따라서 예수를 '다윗의 후손'으로 부르는 바리티메오를 통해 메시아 상을 새롭게 정의 내릴 수 있으니, 곧 기적 능력을 가진 메시아인 것이다(10,46~50).

마르코복음에서 기적이란 악의 세력을 제압하는 권위가 예수에게 주어져 있었음을 알려주는 표시이며, 원래 하느님에게만 적용되는 용어('주님 저에게 자비를 베푸소서', 키리에 엘레이손 메)를 예수에게 적용한 게 그 증거다. 기존의 메시아와 전혀 다른 정체 설정이다. 그러나 이마저도 예수는 부정한다. 예수는 다윗이 섬겼으면 섬겼지 결코 그의 후손이 될 수 없는 '다윗의 주님'이다 (12,35~37).

헬라 세계의 그리스도인들은 유다인들과 달리 메시아가 원래 정치적 인물이라는 사실을 모르는 사람들이었다. 그러니 아무 단서조항 없이 예수를 메시아로 부르는 것은 신앙의 선배들이 가졌던 고민을 외면하는 일이다. 마르코복음에서도 같은 고민이 발견되고 예수가 결코 이스라엘식 표상에 맞춘 메시아가 아니라는 사실을 증명하는 데 온 힘을 기울였다. 그분은 고난 받는 메시아이자, 기적을 베푸는 메시아이자, 다윗마저 섬겼던 메시아다. 메시아라는 이름을 섣불리 붙여 예수를 욕되게 해서는 안 된다. 메시아에 대한 그리스도교회의 단호한 입장이다.

예수를 메시아로 보았던 교회의 가르침은 수에톤의 『클라우디우스』에 나오는 '크레스토'와 요세푸스의 『유다고사』에 나오는 '메시아주의자'에서도 잘 나타난다.(3.5. 참조)

인자

예수 시대에 메시아의 출현이 유다인의 보편적인 기대였음은 사실이다. 그래서 예수가 등장했을 때 예수를 메시아로 간주하는 경향이 있었음 역시 어렵지 않게 짐작할 수 있다. 그런데 이스라엘의 구원과 관련해 또 하나의 인물이 중요한데 종말-묵시문학에 등장하는 '인자'다.

묵시사상에 따르면 심판의 날에 하느님을 대신해 세상을 멸하러 올 이가 바로 인자다. 그리고 예수가 '인자'로서 이미 세상에 내려왔으나 사람들이 알아보지 못했고, 그를 십자가에 처형시키고 만다. 즉, 예수는 수난을 당하는 인자인 셈이다(마르 8,31; 9,30~32; 10,32~34). 그러나 예수가 두 번째로 세상에 올 때[再臨]에는 결코 처음처럼 무력하게 당하지 않고 천군 천마를 동원한 막강한 군사력으로 그리스도인들을 박해하던 자들을 뿌리째 솎아 낼 것이다. 예수가 무력한 인자가 아니라 강력한 인자로서 세상에 다시 오실 것이라는 말이다(마르 13,24~27;루가 12,8~12 등). 그처럼 공관복음서에는 예수 재림에 대한 간절한 기대가 들어 있다. 예수 재림에 대한 기대감은 비단 공관복음서에만 등장하는 것이 아니라 사도행전에 나오는 베드로의 설교나(3,19~21), 환호성 '마라나 타'('주여 오소서', 1고린16,22; 묵시 22,20)에서도 읽어볼 수 있다. 한결같이 예수 재림을 기대하던 1세기 그리스도 교회의 실제 상황을 보여주는 내용이다.

신약성서학계에서 인자와 관련해 오늘날 이루어지는 논의는 '인자라는 호칭이 역사의 예수에게로 소급될 수 있는가?'라는 질문에 집중되어 있다. 즉, 인자라는 호칭이 예수가 활동하던 무렵에 주변 사람들에 의해 붙여진 것인지, 그리고 만일 붙여졌던 게 사실이라면 이 문제는 즉시 예수의 자의식으로 연결되어, '예수도 스스로를 인자로 인식했을까?'라는 질문을 낳게 한다.

상당수 학자들의 견해에 따르면 예수가 부활 승천한 후 그리스도인들은 예수의 재림을 간절히 기대하여 하느님의 대리자로서 강한 힘을 가지고 세상을 뒤집어놓기를 희망했다. 그래서 1세기 그리스도인들의 재림 기대가 증폭될수록 예수의 인자성(人子性)이 더욱 강조될 수밖에 없었으리라고 한다. 그러나 이 논리의 뒤를 따라가다 보면, 결국 역사의 예수가 자신을 인자로 인식하지 않은 셈이니 예수와 1세기 그리스도 교회의 인자 신앙 사이에는 불연속성이 생기게 된다.* 그러나 반대 의견도 있다. 묵시사상

---

* 상당수의 학자들(P. H. 필하우어, E. 케제만, H. 콘젤만, E. 로제, N. 페린, W. 쉥케 등)은 인자라는 호칭이 전적으로 오순절 이후 1세기 그리스도인들이 붙인 것이라는 주장을 편다.

에 등장하는 인자를, 다니엘서 등으로 대변되는 묵시문학을 통해 이미 알고 있던 이들도 결단을 요구하는 예수의 종말 설교를 듣고 쉽게 양자를 일치시킬 수 있었으며, 예수도 그런 현상의 중요성을 충분히 인식했을 가능성이 있다. 만일 이런 주장이 옳다면 1세기 그리스도 교회의 인자 신앙은 역사의 예수와 연속성을 획득하게 될 것이다. [*]

> 그분은 심판을 할 권한도 아들에게 주셨습니다. 그가 인자이기 때문입니다. 여기에 대해 놀라지 마시오. 무덤 속에 있는 모든 이가 그의 목소리를 듣게 될 때가 오고 있습니다. 그러면 선을 행한 이들은 부활하여 생명을 누릴 것이고, 악을 저지른 이들은 부활하여 심판을 받게 될 것입니다. (요한 5,27~29)

『신약성서』 외의 문헌들

흔히 예수는 기원전 6년경에 태어난 것으로 추정된다. 헤로

역사의 호칭이 아니라 신앙의 호칭이라는 말이다.

[*] 예수가 세상에서 활동할 때 사람들은 예수를 인자라 불렀으며, 예수 자신도 그 호칭이 갖는 의미를 잘 알고 있었다는 주장이다(J. 그닐카, R.E. 브라운, A. 푁틀레). 사실 역사의 예수는 하느님의 진노와 임박한 종말을 선포했으며(마르 9,1 등), 게세마니의 기도 등을 보면 하느님의 장엄한 계획에 자기도 속해 있다는 자의식을 가졌을 법하다.

데 대왕의 재위년도가 기원전 37~4년이라는 사실을 감안하면 예수의 기원후 1년 탄생은 불가능하다. 「루가복음」에 따르면 예수가 공생활을 시작한 때가 대략 서른 살쯤이라고 하는데 얼추 기원후 27~28년경이지 않을까 추정한다. 아무튼 공생활 기간 동안 예수의 행적이 결코 평범하지 않았다는 사실은 유다 역사가 요세푸스의 기록에서 분명히 알 수 있다.

"이 즈음에 굳이 그를 사람으로 부른다면, 예수라고 하는 현자 한 사람이 살았다. 예수는 놀라운 일들을 행하며 그의 진리를 받아들이는 사람들의 선생이 되었다. 그는 많은 유다인들과 헬라인들 사이에서 명성이 높았다. 그는 바로 메시아였다. 필라투스는 우리 유다인들 중 고위층 사람들이 예수를 비난하는 소리를 듣고 그를 십자가에 처형시키도록 명령했으나, 처음부터 그를 따르던 사람들은 예수에 대한 애정을 버리지 않았다. 예수가 죽은 지 3일째 되는 날, 그는 다시 살아서 그들 앞에 나타났다. 이것은 하느님의 선지자들이 이미 예언했던 바, 예수에 대한 많은 불가사의한 일들 중 하나였다. 오늘날까지도 그를 따르는 그리스도인들이 사라지지 않고 있다."

(요세푸스, 「유다고사」, 18권 3장)

요세푸스(37?~100?)는 예수의 다음 세대에 활동했던 유다인 역사가다. 그는 1차 유다독립전쟁(66~70)이 끝난 후 로마에 끌려가 여생을 마쳤는데 그때 이스라엘의 역사를 기술한 바 있다. 『유다고사(*Antiquitates Judaicae*)』라 부르는 책이다. 여기에 예수에 대한 언급이 있는데 글자 그대로 보면 유다인들이 예수와 그리스도인에게 꽤 호의적이었던 것으로 비쳐진다. 하지만 이는 후대 그리스도인 검열관이 개작한 것이고 실제로는 상당히 부정적인 내용이 담겨 있었다고 한다. 옮겨보겠다.

"이 즈음에 굳이 그를 사람으로 부른다면, 예수라고 하는 마술쟁이 한 사람이 살았다. 예수는 이상한 가르침을 기쁨으로 받아들이는 그런 사람들에게 놀랄 만한 속임수에 능한 선생이 되었다. 그는 많은 유다인들과 헬라인들 사이에서 명성이 높았고 그들에 의해 메시아로 받들어졌다. 우리 유다인들 중 고위층 사람들이 예수를 고소하여 필라투스가 그를 십자가에 처형시키도록 명령했으나, 처음부터 그를 따르던 사람들은 여전히 예수에 대한 헛소리를 멈추지 않고 있다. 예수가 죽은 지 3일째 되는 날, 하느님의 예언자들이 이미 예언했던 대로 그는 다시 살아서 그들 앞에 나타났다는 예찬을 여전히 하고 있으니 말이다. 예수에 대한 많은 불가사의한 일들 중의 하나였다. 오늘날까지도 그를 따르는 메시아주의자들(그리스도인들)이 사라지지 않고 있다."

여기에 묘사된 바를 따르면 그리스도인들은 이상한 가르침을 듣고 기뻐한다고 몰아세웠는데, 이를테면 오른뺨을 때리면 왼뺨을 돌려대라(마태 5,40)는 가르침 등이겠다. 보기에 따라서는 자학을 즐기는 집단으로 비쳐질 수 있는 노릇이었다. 그리고 예수의 부활은 제자들이 만들어낸 소문이고 그 소문에 현혹된 자들이 아직도 메시아주의자(그리스도인)을 자처하며 준동하고 있다. 하지만 역사의 예수 역시 한낱 사기꾼에 불과하다. 메시아주의자들이 만들어낸 혹세무민의 종교! 이렇게 맺어진 유다교와 그리스도교의 부정적 관계는 급기야 완전한 결별로 치닫게 된다.

"나자렛 도당들과 이단자들을 즉각 사라지게 하소서.
살아 있는 이들의 책에서 그들을 지워버리시어 의인들과 함께
적혀있지 않게 하소서. 무엄한 자들을 굴복시키시는 하느님,
찬양 받으소서." (「바빌론 탈무드」 베라콧 28b)

로마제국은 기원후 66~70년에 일어난 1차 유다독립전쟁에서 유다인 반란군을 궤멸시켰다. 예루살렘을 장악하고 성전을 파괴했다(1.4 참조). 하지만 로마는 나라를 완전히 파괴하는 대신 재건의 기틀을 마련해주었는데 해안도시 야브네에서 랍비들을 중심으로 이스라엘을 재건할 기회를 준 것이다. 완전히 짓밟는 대신 숨통을 약간 틔워주는 현명한 식민지 경영방식이라 하겠다. 앞에서 본 인용문은 기원 85년경, 유다교 재건의 주역 중 하나였던 랍비 작은 사무엘이 '18조 기도문'(셔모네 에즈레) 중 12번 이단배척 조항(비르카트 하 미님)에 첨가한 대목이다. 유다인들은 회당 집회 때마다 18개 항목으로 구성된 기도문을 바쳤고 매 간구가 끝날 때마다 회중(會衆)은 '아멘'으로 응답한다. 살펴본 대로 12번 조항에 '나자렛 도당들'이라는 말을 첨가함으로써 유다교와 그리스도교는 공식적으로 결별하게 된다. 여기서 나자렛 도당이 '나자렛(출신) 예수'를 따르던 그리스도인들이었을 가능성이 매우 높다. 아무튼 이 일을 계기로 유다교와 그리스도교는 완전히 결별하기에 이른다. 상식적으로 볼 때 스스로를 저주하는 기도문을 바치는 회당 예배에 그리스도인들이 참가할 수 없는 노릇이었다.

"이른바 그리스도라는 예수와 동기간인 야고보가

62년 대제관 아난의 명으로 돌에 맞아 순교했다."

(요세푸스, 「유다고사」, 20권 200장)

「사도행전」 2장의 보도에 따르면 예수의 부활 승천 이후 최초의 그리스도 교회가 예루살렘에 탄생했다. 예루살렘 모교회는 유다 회당의 직제를 본 따 베드로, 요한, 야고보 등 3인의 장로단이 교회를 이끌었다(갈라 2,9 참조). 그중에 야고보는 예수와 동기 간으로 알려져 있는데 돌에 맞아 순교했다는 것이다. 그의 존재는 「마르코복음」 6장 3절에서도 확인된다. 참고로 유다인의 사형에는 목 졸라 죽이기, 목 잘라 죽이기, 불태워 죽이기, 돌로 쳐 죽이기 등 네 가지 방법이 있고 가장 보편적인 것은 돌로 쳐 죽이기였다(『미슈나』, 네찌킨, 산헤드린편). 스테파누스, 바울로 같은 성서의 인물들도 돌로 쳐 죽이는 형벌에 처해졌었다. 이 사건을 계기로 예루살렘 모교회는 요르단 강 건너편 펠라로 이주했다고 전해진다(에우세비오 『교회사』). 가톨릭교회에서는 야고보를 예루살렘 교회의 첫 번째 주교였다고 하는데, 야고보는 특히 사도 바울로와 친분이 두터웠던 것으로 보인다. 바울로가 예루살렘을 방문했을 때 야고보만 만났다는 말을 전하기 때문이다(갈라 1,19). 추측컨대 야고보는 예수와 동기였으니 만치 외양이 흡사했기에 살아생전 예수를 만나지 못했던 바울로는 마치 예수를 만난 듯 감동을 받지 않았을까?

> **"과월절 전날 예수를 매달았다. 그 40일 전에 전령이 이렇게 외쳤다. '예수는 성 밖으로 끌려가 돌에 맞아 죽을 것이다. 왜냐하면 그는 마술을 부리고 이스라엘을 현혹하고 빗나가게 했기 때문이다. 그를 변호할 말이 있는 사람은 나와서 말하라.' 그를 변호하는 말이 없었으므로 과월절 전날 저녁 때 그를 매달았다."** (6세기 말경 「바빌로니아 탈무드」 산헤드린편 43a)

유다인의 최대 명절인 과월절/유월절은 기원전 13세기경 자신들의 조상이 유배의 땅 이집트에서 빠져나왔던 출애굽 사건에서 기인한다. 유다인들의 최고법정인 산헤드린의 사형 절차에 따르면 사형으로 판결 받은 수인은 형을 집행하기 전 일정시간 동안 고지 기간을 갖는다. 만일 그동안에 별다른 변호의 말이 없으면 형을 집행했다. 마르코복음의 수난사화(14~16장)에 따르면 예수는 산헤드린에서 사형 선고를 받고 나서 하루를 넘기지 못하고 형이 집행되었으니 앞의 보도는 잘못된 것이다. 게다가 산헤드린의 결정으로 종교범으로 선고받았던 예수는 로마 총독에게 넘겨져 정치범으로 죄목이 바뀌었고, 그에 따라 십자가형을 당했으니 '돌아 맞아 죽을 것이다.'라고 한 언급도 잘못이다. 따라서 앞의 보도가 신빙성이 크게 결여된 것임은 분명하다.(6세기 말) 하지만 유다인의 법전인 탈무드에서 예수의 경우를 언급했다는 측면에서 예수의 역사성을 증명하는 자료로 간주할 수 있다.

그리스도교의 시작은 예수다. 그렇게 유다 땅에서 그리스도교가 시작되었지만 정작 그 꽃을 피운 곳은 로마제국이 통치했던 헬라 세계였다. 굳이 로마제국과 헬라 세계 사이에 약간의 거리를 두는 이유는 로마가 비록 헬레니즘을 계승했지만 알렉산드로스 시대와는 비교도 안 될 만큼 거창한 범위를 통합시켰고 제국 경영에 있어서도 신기원을 이룩했기 때문이다. 유다교와 그리스도교도 이스라엘 땅에서 처음 관계가 설정되었지만 로마제국이라는 범위로 넘어가면서 보다 새로운 관계를 맺어야 했다. 예수를 십자가에 처형했다고 해서 그리스도교의 싹까지 잘라졌다고 할 수 없었던 것이다.

> **"유다인들은 어떤 크레스토에 의해 선동되고 계속하여**
> **소요를 야기했기 때문에 그는 유다인들을 로마에서**
> **추방시켰다(49~50경)."** (수에톤, 「클라우디우스」, 25)

클라우디우스 황제 시절(41~54) 로마 시내에서 큰 싸움이 벌어졌다. 그들은 서로 싸움을 벌이면서 무어라고 소리를 쳤는데 이를 전한 로마 역사가 수에톤은 '크레스토'라 했고 이는 '크리스토스'(그리스도)를 얼치기로 알아들은 것이다. 역사적으로 매우 중대한 정보인데, 기원후 49~50년경, 즉 예수가 부활한 후 불과 20년 안에 복음이 제국의 수도 로마까지 전달되었음을 뜻하기 때문이다. 말하자면 예수 그리스도를 따르는 로마 거주 유다인들과 그리스도를 거부하는 유다인들 사이에 싸움이 벌어졌다는 것이다. 그 싸움이 얼마나 치열하고 위험했던지 클라우디우스는 모든 유다인에게 로마를 떠나도록 추방령을 내렸다. 이렇게 로마를 떠났던 유다인들은 네로 황제(54~68)의 명령으로 다시 로마로 들어온다.

유다인들과 그리스도인들이 왜 지역을 옮겨가며 로마에서까지 난투극을 벌였는지에 대해서는 합당한 설명이 필요하다. 사도행전에 따르면 유다인들이 집요하게 바울로를 추적해 박해했다고 전해지며 또한 바울로의 친필 서신에서도 그에 대한 암시가 나온다. 바울로를 뒤쫓던 유다교의 박해도 박해였지만 그리스도인들을 큰 곤경에 몰아넣은 것은 아무래도 로마제국이었을 것이다.

이 소문을 종식시키기 위해 네로는 반종교적인 성향으로 미움 받던 이들을 기술적으로 고문할 것을 명령했다. 그들은 일반적으로 '그리스도인'이라 불렸다. 그 이름은 티베리우스 시대에 폰티우스 필라투스 총독(26~36)에 의해 처형된 그리스도로부터 온 것이다. 당시에 처벌되었던 그 사악한 미신은 다시 유다뿐 아니라 로마에까지 파고 들어와, 더럽고 사악한 것을 퍼뜨리며 자발적인 동료들을 얻어냈다.(타키투스, 『연대기』 15장 44절)

제국의 수도 로마에서 서기 64년에 일어난 9일간의 대화재는 로마 시에 엄청난 타격을 입혔다. 14개 구역 중 10개 구역이 화재에 휩싸였으며 수십만 명의 이재민이 생겼다. 제국 정부는 이재민의 수용시설을 대폭 늘리고 식료품을 공급했지만 인간적인 어떤 노력도, 황제의 어떤 하사품도, 어떤 속죄의 제사도 화재가 (네로 황제의) 명령에 따른 것이라는 소문을 가라앉힐 수 없었다고 한다. 상황이 최악으로 치닫자 황제는 희생양을 찾기 시작했고, 곧이어 적당한 자들이 선택되었다. 그렇게 그리스도인들에 대한 박해가 시작되었는데 로마의 역사가 타키투스는 『연대기』에 당시의 상황을 기록했다.

로마인들은 종교의 목적을 사회적 안정을 보장하는 데 있는 것으로 간주했다. '종교'라는 뜻을 가진 'religion'은 키케로가 언급했다시피 라틴어 religio에서 온 것이며, religio의 이해가 바로 로마 종교의 원 모습을 살펴보는 지름길이라 할 수 있다. 이 말은 본래 "일처리를 하다"라는 뜻을 가지는데 속뜻은, 어떤 일을 대충해나가는 것이 아니라 꼼꼼하게 수행해나가는 것으로, 철저한 순종의 질서를 내포한다. 따라서 로마 시대의 종교적인 문헌들에서 이 단어가 유난히 많이 발견된다는 사실은 전혀 놀라운 일이 아니다. 따라서 '반종교적'이라고 할 때는 그리스도교가 로마 사회의 질서를 어지럽히는 것으로 간주되었다는 뜻이고, 종교의 공공성을 강조한 로마제국의 정책에 따라 그리스도인들이 한밤중에 공동묘지에서 예배를 드리며 수상한 음식(예수의 살과 피)을 먹는 것은 '사악한 미신'으로 오해받기에 충분했다. 네로 시대(54~68) 로마제국에서 그리스도교의 위상을 잘 보여주는 언급이다.

> 비티니아 속주의 총독 플리니우스 2세가 112년경 트라야누스
> 황제에게 그리스도인들의 실태를 보고한 서간을 읽어보자.
> "그들은 일정한 날 밝기 전에 모여 서로 번갈아가며 마치
> 신과 같은 그리스도를 위해 찬송가를 부른다는 것입니다….
> 그런 일이 끝나면 그들은 관습에 따라 흩어졌다가 다시 모여
> 음식을 드는데 이는 해롭지 않은 보통 음식입니다.
>
> (『플리니우스 편지』 2장 7항)

기원후 112년경 로마의 속주 비티니아의 신임 총독으로 부임한 플리니우스 2세는 트라야누스 황제(98~117)에게 편지를 보냈다. 비티니아에서 골머리를 앓게 만들던 자들을 처리하는 데 지침을 내려달라는 편지였다. 그는 문제를 유발시키는 자들을 거론하면서 한 가지 점을 강하게 부각시켰다. "나는 그들에게서 괴팍스럽고 극단적인 미신밖에는 아무것도 발견하지 못했습니다. 그래서 나는 조사를 연기하고 당신의 조언을 요청하게 되었습니다." 말하자면 자신은 황제의 신임을 받는 충직한 총독으로서 최선을 다해 사안을 조사했으며 그 마지막 결정도 황제가 내려달라는 것이었다. 노련미 넘치는 관리의 모습이다. 그 편지 중에 그리스도인들의 예배에 관해 묘사가 나온다. 틀림없이 플리니우스는 상황을 정확히 파악하기 위해 예배에 정보원을 잠입시켰을 테고 그 정보에 의거 결론을 내렸다. '죄 없는 완전히 평범한 식사(cibum, promiscuum tamen et innoxium)'! 이는 분명 성찬을 일컫는 말이다. 그렇다면 왜 죄 없음과 평범함을 강조했을까?

　　고대 지중해 권에는 수많은 종교가 있었고 나름대로의 종교 의식을 갖고 있었다. 로마 세계에서 널리 행해지던 디오니소스 축제에서는 제물(동물, 간혹 인간)을 바치고 그것을 나누어 먹음으로써 신과 인간이 하나가 된다는 믿음이 발견된다. 그리고 로마

군인들 사이에 인기가 높았던 미트렌 밀교(密敎)에서는 통과의례로 선택된 사람들만 종교의식에 참여해, 이른바 '거룩한 식사'를 나누곤 했다. 로마 시대의 대표적인 종교의식 두 가지만 들어도 우리는 손쉽게 주변에서 성찬을 바라보던 시선을 짐작할 수 있다. '차별성을 가진 집단(세례받은 이들)이 매주 따로 모여 식사를 한다.' '그리스도인이라고 불리는(사도 11,26; 1베드 4,16) 그들은 빵과 포도주를 먹으면서 교주의 피와 살이라고 한다더라.'

로마인들은 본디 종교의 목적을 사회적 안정을 보장하는 데 있는 것으로 간주했다. 따라서 제사 중에 사람을 제물로 바치고 인육을 취하는 행동은 허락되지 않았다. 그런데 도대체 어떤 종교이기에 감히 제국의 질서를 어지럽힌단 말인가? 박해의 서막을 알리는 스산한 기운이 느껴진다. 여기서 고려할 점이 한 가지 있다.

플리니우스 총독이 황제에게 보낸 서신을 전부 읽어보면 딱히 그리스도교를 뿌리 뽑고 말겠다는 의지가 보이지 않는다. 또한 황제의 답장을 읽어봐도 간단한 행동 지침만 발견될 뿐이다. 말하자면 당시의 정치적 분위기는 그리스도교도 다른 종교들처럼 기술적으로 잘 처리하면 세력이 약해지리라고 평가했다. 어떤 종교를 믿던 결국 제국 질서에 순응만 하면 된다는 뜻이다. 하지만 제국 정부는 복음이 갖는 폭발적인 에너지를 미처 감지하지 못했고 마침내 로마가 무너진 자리의 공백을 그리스도교가 채우게 된다. Pax Romana에서 Pax Christi로 넘어가게 된 것이다.

유다교 문헌과 역사의 예수

세상의 지혜라는 것이 다들 엇비슷하다. 우리나라에서 널리 통용되는 격언이나 표어나 속담이나 경험담 등 무엇인가 지혜를 담아내는 말들을 다른 나라에서도 종종 발견할 수 있다. 그럴 경우 팔짱을 끼고 "아이고 이런, 저 나라 사람들도 우리와 비슷하군!"이라며 혼잣말을 한다. 피부색과 언어와 풍습은 다를지언정 무엇인가 그쪽 나라 사람들에게 친근감이 느껴져서다. 순전히 나 혼자 북 치고 장구 치는 꼴이지만 말이다.

"향 싼 종이에선 향내 나고 생선 싼 종이에선 비린내가 난다." 부정할 수 없는 사실이다. 그러자니 "향수 가게에 들어가 아무런 향수를 사지 않더라도 가게를 나왔을 때는 향수 냄새가 난다"라고 한 『탈무드』의 격언도 심상치 않게 들린다. 과연 어떤 경우를 염두에 두고 하는 말일까? 먼저 내용의 정확도를 비추어볼 때 향수 가게 선전문일 가능성이 있다. 만일 이런 식의 재치 있는 선전 문구를 앞에 내다 건 향수 가게가 있다면 일차 왕림해 멋쟁이 주인장 얼굴이라도 확인하고 싶다.

사도 바울로 역시 향기에 예민했던 사람이다. 그는 "우리는 하느님께 감사드립니다. 그분께서는 늘 그리스도의 개선 행진에 우리를 데리고 다니시면서, 그리스도를 아는 지식의 향기가 우리를 통하여 곳곳에 퍼지게 하십니다. 구원받을 사람들에게나 멸망

할 사람들에게나 우리는 하느님께 피어오르는 그리스도의 향기입니다."(2고린 2,14~15) 여기에 사용된 헬라어 '소메'는 일반적인 '냄새'를 뜻하지만 '향기'라는 뜻도 가진다.

'향기'가 퍼지면 사람들은 향기가 뿜어져 나오는 쪽으로 자연스럽게 눈을 돌린다. 이처럼 그리스도인 자신이 향기의 소유자이자 전파자가 돼야 하는 것이다. 앞의 속담도 사람을 두고 한 말이지 향수가게를 두고 한 말은 결코 아니겠다. 그래서 『탈무드』에서 "피혁 가게에 가면 피혁을 사지 않더라도 아주 몹쓸 냄새가 몸에 밴다"라는 병렬문까지 덧붙인 게 아닐까? 탈무드 시대에도 우리 시대와 마찬가지로 향기로운 사람과 몹쓸 냄새를 풍기는 사람이 있었던 모양이다. 세상 이치라는 게 다 그렇다.

이 장에서는 복음서에 나오는 예수의 말씀들 중 몇 가지를 살펴볼 것이다, 그런데 불과 몇 말씀임에도 불구하고 일맥상통하는 지혜들이 『탈무드』와 『미슈나』에서 발견되고, 묵시문학의 단편도 들어와 있다는 사실이 발견된다. 학자에 따라서는 예수의 말씀 중에 어느 하나도 독창적인 게 없고 죄다 유다교 문헌에 실려 있다는 주장을 펼치는 이도 있다. 후에 반론을 제기하겠지만 아무튼 문화적인 연계성이 있기에 충분히 가능한 주장이다.

나오는 게 더럽힙니다

복음서에 보면 예수는 결의론적 성서 해석과 시시때때로 부딪쳤음을 알 수 있다. 마르 7,1~21을 예로 들어보자. '코르반'(마르 7,11)은 자기 재산을 하느님께 바치기로 서약을 하면 다른 용도로는 쓰지 못하게 하는 규정이었다. 『미슈나』 나쉼, 느다림편 7에 보면 "제게 공양 받으실 제물입니다"이고, 히브리어 원문을 음역하면 "코르반(혹은, 코남) 쉐아타 네헤네 리"이다. 이 구절의 첫 단어를 따서 간단히 '코르반'이라고 선언하면 이는 하느님께 바칠 예물이니 다른 용도로 쓰지 않겠다는 서약을 한 셈이 된다. 예수는 율법에 나와 있는 부모 봉양의 엄격한 의무(10절)를 저버리고 자신의 재산을 지키려는 불효자들이 교활한 의도에서 '코르반' 서약을 하는 세태를 꾸짖고 있다. 못된 자식들은 이 규정을 악용해 불효를 일삼았고 예수는 십계명의 제5계명인 '네 부모를 공경하라'를 들어 그들의 불량한 의도를 반박한 것이다.(마르 7,9~13).

또한 정결례 규정에 따르면 그릇과 손을 씻고 나서 음식을 먹어야 했다. 레위기에 나오는 정결법에 따라 유다인은 모름지기 정한 음식물만 먹어야 했다. 그러나 음식물만 깨끗하면 뭐하나, 먹는 사람도 깨끗해야지! 거기까지 생각이 이르자 랍비들은 어떻게 먹는 사람도 깨끗해지는지 고민했다. 그래서 얻은 결론이 바로 '한 움큼(퓌그메)의 물로라도 손을 씻고 음식물에 손을 대라'는 것이었다. 이스라엘 땅이 워낙 물이 귀한 곳이니 만치 적은 양(한 움큼)의 물로 손을 씻으라는 규정은 충분히 이해가 가는 노릇이다. 그렇다면 한 움큼의 물이란 어느 정도의 양일까? 이 규정을 다시 한 번 해석한 후대 율사들 중 어떤 이는 두 손을 볼 형태로 만들어 물을 담아 씻으라 하고, 어떤 이는 두 손을 씻을 만큼 항아리에서 물을 부은 것을 의미한다고 하고, 어떤 이는 음식을 먹는 한 손만 씻으라는 뜻이라고 한다. (『미슈나』 토호로트, 켈림편 25). 결의론의 대표적인 예다.

모세오경에는 음식 규정이 있어 깨끗하고 더러운 동물들의 리스트를 작성해놓았다(레위 11장). 굽이 갈라지고 되새김질하는 동물만 먹을 수 있다는 규정은 여기에 나온다. 그래서 유다인들은 굽은 갈라졌지만 되새김질을 하지 않는 돼지를 못 먹는다. 그에 대한 예수의 견해는 더할 나위 없이 분명하다. 사람에게 들어가는 게 아니라 오히려 나오는 게 사람을 더럽게 만든다(마르 7,15). 이는 하느님의 창조섭리에 비추어볼 때, 창조물 중 더러운 게 있을 수 없다는 원칙을 예수가 갖고 있었기에 가능한 말씀이다.

그리고 이어서 이렇게 말씀하셨다. "너희는 그 전통을 지킨다는 구실로 교묘하게 하느님의 계명을 어기고 있다. 모세가 '부모를 공경하여라.' 하였고 또 '아버지나 어머니를 욕하는 자는 반드시 사형을 받는다.' 하였는데 너희는 누구든지 아버지나 어머니에게 '제가 해드려야 할 것을 하느님께 바쳤습니다.'라는 뜻으로 '코르반'이라고 한마디만 하면 된다고 하면서 자기 아버지나 어머니에게 아무것도 해드리지 못하게 하고 있으니 이것이 바로 전해 오는 전통을 핑계 삼아 하느님의 말씀을 무시하는 일이 아니고 무엇이냐? 너희는 이 밖에도 그런 일을 많이 저지르고 있다." 예수께서 다시 사람들을 불러 모으시고 이렇게 가르치셨다. "너희는 내 말을 새겨들어 무엇이든지 밖에서 몸 안으로 들어가는 것은 사람을 더럽히지 않는다. 더럽히는 것은 도리어 사람에게서 나오는 것이다." (마르 7,9~15)

이혼하지 마시오

『미슈나』제3부 나쉼 편에 보면 남편이 아내와 '이혼'하는 경우에 대한 자세한 지침이 등장한다. 우선 모세오경의 이혼 규정부터 살펴보자.

> 어떤 남자가 여자를 맞아들여 혼인하였는데, 그 여자에게서
> 부끄러운 일이 드러나 눈에 들지 않을 경우, 이혼 증서를 써서
> 손에 쥐어 주고 자기 집에서 내보낼 수 있다. 그 여자가 그의
> 집을 떠나가서 다른 남자의 아내가 되었는데, 두 번째 남편도
> 그 여자를 싫어하여 이혼 증서를 써서 손에 쥐어 주고
> 자기 집에서 내보낸 경우나, 그 여자를 아내로 맞아들인 남자가
> 죽은 경우, 그 여자가 이미 더럽혀졌으므로, 그를 내보낸
> 첫 남편은 다시 그를 아내로 맞아들일 수 없다. 그런 일은 주님
> 앞에 역겨운 짓이다. 너희는 주 너희 하느님께서 너희에게
> 상속 재산으로 주시는 땅에 죄를 끌어들여서는 안 된다.
>
> (신명 24,1~4)

결혼 후 남편이 부인 쪽에서 부끄러운 일이 드러나 눈에 들지 않을 경우, 이혼장을 써서 손에 쥐어 주고 자기 집에서 내보낼 수 있다. 또한 그 여자가 재혼을 했는데 두 번째 남편이 죽거나 또 눈 밖에 나 쫓겨난 경우 첫 남편은 다시 그를 아내로 맞아들일 수 없다. 여기서 좀 더 자세히 살펴보아야 할 대목은 '부끄러운 일

(에르바 다바르)'이다. 도대체 어떤 게 부끄러운 일일까? 표현 자체만 보면 모호하기에 여기에 대한 율사들의 해석이 필요하다. '나쉼'의 세부항목인 제5편 '기틴'에 보면 자세한 내용이 나와 있다. "샴마이 학파에서는 말한다. 남편이 자기 부인에게서 수치스러운 일을 발견하지 않았으면 소박하지 말 것이다 (…) 힐렐 학파에서 말한다. 부인이 남편의 음식을 태우기만 했어도 소박할 수 있다. (…) 랍비 아키바는 말한다. 자기 부인보다 더 어여쁜 부인을 만나기만 해도 소박할 수 있다." 그리고 이혼장을 남편 혹은 그 대리인이 부인의 손에 건네는 순간 이혼이 성립된다.

이리 보면 이혼은 남편의 입장에선 식은 죽 먹기처럼 보인다. 하지만 다음 규정은 묘한 구석이 있다. "부인이 잠을 자는 동안에 남편이 부인 손에 이혼장을 쥐어주었다가 부인이 먼저 이혼장임을 알아보면 무효다. 그러나 남편이 먼저 '그거 이혼장이야' 하고 소리치면 유효하다." 또한 "부인이 지붕에 있는데 남편이 이혼장을 던졌다면 지붕에 이혼장이 닿는 순간 이혼이 성립된다." 왜 이런 불필요해 보이는 규정들이 등장했을까? 혹시 부인 앞에만 서면 왠지 초라해지는 소심한 남편이 랍비에게 자문을 구했더니 적절한 해결책을 제시한 것은 아닐까?

이혼을 할 경우 또 한 가지 해결해야 할 숙제가 남아 있다.

유다인들은 혼인을 하나의 계약으로 여겼다. 그래서 남자가 여자를 얻는 세 가지 방법으로 돈, 성관계, 혼인 계약을 꼽았는데(나쉼 제7편 키두쉰), 혼인 때 작성한 계약서에 남편이 사망하거나 이혼하면 부인에게 지불하기로 약정한 금액(케투바)이 있었다. 요즘으로 따지면 위자료나 유산에 해당할 것이다. 그래서 처녀와 결혼했을 때는 케투바로 200 데나리온, 과부와 결혼했을 때는 100 데나리온을 지불해야 했다. 하지만 여기에 또 하나 예외 규정이 있다. 만일 부인이 남편에게 반항하면 주간당 7데나리온을 상기금액에서 제하며, 모세의 신앙을 위반한 경우 상기금액 자체를 주지 않을 수 있다. 모세의 신앙을 위반한 경우란 십일조를 내지 않은 음식을 남편에게 제공, 불결한 몸으로 한 부부행위, 서약을 어김, 머리에 수건을 안 쓰고 외출, 한길에서 실을 잣는 것, 외간 남자와 말 섞는 행동 등등이다(나쉼 제2편 케투바). 금세 눈치 챘을 테지만 이 역시 랍비들의 해석이다. 부인을 내쫓으면서 위자료마저 떼어먹으려 했던 못된 심보의 남편들을 위한 규정들임이 틀림없다.

이쯤에 이르면 여성들에 대한 당시 유다인들의 사고가 얼마나 막무가내였는지 쉽게 짐작할 수 있다. 그리고 율사들 역시 편협한 시각에 사로잡혀 남성들의 편의에만 부응하는 규정들을 만들어냈다. 이런 풍조에 대해 예수는 단번에 쐐기를 박는다.

예수께서는 늘 하시던 대로 다시 그들을 가르치셨다. 그런데 바리사이들이 다가와서는 그분을 시험하려고 "남편이 아내를 버려도 됩니까?" 하고 물었다. 그러자 예수께서는 그들에게 "모세가 여러분에게 어떻게 명했습니까?" 하고 되받아 물으셨다. 그들이 "이혼장을 써주고 아내를 버리는 것을 모세는 허락했습니다" 하자 예수께서는 이렇게 말씀하셨다. "모세는 여러분의 완고한 마음 때문에 그 계명을 여러분에게 남겼습니다. 그러나 하느님께서는 창조의 시초부터 그들을 남성과 여성으로 만드셨습니다. 이 때문에 사람이 자기 아버지와 어머니를 떠나 그 둘은 한 몸이 될 것입니다. 따라서 그들은 이미 둘이 아니고 한 몸입니다. 그러므로 하느님이 짝지어 주신 것을 사람이 갈라놓아서는 안 됩니다." (마르 10,1~9)

바리사이들이 다가와 예수에게 이혼에 관해 난처한 질문을 던진다. "남편이 아내를 버려도 됩니까?" 사실 이 질문은 당시 정황을 미루어볼 때 그리 적절치 않다. 앞서 보았듯이 남성들이 혼인을 얼마든지 무효로 만들 수 있었기 때문이었다. 그러니 새삼스레 예수에게 남편이 아내를 버려도 되는지 물어본 것은, 질문 속에 예수를 곤경에 빠트리려는 의도가 이미 강하게 들어 있는 셈이다.

바리사이들은 아마 평소부터 예수가 주장했던 바를 익히 알고 있었던 것 같다. 예수는 곧잘 이혼 불가 선언을 했는데 그 단편들이 여기저기 실려 있다(마태 5,31~32; 루가 16,18; 1고린 7,10~11). 따라서 예수의 입장을 잘 알고 있던 자라면 얼마든지 다음과 같이 질문할 수 있었다. '선생님은 남편이 아내를 절대 버리면 안 된다고 누누이 말씀하셨는데 저희로선 이해가 되지 않습니다. 만일 버릴 수 있다면 율법에 떡 하니 씌어 있는 규정을 어기는 게 될 테고 결국 율법을 우리에게 직접 주신 하느님을 부정하는 꼴 아닙니까? 하느님도 실수를 하시나요? 한번 진지하게 이 문제를 우리에게 설명해주실 수 있는지요? 도대체 남편이 아내를 버려도 됩니까?' 딱히 그 자리에 있진 않았지만 질문의 분위기는 충분히 짐작할 수 있다. 네, 혹은 아니오로 대답할 수 있는 성질의 질문이 아닌 것이다.

예수는 난처한 질문을 피해가기는커녕 오히려 맞 질문을 던진다. 모세는 어떻게 말했는가, 즉 이혼에 대한 율법의 가르침이 어떠한지 물어본 것이다. 바리사이들은 속으로 쾌재를 외쳤을지 모른다. 안 그래도 이혼과 관한 율법 규정(신명 24,1)을 거론해 예수를 궁지에 몰아넣으려던 참인데 스스로 물어보다니! 그들의 귀엔 '철컥' 하고 예수가 자신들이 쳐놓은 덫에 정통으로 걸려드는 소리가 들렸을 성싶다. "이혼장을 써주고 아내를 버리는 것을 모세는 허락했습니다." 일순간의 망설임도 없이 대답이 튀어나왔다. 물론 예수는 바리사이들의 교활한 의도를 충분히 알고 있었다. 따라서 덫에 걸린 게 아니라, 정공법으로 맞섰다고 할 수 있다.

예수의 대답은 실로 굉장히 자신만만한 것이었다. 우선 모세의 권위에 대한 예수의 입장이 눈에 띈다. 이스라엘에서 모세는 독보적인 위치에 놓여 있다. 하느님의 선택을 받아 노예의 땅 이집트에서 이스라엘을 인도했고, 오직 이스라엘을 위해 하느님이 제정하신 거룩한 율법을 시나이 산에서 직접 받아 전달한 인물이다(출애 20장). 이것만 보아도 하느님과 세상을 매개하는 이로서, 모세의 말이 곧 하느님의 말씀이라 할 수 있다. 아무려면 율법의 다른 이름이 '모세오경'일까! 모세라는 중개자를 제외시킨 채 율법을 거론할 수 없는 노릇이었다. 그런데 예수는 이스라엘의 '완고한 마음' 때문에 모세가 그 계명(신명 24,1)을 남겨놓았다고 말씀한다.

여기서 '완고한 마음'에 관해 알아보자. 이는 헬라어 '스클레로카르디아(σκληροκαρδίαν)'의 번역으로 '불순종'을 뜻하고, '남겨놓다'는 삼인칭 단수 과거 동사형 '에그랍센(ἔγραψεν)', 즉 '그가 썼다'다. 말하자면 이스라엘 백성이 하느님의 명령을 따르지 않자 모세가 임의로 이 법을 제정했다는 것이다. 따라서 '이혼'은 모세가 추가한 규정인 신명 24,1이 아니라 하느님의 원래 의도로 돌아가 마땅하다. 예수가 하느님의 창조질서를 거론한 이유이다(6~9절). 마치 복음서본문을 편집과 전승을 나누어 살펴보는 오늘날의 성서학자와 같은 발언이다.

창세 1,27과 2,24에 따르면 하느님은 남성과 여성을 만드셨고 결혼을 통해 하나가 된다. 비단 혼배 미사뿐 아니라 일반 주례사에서도 익히 들을 수 있는 구절이다. 신명 24,1에 대해 예수가 내린 해석의 독특성은 바로 거기에 있다. 예수는 한 가지 율법조항에 다른 율법조항으로 맞섰으며, 그 둘 사이에 놓인 간격을 적절하게 좁혀놓았다.

예수는 율법 조항들 사이에도 경중을 따질 줄 아는 분이었다. 이혼이 가능하게 된 것은 결혼 제도를 농락하는 인간의 가증스런 행태를 보고 모세가 내린 해석에 불과하다. 비록 '모세오경'의 권위를 더하기 위해 마치 하느님의 말씀처럼 써놓았지만 어디까지나 이는 모세 개인의 견해일 뿐이다.

예수의 한마디로 철옹성 같던 모세의 권위가 여지없이 무너지고 말았다. 율법이 문자로 새겨진 규정이라는 사실은 중요하지 않다. 그리되면 자칫 문자에 얽매여 율법에 주어졌던 처음 정신을 놓치고 만다. 필요한 규정만 만들어놓으면 만사 해결될 수 있다는 사고방식이니 문자만능주의라 불러도 될 것이다. 결혼의 경우 불가피한 이혼의 경우를 따질 게 아니라, 인간을 남녀로 만들고 그 둘이 하나 되게 함으로써 세상을 완성해나가는 하느님의 창조질서를 먼저 고려해야 한다. 하느님이 맺어준 짝을 인간이 가를 수 없다. 그것이 하느님의 뜻이다.

마르 10,1~9는 신명 24,1의 이혼규정을 주제로 삼아 벌어진 논쟁사화이다. 하지만 이는 비단 이혼규정뿐 아니라 율법 전체에 대한 예수의 입장을 알려주는 가늠자 구실을 하는 본문이기도 하다. 율사들의 문자만능주의 법해석에선 발견하기 힘든 상위법/하위법 개념이 등장했기 때문이다. 그들은 모든 율법조항을 하나로 통합하는 조항을 찾아보려 노력을 기울였으나(마르 12,28~34 참조) 모세의 권위를 희생시키는 모험까지 감행할 용기는 없었다. 예수의 법 해석이 갖는 장점은 '끝까지 간다'에 있다. 하느님의 뜻을 바르게 구축하기 위해서는 '창조질서'까지 가야 하는 것이다. 하느님 앞에서는 어떤 제도나 교리나 권위도 무용지물이다.

눈을 빼어 던지시오

인터넷이 발달하면서 인류에게 끼친 긍정적인 영향은 이루 말하기 힘들 정도다. 앞으로는 뇌파만으로도 운전사 없이 차를 움직일 수 있고 세상 모든 언어의 동시통역이 가능하며 원거리 수술도 가능하다는 전망이 나온다. 인터넷이 인간의 사고뿐 아니라 삶까지 지배하게 될 것이다. 아니, 우리는 이미 꽤나 그런 세상에 살고 있다고 보는 것이 옳다. 하루 일상도 마찬가지다. 일단 컴퓨터를 켜 인터넷에 연결하면 '제발 저를 선택해서 자세히 좀 봐주세요'라는 표시들이 화면 여기저기서 깜빡거리고, 거기에 이끌려 여행을 하면 도대체 처음에 왜 컴퓨터 앞에 앉게 되었는지 기억이 나지 않을 지경이다. "인터넷서핑"이 사람 혼을 쏙 빼놓는다는 표현이 맞을지 모르겠다. 인터넷으로 무장된 컴퓨터는 그렇게 시각으로 다가온다.

티베트 불교의 수장인 달라이 라마도 시각이 지배하는 문화에 뚜렷한 입장을 갖고 있다. 서구 학자들이 대거 참가한 인터뷰(형식은 인터뷰지만 실은 문답식 법회였다)에서 학자들이 인간의 눈이 사물을 왜곡해 받아들인다는 사실을 설명하자 달라이 라마는, 왜곡시키는 조건들에 관해 질문을 던졌다. 이를테면 같은 물건도 소실점 부근에 있는지, 혹은 확장된 선 위에 있는지에 따라 크기가 달리 보인다는 예에 대해 달라이 라마는 시각의 물리적인 한계가 아니라 달라 보이게 만드는 조건에서 원인을 찾은 것이다. 인터넷으로 치면 눈이 어떤 유의 정보를 획득하는가에 따라 뇌에 악영향을 끼칠 수 있다는 뜻이겠다.

"남자는 시각을 통해서 성적 흥분을 얻게 되고 여자는 피부 감각에 의하여 성적으로 흥분된다." 이는 『탈무드』에 나오는 말이다. 점잖을 것만 같은 인류의 고전에 나올 법하지 않은 문구지만 의외로 『탈무드』엔 비슷한 유의 말이 많이 실려 있다. 이렇게 원색적인 대목을 읽을 때면 유다인 아버지들은 어린 자식의 눈을 손으로 가려줄까? 아무튼 다양한 각도에서 '남자는 눈을 통해 유혹을 받는다.'는 사실을 증명한 셈이다. 예수의 말씀 중에도 이에 근접한 내용이 등장한다.

예수는 10계명의 제 7계명인 '간음하지 말라'에 반기를 들었다. "그러나 나는 너희에게 말한다. (음욕을 품고) 여자를 바라보는 자는 누구나 이미 마음으로 그 여자와 간음한 것이다"는 말씀을 한다. 여기서 '바라보다'는 표현에 주목해보자. 사용된 헬라어 '에피튜메오'를 비록 '음욕을 품고 바라보다'로 번역했지만 실은 '유심히 바라보다'가 근사한 번역이다. 말하자면 지나가는 여자를 보면서 '얼굴이 제법 예쁜 편이네', '몸매가 봐줄만 하네' 정도의 생각을 갖는 정도를 뜻한다. 리비도가 아니라 파토스 차원이라고나 할까? 그런데 여기에 대한 예수의 입장을 실로 무시무시하다.

'저 여자 몸매 잘 빠졌네!'라고 속으로 생각만 해도 이미 육체적으로 관계를 맺어 간음했다는 것이다. 그리고 만일 오른 눈으로 '저 여자'를 유심히 보았다면 그 눈을 빼 던지고, 혹시라도 오른손으로 '저 여자'를 슬쩍 건드렸다면 가차 없이 그 손을 찍어버리는 것이 낫다고 한다.

예수는 하느님의 뜻을 읽어냄에 있어 글로 써진 율법 규정이나, 율사들의 해석에 기대었던 분은 아니다. 그들은 종종 문자의 노예가 되어 하느님이 준 율법의 참 뜻을 망각하기 일쑤였다. '간음하지 말라'는 규정을 요리조리 해석해 내느라 심혈을 기울이기는 했으나 그 핵심은 미처 보지 못했고, 결국 육체적인 간음만 피하면 하느님의 뜻에 어긋나지 않는다는 근시안적인 해석을 내렸다.[*] 그러나 예수의 눈은 문자를 파악하는 데 머물지 않았다. 그는 율법이 가지는 문자성 뒤에 있는 하느님의 마음을 읽었고, 당

---

[*] 따라서 어떻게 간음을 피해 가느냐는 문제에 노심초사했고, 만일 간음의 죄가 성립된 경우에는 어떻게 효과적으로 해결할 것인가가 율법 논의의 중심이 되었으며, 급기야 이혼 사유와 그 방법론으로 논의를 확대시켜나갔다. 앞에서 다루었던 '이혼장 규정'과 '수치스러운 일'은 바로 율사들의 왜곡된 입장인 문자만능주의의 성격을 보여주는 전형적인 예라 할 수 있다.

시에 '간음하지 말라'는 계명을 해석하고 운영하는 풍토를 질타한다. 율법 규정에 따라 '간음만 하지 않으면 죄가 되지 않는다.'로 해석하여 죄가 갖는 한계를 설정해서는 결코 안 된다. 오히려 그 안에 숨은 음흉한 생각도 죄가 되니 반드시 마음을 다스려야만 한다. 그렇지 못할 경우 차라리 눈을 빼어 던지는 편이 낫다. 왜냐하면 육체적인 간음을 하지 않아 비록 실정법은 어기지 않을 수 있으나, 마음까지 환히 보시는 하느님 앞에서 추악한 속셈마저 속여 넘길 수는 없기 때문이다. 우리나라 식으로는 "사람은 속여도 하늘은 못 속인다", 혹은 "그런 일을 하다니, 천벌이 무섭지 않느냐"고 하는 정서와 통하는 입장이다.

오늘의 성 문화는 불과 10년 전과도 큰 차이가 난다. 그 원인을 여러 곳에서 찾을 수 있겠지만 인터넷을 통한 음란물의 배포가 아마 으뜸일 것이다. 내용이 점점 더 심해지고 정부의 규제 속도와 비교가 안 될 정도로 빠르게 확산되어 이제는 초등학생마저 음란물에 노출된 상황이다. 모방범죄는 말할 것도 없고 말이다. 역시 눈이 문제인 것이다. 그러니 우선 눈에 띄지 않게 만들어야 한다. 비단 음란물뿐 아니라 선정적인 광고나 자극적인 보도 한 번으로도 어린 영혼이 멍들 수 있기 때문이다. 예수가 왜 이렇게 강력한 표현을 사용했는지 이해가 된다.

'간음하지 말다'고 이르신 말씀을 너희는 들었다. 그러나 나는 너희에게 말한다. 음욕을 품고 여자를 바라보는 자는 누구나 이미 마음으로 그 여자와 간음한 것이다. 네 오른 눈이 너를 죄짓게 하거든 그것을 빼어 던져 버려라. 온몸이 지옥에 던져지는 것보다 지체 하나를 잃는 것이 낫다. 또 네 오른손이 너를 죄짓게 하거든 그것을 잘라 던져 버려라. 온몸이 지옥에 던져지는 것보다 지체 하나를 잃는 것이 낫다." (마태 5,27~30)

사람이 하늘

인내천(人乃天), "사람이 곧 하늘이다" 이는 동학의 3대 교주인 손병희가 동학을 천도교로 다시 편성하면서 내세운 사상이다. 동학의 창시자인 최제우가 '하느님을 내 마음에 모신다.'는 뜻으로 시천주(侍天主) 사상을 주창했는데 이를 손병희가 재해석한 것으로 알려져 있다. 사람이 곧 하늘이라고 할 때 이는 하늘 무서운 줄 알라든가 사람이 곧 하늘에 버금간다거나 하는 게 목적은 아닐 것이다. 그보다는 모든 사람을 하늘처럼 대하라는 '평등'이 그 핵심이라고 봄이 옳다. 하늘보다는 사람에 강조점이 있는 것이니, 그래야 동학답다.

『탈무드』의 관점도 이와 비슷하다. "사람의 소리가 하늘의 소리다"라든지 "휴일이 사람에게 주어진 것이며 사람이 휴일에게 주어진 것은 아니다"는 격언 유도 같은 맥락에서 이해할 수 있다. 이 말들에 인본주의가 들어 있는 것은 동학사상과 큰 차이가 없지만 그 바탕은 확연히 다르다. 그 어느 것으로도 대체될 수 없는 야훼 신앙, 곧 하느님의 뜻이 어디에 있는지 규명해내려는 이스라엘 백성 특유의 신앙이 들어 있기 때문이다. 이런 신앙이 구체적으로 드러나는 훌륭한 예를 마르 2,23~28에서 찾을 수 있다.

어느 안식일에 예수와 제자들이 들판을 지나고 있었다. 이후에 벌어지는 논쟁을 볼 때 종교지도자들도 동행했던 것으로 보인다. 이동 중에 예수의 제자들이 길을 내면서 밀 이삭을 뜯기 시작했다(23절). 그런데 바리사이들이 제자들의 행동을 보고 시비를 걸었다. 바로 안식일 규정이 문제였다. 이스라엘에서는 십계명 중 제4계명에 따라 안식일에 노동을 하지 않는 게 원칙이었다. "하느님께서는 하시던 일을 이렛날에 다 이루셨다. 그분께서는 하시던 일을 모두 마치시고 이렛날에 쉬셨다."(창세 2,2) 그러니 인간도 하느님을 본받아 쉬는 게 도리다. 그렇다면 왜 제자들은 밀 이삭을 뜯었을까?

이유를 찾는 간단한 방법은 예수의 논증을 참고하는 것이다. 예수는 제자들의 행동을 나무라는 바리사이들에게 다윗의 일화를 들려준다(1사무 21,1~10). 하느님 앞에 진설된 빵을 다윗 일행이 먹은 이야기다. 마치 우리네 제사의 상차림처럼 이스라엘에서도 하느님에 앞에 상을 차려놓았다. 12개의 빵을 구워 한 줄에 여섯 개씩 두 줄로 놓는데 각 줄마다 향을 피워 하느님에게 바치는 표시로 삼았다. 안식일이 돌아오면 매번 상을 새로 보고 치워진 빵은 아론과 그의 아들들, 즉 사제들의 몫이었다. 다만 이는 하느님에게 진설되었던 거룩한 빵이므로 거룩한 장소에서 먹어야 했다(레위 24,5~9). 그런데 굶주린 다윗과 그의 일행이 들이닥치자 아히멜렉 사제가 기꺼이 빵을 내주었다는 내용이다.

다윗 일화에는 두 가지 측면이 들어 있다. 하나는 만일 사람이 필요로 하면 비록 하느님께 진설된 빵이라도 얼마든지 내줄 수 있다는 점이고, 다른 하나는 메시아의 원조 격인 다윗은 율법을 자유롭게 다룰 수 있다는 점이다. 논쟁의 첫 번째 결론인 우선 "안식일이 사람을 위해서 생겼지, 사람이 안식일을 위해서 생기지는 않았습니다"는 복잡하고 엄격한 안식일 규정이 아무리 많이 있어도 '안식일의 정신은 사람을 살리는 데 있다'는 뜻이다. 다음으로 "그러므로 인자는 또한 안식일의 주인입니다"는 마치 다윗처럼 메시아 예수 역시 율법 규정을 자유자재로 다룰 수 있는 권한을 갖고 있다는 뜻이다. 앞의 말씀에선 인간 사랑이 강조된 반면, 뒤의 것은 하느님의 아들로서 예수의 정체성을 강조한다. 인본주의적 결론과 그리스도론적 결론이 합쳐진 셈이다.

예수를 인자로 간주한 그리스도론적인 결론은 후대 첨가문일 가능성이 높다. 구약성서에서 '인자'는 하느님을 대신해 심판을 하실 분으로 종말-묵시사상의 영향을 듬뿍 받은 개념이다.(3.3) 그러니 예수 자신의 말씀으로 보기 어렵다. 또 한 가지 이유는 『미슈나』의 안식일 규정에 따르면 해서는 안 될 일이 모두 38가지였고 그중 하나가 탈곡이었다는 데서 찾을 수 있다(모에드 샵바트 편). 제자들이 밀 이삭을 뜯었다면 곧이어 겨와 낱알을 분리해 입에 털어 넣었을 테고 이는 분명히 '탈곡'에 해당하니 바리사이의 예리한 눈을 피해갈 수 없었다. 그러니까 다윗의 예화는 율법보다 인간을 소중하게 여기는 하느님의 마음을 헤아린 것으로 보는 게 맞다.

예수는 제자들이 밀 이삭을 뜯어 허기를 달랜 데 연민을 느낀 것도 아니고, 바리사이와 율법항목에 대한 논쟁을 벌이려 다윗의 예화를 거론한 것도 아니며, 자신을 하느님의 대리자로 여겨 맘대로 안식일 법을 폐기한 것도 아니다. 그보다는 이 말씀을 통해 사람을 무엇보다도 아끼는 하느님을 드러내려 했다.

사람 나고 안식일 났지 안식일 나고 사람 난 게 아니다. 예수의 명쾌한 안식일 해석이다. 하느님의 유일한 기쁨은 인간의 행복이다. 하느님은 이미 충분히 완전하신 분이기에 인간들이 영광을 돌린답시고 주제넘게 나설 필요가 없다. 사람부터 살려놓고 보자! 바리사이의 도전에 예수가 가한 통쾌한 일격이었다.

예수께서 안식일에 밀밭 사이를 지나가시게 되었다. 그런데 그분의 제자들이 길을 내면서 밀 이삭을 뜯기 시작했다. 그래서 바리사이들이 예수께 "보시오, 왜 이 사람들이 안식일에 해서는 안 되는 일을 합니까?" 하고 말했다. 그러자 예수께서 그들에게 말씀하셨다. "다윗과 그의 일행이 궁핍하고 굶주렸을 때에 다윗이 어떻게 했는지 당신들은 읽어 본 적이 없습니까? 에비아달 대제관 때에 그가 어떻게 하느님의 집에 들어가서, 제관이 아니면 먹어서는 안 되는 그 진설된 빵을 먹고 또 함께 있던 사람들에게도 주었습니까?" 이어서 그분은 이렇게 말씀하셨다. "안식일이 사람을 위해서 생겼지, 사람이 안식일을 위해서 생기지는 않았습니다. 그러므로 인자는 또한 안식일의 주인입니다." (마르 2,23~28)

은전을 잃어버린 여인

가위바위보로 무엇인가 결정할 때 우리는 한판 승부를 하는 경우가 별로 없다. 왠지 한 판이라고 하면 무엇인가 부족한 느낌이 들어서인지 모른다. 그래서 삼세판이라는 말이 입에 익숙하게 되었고 두 판 승부라든가 네 판 승부라는 말을 아직 들어본 적이 없다. 3이라는 숫자에서 쉽게 거부할 수 없는 범상치 않은 기운이 흘러나와서 그런가 보다.

『탈무드』에는 다음과 같은 이야기가 나온다. 만일 어떤 이가 몹쓸 말로 상대의 맘을 상하게 했을 경우 그는 직접 찾아가 사과를 해야 한다. 그런데 맘이 상한 정도가 심해 용서를 하지 않으면 주변의 다른 열 사람에게 찾아가 대신 용서를 빌어야 한다. "당사자가 저를 용서치 않으니 다른 분들에게 제 진심을 털어놓습니다. 진정으로 제가 잘못했습니다." 그리고 만일 상대가 이미 죽었을 때는 그의 무덤에 열 사람을 데려가 무덤 앞에서 열 사람에게 용서를 빌어야 한다. 그렇다면 왜 유다인들은 10이라는 숫자에 집중했을까? 유다교 회당에서 기도할 때 10명이 모이지 않으면 기도가 성립될 수 없었다. 그처럼 9명은 여전히 개인이고 열이 되어야 비로소 집단으로 인정될 수 있었다. 사실 10이라는 숫자의 중요성은 당장 10계명만 떠올려도 쉽게 이해가 된다. 10은 하나라도 빠지면 제 구실을 못하는 '완전수'다.

예수가 드신 비유에도 이 비슷한 것이 나온다. 어느 여인이 은전 한 닢을 잃어버렸다. 그래서 온 집 안을 발칵 뒤져 겨우 은전을 찾아냈다. 여인은 기쁨에 겨워 마을 사람들을 다 불러 모아 잔치를 열었다. 예수가 말씀한 '은전 한 닢의 비유'(루가 15,8~9)에 실린 내용이다. 그 여인이 과연 정상인가? 그깟 은전 한 닢 찾았다고 동네잔치를 열 게 무어란 말인가? 잔치 비용이 은전 한 닢을 족히 뛰어넘었을 것이다. 그렇다고 예수가 이치에도 닿지 않는 엉뚱한 말씀을 했을 리 만무고. 이제 이야기 속에 있는 재미장치와 의미장치를 찾아보자.

이스라엘의 풍습에 따르면 딸이 결혼할 때 부모는 지참금을 딸려 보낸다. 그러나 공식적인 돈 말고 딸에게 아무도 몰래 슬며시 쥐어주는 돈이 있었다. 급한 일이 생길 경우를 대비한 돈이다. 보통 은전 열 닢 정도를 주었는데, 우리 식으로 보면 '급전'으로 돌려쓸 수 있는 패물인 셈이다. 그런데 말이 '급전'이지 시집간 딸에게 은전 열 닢은 부모님의 존재를 암시하는 돈이었다. 딸은 그 돈을 보면서 언제나 생각했을 것이다. '어머님의 관절염은 차도가 있는지, 환절기면 더해지는 아버님의 천식은 좀 어떤지…' 그렇게 귀중한 돈이기에 잃어버리지 않기 위해 머리를 땋을 때 항상 같이 묶어 보관해두었다. 그런데 머리를 감다가 그만 그중 한 닢을 잃어버렸다. 여인은 마치 실성한 듯 그 은전을 찾았을 것이다.

예수의 말씀을 듣던 이들 중에 그 여인이 바로 하느님을 암시한다는 사실을 짐작 못 할 사람은 아마 없었을 것이다. 하느님은 죄인 한 사람을 그렇게 열심히 찾는 분이고 만일 그를 찾으면 기쁨에 넘쳐 잔치를 베푼다. 돌아가신 줄 알았던 부모님을 다시 만났을 때 딸이 느끼는 기쁨으로, 하느님은 기뻐하시기 때문이다. 하느님의 섬세한 사랑을 알려주기에 더 없이 좋은 비유이다.

은전 열 개에도 비밀이 숨어 있다. 이스라엘에서 숫자 10은 완전수로 여겨진다. 그런데 『탈무드』에서도 보았듯 완전수라는 것은 꼭 채울 때 빛을 발휘하지 만일 하나라도 빠지면 제 구실을 하지 못한다. 하느님의 구원의지도 마찬가지다. 하느님은 얼마나 많은 사람을 구원하는지엔 관심이 없다. 그분의 관심은 오로지 모두 다 구원하는 데 있다. 마치 은전 한 닢을 찾기 위해 온 집안을 발칵 뒤집어 놓은 여인처럼, 양 한 마리를 찾기 위해 어두운 밤에 길을 나선 목자처럼(루가 15,1~7), 온 재산 탕진하고 돌아온 탕자를 두 팔 벌려 맞이하는 아비처럼(루가 15,11~32), 하느님은 전부를 구원하신다. 숫자 열은 채워야 맛이다.

또 어떤 여자에게 은전 열 닢이 있었는데 그 중 한 닢을

잃었다면 어떻게 하겠느냐? 그 여자는 등불을 켜고 집 안을

온통 쓸며 그 돈을 찾기까지 샅샅이 다 뒤져볼 것이다. 그러다가

돈을 찾게 되면 자기 친구들과 이웃을 불러 모으고

'자, 같이 기뻐해주십시오. 잃었던 은전을 찾았습니다' 하고

말할 것이다.   (루가 15,8~9)

사람의 아들이 오시는 날

복음서의 종말-묵시사상이 집대성된 곳으로는 단연 마르 13장의 '종말설교'를 꼽을 수 있다. 13장을 자세히 읽어보면 종말의 날이 두 단계에 걸쳐 온다(14~23절/24~27절). 종말의 첫 단계는 우선 "있어서는 안 될 곳에 황폐의 흉물이 서 있는"(14절) 사건으로부터 시작된다. 그런 꼴을 보거든 즉시 도망을 가야 하는데, 얼마나 급한지 마침 들에서 겉옷을 벗고 일하던 이는 그 옷을 내버려둔 채 도망을 쳐야 하고, 지붕에서 일을 하던 이들은 집에 들어갈 겨를도 없이 줄행랑을 놓아야 겨우 목숨을 부지할 수 있게 된다(15~16절). 그때 벌어질 재난은 "하느님께서 세상을 창

조하신 세상 시초부터 지금까지 없었고 또 없을 것", 곧 전무후무한 엄청난 재난이 닥치고(19절), 적(敵)그리스도들이 제 세상을 만난 듯 이리저리 설치고 다닐 것이다(21~23절). 그러나 이는 불과 종말의 첫 단계일 뿐 곧이어 종말의 둘째 단계가 시작된다.

두 단계 종말을 그 성격으로 정리해보면 첫 단계(14~23절)는 전쟁의 발발이나, 적그리스도의 출몰 등 세상의 역사가 꺼지는 종말 사건이고, 둘째 단계(24~27절)는 천체가 온통 흔들리고 인자가 영광에 싸여 천사를 이끌고 하늘에서 내려오는 등 우주의 역사가 끝을 고하는 종말 사건이라 하겠다. 세계 내적 종말에서 우주적 종말로 연결되는 이 두 단계 종말은 아직 벌어지지 않은 미래의 사건들로, 종말이 갖는 미래성을 대변한다. 그러나 마르 13장에서는 종말을 단순히 미래에 벌어질 사건으로 남겨둔 것이 아니라, 이미 그 구체적인 징조가 드러나 있다고 한다(5~13절).

14-23절에 묘사된 "환난에 뒤이어" 바야흐로 "해는 어두워지고 달은 빛을 내지 않으며 별들은 하늘에서 떨어지고 하늘의 세력들은 흔들릴 것이다."(24~25절). 그리고 드디어 인자가 영광에 싸여 세상에 내려와 심판의 칼을 휘둘러 선민들을 불러 모을 것이다(26~27절). 이처럼 마르 13장의 종말 사건은 인자 예수의 재림으로 그 완성을 거둔다.

그 무렵에 환난에 뒤이어 해는 어두워지고 달은 빛을 내지
않으며 별들은 하늘에서 떨어지고 하늘의 세력들은 흔들릴
것이다. 그 때에 '인자'가 큰 권능과 영광을 떨치며 '구름을
타고 오는 것을' 사람들이 볼 것이다. 그때에 사람의 아들은
천사들을 보내어, 자기가 선택한 이들을 땅 끝에서 하늘 끝까지
사방에서 모을 것이다. (마르 13,24~27)

여기서 발견되는 우주관은 철저히 창세기의 창조 신화(1,1~2,4a)
를 근거로 한다. "하늘의 궁창에 빛물체들이 생겨, 낮과 밤을 가르
고, 표징과 절기, 날과 해를 나타내어라. (…) 하느님께서는 큰 빛물체
두 개를 만드시어 그 가운데 큰 빛물체는 낮을 다스리고 작은 빛
물체는 밤을 다스리게 하셨다. 그리고 별들도 만드셨다"(1,14~16)
에 따라 "그 무렵 환란이 뒤이어" 하늘이 흔들리면 걸려 있었던
해와 달과 별이 떨어지리라고 상상한 것이다. 인자가 하늘과 땅을
오갈 때는 으레 구름이 운송수단 역할을 하는데(사도 1,9), 중국
의 고전 서유기의 주인공 손오공도 구름을 타고 다닌 것을 보면
동서양 차이가 별로 없다는 생각이 든다.

새로운 시작

율법에서 자유

　예수가 활동했던 시절의 이스라엘은 난맥상을 이루고 있었다. 정치적으로는 로마의 식민지였으나 끊임없는 반란의 기운이 감돌았고 제도권 종교인들 역시 반로마 세력과 친로마 세력으로 나뉘어져 반목이 심각했다. 그리고 종교적인 가르침도 매우 다양해 갈피를 잡기 힘들 정도였다. 율법, 장로들의 전승, 바리사이와 사두가이와 에세네파의 율법 이해, 예언자 전통, 지혜문학, 열혈당과 같은 극단주의, 종말-묵시사상, 헬라철학 등등… 과연 어떤 가르침을 따라야 할까? 예수는 이렇게 혼란스런 상황에 등장해 야훼 하느님에게 이르는 길을 제시했다.

　이제까지 우리는 예수와 관련을 맺었음직한 시대상(1)과 유다교 문헌들(2), 예수에 대한 교회의 이해(3)와 역사의 예수가 한 말씀들(4)까지 섭렵하여, 유다교라는 맥락에서 예수를 바라보는 시각을 가능한 한 입체적으로 분석해보았다. 여기서 알게 된 바는 예수가 종교지도자들과 율법해석이라는 지점에서 부딪혔다는 사실이다. 아니, 보다 분명히 말해 오래전부터 내려왔던 해석 전통, 곧 '장로들의 전승'과 예수가 마찰을 빚었다는 점이었다. 그리고 사회적으로 보면 예수의 선포가 기존의 제도권 유다교와 심각한 대립 상황에 놓여 있었다고 하겠다. 분석을 통해 도달한 결론이다. 하지만 완전히 반대 주장도 있다.

조철수 박사는 그의 명저 『예수평전』(김영사, 2010)에서 방대한 자료증거를 통해 예수의 사상을 유다교 문헌을 통해 얼마든지 설명 가능한 것으로 보았다. 그리고 이 논리를 확장시키면 예수 역시 이전까지 유다교 역사에서 일절 찾아볼 수 없는 인물이 아니라 오히려 가장 유다교적인 존재가 된다. 조 박사는 사도행전에 나오는 베드로의 오순절 설교를 증거로 들어, "베드로가 '진리'라고 불리는 메시아가 바로 하느님이 주와 메시아로 세운 그 예수라고 그들의 기억을 상기시키는 것이다. 에세네의 하바국서 해설자로 지목하는 그 '진리'는 사악한 사제가 바로 하느님이 메시아로 세운 죽음에서 일어선 예수라고 반증하는 설교다"라고 한 바 있다(775쪽). 예수의 배타적 유일무이성에 도전장을 내놓은 셈이다.

여기서 조철수 박사의 역작을 폄훼할 의도는 전혀 없다. 오히려 역사의 예수에 대해 광범위한 생각거리를 준 데 머리 숙여 감사를 드려야 할 지경이다. 다만 나는 조 박사와 다른 입장에 놓여 있다는 점만 밝히고 싶다. 그러니까 예수는 유다교 맥락에서 도저히 설명해낼 수 없는, 완전히 벗어난 분이라는 사실 말이다. 우리는 앞 장에서 다양한 예수의 말씀들을 살펴보았는데 이를 기초로 이야기를 풀어가겠다.

율법해석의 기본 원칙은 결의론이다. 특히, 유다교에서 결의론은 스스로 발전해나가는 경향이 있어 종국에는 자체 생산된 논리를 무비판적으로 받아들이고 만다. 코르반, 정결례, 음식규정 등등이 그렇다. 더욱 심각한 문제는 그것이 마치 하느님의 뜻인 양 백성을 오도하는 데 있었다. 하느님의 계명과 사람의 해석을 대비시킨 상태에서 하느님의 계명을 사람의 해석으로 대체한 종교지도자들이 빚은 위선의 결과였다. 종교지도자인연 하는 식자층 위선자들의 삶은 그처럼 아슬아슬하게 이어지고 있었다.(4.1)

다음으로 이혼불가를 선언한 마르 10,1~9에 주목할 필요가 있다. 여기서 예수는 율법규정(신명 24,1)을 인간의 어리석음 때문에 모세가 가필한 것으로 간주했다. 좀 더 심하게 표현해 모세가 자신의 해석을 하느님의 말씀으로 포장해 율법에 실어놓은 것이다. 이 한마디로 유다교 내에서 차지했던 모세의 위상이 단번에 추락했음은 두말할 나위도 없다.(4.2)

야훼 하느님에게 돌아가려는 예수의 시도는 하느님의 뜻을 어떻게 읽어낼 수 있는가라는 문제로 귀결된다. 예를 들어 지나가는 아름다운 여인에게 눈이 돌아가는 것은 인간의 자연스러운 행동으로 간주할 수 있다. 그러나 예수는 자연스러워 보이는 인간의 말과 행동마저 하느님 앞에서 죄가 된다는 사실을 밝혀놓았다. 인간은 궁극적으로 하느님 앞에 선 존재라는 사실을 천명한 것이다.(4.3)

하느님 앞의 실존으로서 인간, 그 인간은 존중받아 마땅하다. 안식일에 밀 이삭 좀 훑어먹었다고 해서, 또한 사회를 이끌어 나가는 원칙 좀 어겼다고 해서 인간의 고귀함이 도전받아서는 결코 안 된다. 오히려 구약시대로부터 끊임없이 보여주신 하느님의 인간 존중이 지금 드러나야 마땅하다. 사람 나고 안식일 났지 안식일 나고 사람 난 게 결코 아니다.(4.4)

그 모든 사람 하나하나가 하느님에겐 더 없이 귀하다. '잃어버린 은전을 찾는 여인의 비유'에서 알려주는 대로 모든 사람을 하나도 빠짐없이 전부 구원하는 게 하느님의 뜻이기 때문이다. 여기에는 의인과 죄인의 차별은 물론, 남녀 차별이나 인종 차별이나 종교 차별도 없다. 범죄자나 LGBT나 이웃 종교인이라 해서 구원의 범위 밖으로 밀려나는 일 따윈 하느님에게 통하지 않는다. 잃어버렸던 은전을 되찾고 동네잔치를 베푼 여인을 기억하라!(4.5)

예수도 시대의 인물인 까닭에 종말-묵시사상에 영향을 받았고 곧 다가올 하느님의 종말을 선언했다. 하지만 이렇게 선언한 종말은 미래를 예언하는 선견자로서 내다본 게 결코 아니다. 그보다는 하느님 앞에 선 인간으로서 어떻게 살아야 하는지, 그 원칙을 제시한 것으로 볼 수 있다. 이를테면, "하느님의 심판이 곧 다가옵니다. 지금 결단을 내리시오"라는 요청이 종말 선언에 담겨 있는 것이다. 이런 의미에서 예수는 선견자가 아니라 경고자이다.(4.6)

같은 말이라도 사용되는 맥락에 따라 얼마든지 그 뜻이 달라진다. '식사 한번 합시다'가 평범한 인사말인 경우도 있지만 특별한 부탁을 할 경우는 반드시 '식사 한번 해야' 한다. 예수가 한 말씀들 대다수가 유다 문헌에서 발견되고, 이를 기준 삼아 예수를 유다교 전통에서 배출된 인물로 간주할 수 있다(『예수평전』). 그러나 이런 주장은 역사의 예수에 대한 오해다.

율법에서 믿음으로

유다교와 그리스도교가 불편한 관계는 충분한 개연성이 있다. 무엇보다도 유다교 최고회의에서 예수를 사형에 처하기로 결의 했으니 예수를 따르는 무리를 인정할 수 없었다. 그런데 요세푸스의 말마따나 '메시아주의자'들이 사라지지 않고 점점 세력을 넓혀나갔으니 더더욱 불편했을 것이다. 그래서 최고회의에서 그리스도인들의 공동체를 없애기로 했고 그 일에 적합한 능력을 가진

자를 선택했다. 이는 사도 바울로 스스로 밝히고 있는 바라 의심의 여지가 없다. 그리스도인으로 개심한 이에게서 박해의 정확한 정보를 얻을 수 있으니 역사의 아이러니다.

"나는 하느님의 교회를 몹시 박해했습니다. 아니 아주 없애 버리려 했습니다."(갈라 1,13~14), "나는 사도들 중에서도 가장 보잘 것 없는 사람이요, 하느님의 교회까지 박해한 사람이니 실상 사도라 불릴 자격도 없습니다."(1고린 15,9), "나는 율법으로 말하면 바리사이 사람이요, 열성으로 말하면 교회를 박해하던 사람입니다."(필립 3,6 참조) 유다교에서 왜 그리스도교를 박해했는지, 주요 이유 몇 가지를 살펴보자.

⑴ 바울로는 예수를 살아생전에 만나본 적이 없고 그저 그분에 대한 2차적인 정보만 입수했을 뿐이다. 말하자면 인격적인 만남 없이 순전히 정보 분석만으로 예수를 평가했다. 정보를 분석하고 나서 바울로는 보나마나 예수의 가르침을 문제 삼았을 것이다. 무엇보다도 율법에 대한 가르침이 가장 큰 걸림돌이었다. 바울로는 율법 공부에 전념한 사람이었으니만치 율법을 유일한 구원의 도구로 여겼다. 사실 이는 바울로만의 신념이 아니라 유다교의 중심 가르침이기도 했다. 바울로는 스스로를 바리사이파에 속해 있었다고 했는데, 바리사이파의 기본 노선이 철저한 율법 준수였

다. 하느님과 이스라엘은 시나이 산에서 계약을 맺었고 이스라엘은 하느님만 섬기는 대신 하느님은 이스라엘만 돌보시겠다는 약속을 했다(출애 19~24장). 그때 하느님이 모세를 산 위로 불러 직접 써주신 것이 바로 율법이다. 따라서 하느님 스스로 세운 율법의 효력이 사라진다면 하느님의 역사에 모순이 생길 수밖에 없다. 율법 외에 또 다른 구원의 방편(예수)이 있다면, 결과적으로 전지전능한 하느님의 실수를 인정하는 꼴이 된다는 뜻이다.

(2) 바울로가 그리스도교를 박해한 또 한 가지 중요한 이유는 예수의 부활이었다. 바리사이의 신앙에 따르면 최후의 날에 종말 심판을 할 때야 비로소 모든 죽었던 사람들이 부활하여 하느님의 재판정에 서게 된다. 그런데 한 사람이라도 미리 부활을 하면 하느님이 세운 규칙을 깬 셈이다. 자신이 세운 규칙을 스스로 깨는 하느님…, 바울로에게는 있을 수 없는 일이었다. 또한 그렇게 가르치는 일단의 미신장이들(그리스도인들)을 처단해야 마땅했다.

(3) 바울로는 스스로 밝혔듯이 그리스도교를 뿌리째 뽑으려 했다. 그래서 그리스도인뿐 아니라 살아생전의 예수마저 폄하했는데, 바울로가 그리스도교를 박해하던 시절에 즐겨 사용했을 법한 말이 갈라 3,13에 나온다("나무에 달린 자는 누구나 저주받을

자다.": 신명 21,23 인용문) 이는 예수가 십자가에 달려 죽었다는 사실을 구약성서에 빗대어 비난하는 내용으로, 아마 그리스도교의 반대파에서 널리 유행하던 말이었을 것이다.

그리스도교를 박해하는 바울로의 열성은 그를 박해의 선봉장으로 만들었다. 사도행전에서 바울로는 스테파누스를 돌로 때려 죽이는 자리에서 다른 이들의 옷을 맡아주었다고 하며(사도 7,58~8,1) 다마스커스에 그리스도인들이 출몰했다는 소식을 듣고 출동했다. 특히, 유다교 최고회의(산헤드린)의 신임장을 갖고 갔었다니(사도 9,1~2) 그가 제도권 유다교의 신임을 받았다는 사실을 알 수 있다. 말하자면 바울로는 아주 독한 사람이었다. 그리스도교를 박해할 때도 화끈하게 그리고 복음을 전할 때도 화끈하게, 자신의 성격을 그대로 드러낸 셈이다.

놀라운 체험을 통해 복음전도사로 거듭난 바울로…, 그는 로마 시민이었다. 그는 로마 시민으로서 제국 전역을 자유롭게 여행했고, 위기 때는 시민권을 내세워 그 순간을 무사히 넘겼다. 그래서인지는 몰라도 바울로는 제국에 호의적인 태도를 보이기도 한다. 로마 13,1~7에 보면 바울로가 로마 시민들에게 황제의 권위에 복종하고 부과된 세금을 착실하게 내라는 충고를 한다. 바울로가 로마제국에 호의를 가지고 있었다는 증거다. 바울로는 동방과 유럽 여러 곳에 교회를 세웠지만 정작 로마교회는 세우지 않았다. 그래서 「로마서」를 읽어보면 언젠가 반드시 로마를 방문하고야 말겠다는 강한 의지를 보여준다(로마 15,22~23). 이 역시 바울로가 로마제국을 긍정적인 시각에서 바라보았다는 증거가 될 수 있다.

바울로의 호감은 시민권으로 혜택을 누렸다거나 광범위한 지역의 전도를 쉽게 만들어준 도로망과 우편제도 때문만은 아니었다. 오히려 바울로에게 진정으로 매력적이었던 부분은 제국이라는 범위에서 구원의 보편성을 발견했기 때문이다. 로마제국 구석구석을 찾아다니며 전도 했던 바울로는 아마 로마제국에서 희망을 발견했을 것이다.

"세례를 받아서 그리스도 안으로 들어가 여러분은 모두 그리스도를 옷 입듯이 입었습니다. 유다인이나 그리스인이나 종이나 자유인이나 남자나 여자나 아무런 차별이 없습니다"라는 말을 한다(갈라 3,27~28). 다른 문화와 다른 종교를 인정하고, 이탈리아인이 아닌 타민족도 시민이 될 수 있으며, 노예였다가 자유민이 될 수 있는 세상, 즉 로마제국이 갖는 통 큰 포용성이 바울로의 선교정책에 강력한 영향을 끼친 것이다. 로마는 온 세계로 뻗어나가려는 교회의 방향을 잡아주는 나침반이었다.

바울로와 초기에 다양하게 접촉을 했고 후기 들어 은근한 경쟁관계에 놓여 있었던 예루살렘의 지도자들은 그리 통 큰 인물들이 아니었다. 그들은 여전히 율법에 대한 미련을 버리지 못했고 그리스도의 복음을 세계만방에 전해야 한다는 데는 원칙적으로 동의하면서, 정작 자신들이 유다인으로서 이방인에 비해 우월하다는 선민(選民)의식에서 벗어나지 못했다. 예루살렘 모교회와 보조를 맞추다 보면 그리스도교의 세계화는 이루어질 수 없었다.

그리스도교의 발목을 잡고 있던 율법에서의 자유는 바울로 필생의 주장이었고, 이로써 유다인이 누리던 구원의 우선권이 무력화되고 말았다. 그렇다고 해서 하느님의 구원을 놓칠 수 없는 노릇이기에 바울로는 믿음이라는 가치로 율법을 대체했다. '믿음을 통한 구원'은 이렇게 형성되었다.

새로운 시작

바울로는 예수의 어느 제자보다 그분의 심중을 꿰뚫어보는 예리한 눈을 가졌다. 그러나 바울로는 과녁을 달리해 '율법에서 자유'를 구원으로 향하는 길로 파악했다. 복음의 목적을 자유의 확립이 아니라 장차 이루어질 구원으로 본 것이다. 하지만 예수의 선포는 어디까지나 계층을 구분하고 문화에서 소외시키며 상대적 박탈감을 낳게 만들었던 율법의 속박에서 해방되는 데 방점이 있다. 때가 꽉 차서 이미 이곳에 도래한 하느님 나라의 확신을 주는 가르침이자, 현재 누리는 자유에 대한 획기적인 암시다. 자유란 지금 여기서 우리가 누려야 할 목표이지 다음 단계로 나아가기 위한 과정개념이 아니다. 예수는 자유의 수여자이지 결코 자유의 제공자가 아니었다. 바울로는 예수가 제시한 선포의 목적을 실현하는 데 충분치 못했다.

율법에서는 죄를 용서받기 위해 속죄의 제물을 바치라고 한다. 하지만 모든 제사는 예루살렘 성전으로 이동하고, 환전하고, 제물을 구입하는 등 시간과 돈과 노력을 필요로 하는 일이었다. 하루하루 겨우 연명하는 죄인들에겐 언감생심 머나먼 나라 이야기였기에 열패감이 심각했을 것이다. 그런데 예수는 모든 이에게 자유를 선사했고 이를 통해 율법준수라는 까다로운 조건은 물론 종교적·경제적·시간적 부담에서까지 해방시켜주었다. 글자 그대로 예수의 자유는 '거저 주어지는 자유'였다.

수고하고 짐 진 여러분은 다 내게로 오시오. 그러면 내가
여러분을 쉬게 하겠습니다. 여러분은 위에 내 멍에를 메고

나에게서 배우시오. 나는 온유하고 마음으로 겸손하기 때문입니다. 그러면 여러분의 영혼에 쉼을 얻을 것입니다. 사실 내 멍에는 편하고 내 짐은 가볍습니다. (마태 11,28~30)

비교할 바는 아니지만 공짜라고 하면 양잿물도 들이킨다고 하지 않던가! 그런데 자유를 공짜로 얻을 수 있다니! 복음이 갖는 폭발적인 힘을 느낀 수많은 사람들이 예수에게 몰려든 것은 당연한 이치였다.

예수의 시작은 참으로 새롭다.

참고문헌

라이케, B., 『신약성서 시대사』, 한국신학연구소, 1986.

란츠코브스키, G., 『종교사입문』, 박태식 옮김, 분도출판사 1996.

로제, E., 『신약성서 배경사』, 박창건 옮김, 대한기독교출판사, 1984.

박상래, 『성서와 그 주변 이야기』, 바오로딸, 1997.

박태식, 『넘치는 매력의 사나이 예수』, 들녘, 2013.

박태식 역주, 『마르코복음』, 바오로딸, 2012.

쉘클레, K. H., 『신약성서입문』, 김영선 외 옮김, 분도출판사, 1976.

안병무 편, 『사회학적 성서해석』, 한국신학연구소, 1986.

예레미아스, J., 『신약신학』, 정충하 옮김, 새순출판사 1990.

――, 『예수님시대의 예루살렘』, 한국신학연구소 편, 1989.

정양모·이영헌, 『이스라엘 성지』 생활성서사. 1988.

정태현, 『성서입문』, 한님성서연구소, 2000.

조철수, 『예수평전』, 김영사. 2010.

프란츤, A., 『세계교회사』, 최석우 옮김, 분도출판사, 2001.

200주년신약성서번역위원회 엮음, 『200주년 신약성서주해』, 분도출판사,
   2000.

Strecker G., *Teologie des Neuen Testaments*, Berlin 1996.

Strecker G./Schnelle U., *Einführung in die neutestamentliche
   Exegese*, Göttingen 1993.

Stuhlmacher P., *Biblische Theologie des Neuen Testament*,
   Göttingen 1992.

그리스도교와 이슬람

– 그리스도인을 위한

이슬람 이해 안내서

박현도

그리스도교와 이슬람

- 기본구조와 현황

오늘날 세계에는 수많은 종교가 난립하고 있지만, 보편적으로 가장 널리 퍼진 종교는 그리스도교와 이슬람교 둘로 압축할 수 있다. 미국의 퓨리서치센터가 2017년에 발표한 자료에 따르면, 2015년 기준으로 전 세계인의 31.2퍼센트가 그리스도인이고, 무슬림(이슬람교인)은 24.1퍼센트를 차지하고 있다. 이들 두 종교인이 차지하는 비율이 무려 55.3퍼센트에 달한다. 힌두교인이 세 번째로 많은 15.1퍼센트지만, 힌두교는 인도인과 인도 대륙 범주를 넘지 못하는 인종·지역적 한계 때문에 전 세계, 전 인종에 걸쳐 두루 퍼져 있는 그리스도교와 이슬람교에 비해 그 영향력이 현저히 떨어진다. 오늘날 전통적 기반인 아시아를 벗어나 서구세계에서 인기를 끌고 있는 불교 역시 아직은 신도수가 무슬림의 4분의 1을 조금 넘는 6.9퍼센트에 불과하다.

퓨리서치센터는 출생률과 젊은 신도수를 감안하여 미래의 종교인 수도 예측했는데, 2060년 그리스도인의 수가 30억5000명으로 29억8000명인 무슬림보다 조금 더 많을 것으로 추정한다. 그러나 2070년에는 그리스도인 수와 무슬림 수가 거의 같아지고, 2075년에는 무슬림 수가 세계 1위가 되며, 2100년에는 무슬림(34.9퍼센트)이 그리스도인(33.8퍼센트)보다 1.1퍼센트 더 많아질 것으로 내다보고 있다.(Pew Research Center, 2017)

현실이 이러함에도 불구하고 일부 말마따나 "하느님의 축복을 받아 전 인구의 4분의 1이 일요일에 교회와 성당에 모이는 우리나라" 그리스도인들은 이슬람을 잘 알지 못한다. 굳이 그리스도인을 예로 들지 않아도, 사실 한국인들 대다수는 이슬람교를 지역적으로나 역사적으로 낯설고 생소한 종교로 인식해왔다. 아무래도 고려시대 중국 원나라를 통해 직접 접촉한 것을 제외하면, 역사적으로 긴밀한 만남이 거의 없었기 때문일 것이다. 최근 들어 외국인 무슬림 노동자와 관광객이 증가하여 예전보다 무슬림이 훨씬 더 눈에 띈다고는 하지만, 한국인 무슬림 수가 미미하다 보니 이슬람은 심정적으로 먼 종교의 자리에서 벗어나지 못했다.

그런데 2018년 약 500여 명의 예멘인들이 난민 신청을 하러 말레이시아에서 제주도로 들어오면서, 일부 시민들이 난민 반대를 넘어 '이슬람 혐오' 감정을 표출하기 시작하였다. 이슬람이 낯설지만 신경을 안 써도 되는 종교에서 무서운 종교로 부상한 것이다.

2001년 뉴욕 쌍둥이 빌딩 폭파사건, 2004년 이라크에서 김선일 씨가 테러조직에 납치되어 참수당한 사건을 기점으로 대중들 사이에서 이슬람을 부정적으로 보는 시각이 급격히 확산됐다. 그리고 2014년부터 IS가 세계인을 대상으로 극악한 테러를 자행하여 이슬람에 대한 두려움이나 반감이 최고수위에 달한 상태에서 예멘인들이 난민 신청을 하러 대거 입국하자 많은 국민들이 깜짝 놀랐다. 남의 나라 이야기로만 생각하던 무슬림 난민 문제를 직접 보면서 놀라움과 두려움에 휩싸인 것이다.

이처럼 일련의 굵직굵직한 사건을 통해 이슬람에 대한 관심이 증가하면서, 대중들 사이에서는 도대체 이슬람이 무엇인지 알아봐야겠다는 지적 욕구가 늘어났지만, 그리스도인들은 이슬람을 제대로 이해하기보다는 자기 마음대로 보려는 욕심을 쉽게 포기하지 않고 있다. 이와 더불어 무슬림을 이해의 대상이 아니라 '선교의 대상'으로 이해하려는 시각이 그리스도교인들 사이에 증가하고 있는데, 이는 참으로 안타까운 일이다. 어떤 그리스도인은 지도를 보면 하느님의 축복이 어디로 향하고 있는지 안다고 말한다. 곧, 세계 부국은 모두 그리스도교를 받아들인 나라요, 못사는 나라들은 이슬람을 받아들인 나라이니 하느님의 은총이 어디로 기울어졌는지 금방 알 수 있다고 하면서 '그리스도교 축복론'을 펼치는 것이다. 더 나아가 미국의 아프가니스탄, 이라크 침공을 그리스도인을 시켜 무슬림을 징벌하신 하느님의 의지로 여기고 이를 대중 앞에서 크게 외치는 목회자도 신문지상에 보이니 참으로 그 담대한 해석에 가슴이 섬뜩하다.

내 것만이 옳다는 그 신념을 비난할 마음은 없다. 누구에게나 자기의 것은 소중한 것이기 때문이다. 그리스도인들이 자신의 믿음을 소중히 가꾸는 것은 참으로 보기 좋은 일이다. 그러나 잘 알지도 못하면서 이슬람을 조롱, 비난, 비하하거나 더 나아가 징벌해야 한다고 생각하는 것이 과연 그리스도인다운 행위인지는 다시 한 번 더 깊이 생각해보아야 한다. 상식을 가진 사람이라면 누구나 그리스도인 여부를 떠나 자연인으로서도 그렇게 처신하는 것이 옳지 않다고 동감하리라 믿는다.

사실 많은 그리스도인들의 이슬람에 대한 몰이해, 편견, 주관적 판단은 국내 학자들의 철저하지 못한 이슬람 연구 때문이라고도 할 수 있다. 학자들은 틈만 나면 각종 언론이나 출판물을 통해 서구 영향으로 인하여 일반인들이 잘못된 이슬람관을 갖게 되었다고 지적하면서 이를 바로 잡겠다고 공언해왔다. 구호와 결의는 거창했지만 대중들이 이슬람을 균형 잡힌 시각으로 볼 수 있게 인도하는 연구서를 내어놓지 못했다. 서구 학자들이 왜곡된 정보를 전한다고 욕하면서도 오히려 편파적인 서구 이슬람 학자들을 높이 평가하는 논리적 모순을 범하는 것은 물론, 이슬람에 대해 좋은 말만 하는 것이 올바르다는 의식을 은연중에 심어

놓아 오히려 대중들의 정직한 이슬람 이해에 걸림돌이 되고 있다. 학자들이 치밀하지 못하자, 그 틈을 철저한 고증 없이 짜깁기 식으로 이야기만 나열해놓은 대중서가 메웠다.

이제 이 글에서는 이슬람을 우호적으로 설명하는 것이 황금률이 되어버린 국내 학계의 현실을 벗어나 좀 더 균형 잡힌 시각으로 이슬람을 살펴보고자 한다. 한국 그리스도인들은 이슬람을 제대로 이해해야 할 의무가 있다. 길희성 서강대 명예교수는 외적 행위를 중시하여 구체적 율법으로 인간을 규제하며 합리적 자율성을 초라하게 만드는 이슬람의 한계성을 지적하면서 그리스도인들에게 이슬람은 근본적으로 같은 것으로 보이기에 불교와는 달리 새로운 대안으로 떠오르지 않는다고 말한 바 있다. 유일신 신앙, 종말론적 완성을 꿈꾸는 역사 지향성 등 큰 맥락이 같다는 말이다.(길희성, 2004) 초록동색이기에 다름이 주는 맛이 부족하다는 뜻이다. 그럼에도 불구하고 이슬람을 주목하지 않을 수 없는 것은 싫든 좋든 현대 세계에서 그리스도인은 무슬림과 어울려 살아야 한다는 절대적 명제가 있기 때문이다. 선교를 염두에 두지 않고 진정한 마음으로 이슬람을 바라보자. 같은 유일신교인 이슬람을 통해 그리스도인이 배울 것은 무엇인지 살펴보자. 평행

선을 달릴 것만 같은 이 두 종교가 서로 대화하고 만날 수 있는 통로가 있지나 않을까 하는 호기심으로 무슬림의 내면을 들여다 보자. 진지하고 치열하게 그리스도교와 신앙의 선조 아브라함을 공유하는 이슬람을 내면 깊이 이해하고 만남의 길을 모색하는 것, 이것이 바로 우리가 함께 천착해야 할 화두다.

이슬람 현황

610년경 무함마드가 메카에서 알라의 계시를 받아 예언자가 된 이후 이슬람은 지난 1400여 년 동안 인류사에 커다란 족적을 남겼으며, 오늘날 전 세계 곳곳에 두루 퍼져 그 종교·문화적 생명력을 이어가고 있다. '이슬람' 하면 우리는 일반적으로 거의 무의식중에 중동과 아랍을 떠올린다. 그만큼 우리들 머릿속에는 '이슬람=중동=아랍'이라는 등식이 깊게 자리 잡고 있다. 그러나 이는 고정관념이 만들어낸 환상일 뿐이다. 전통적으로 이슬람은 세계 여섯 개 지역에 문화권을 형성했다. 이제 그 지역을 하나하나 살펴보자.(아르빈드 샤르마 외, 2013)

첫 번째 지역은 우리들이 쉽게 인지하는 곳, 아랍어권이다.

동쪽으로는 이라크와 페르시아만 지역에서 서쪽으로는 아프리카 모리타니아까지의 너른 지역이다. 과거로 거슬러 올라 가자면 1492년까지는 이베리아반도 남부 지역, 즉 지금의 스페인을 포함했다. 전 세계 무슬림 인구의 5분의 1인 약 4억2000만 명이 사는 곳이다. 아랍어로 계시된 『꾸르안』* 덕분에 이 지역의 언어인 아랍어는 전 세계 무슬림들이 늘 익히는 종교적 언어의 위상을 차지하고 있다. 정치·경제적으로 말하자면 아랍어권 지역은 오늘날 알라의 선물로 불리는 석유를 기반으로 전 세계에 막강한 힘을 과시하고 있다.

두 번째 지역은 페르시아어권이다. 7세기 아랍 무슬림들이 페르시아 제국을 정복한 이래 페르시아어권은 이슬람 문화권으로 존재해왔다. 정복당한 지역이라고는 하지만 1000년 이래 페르시아어는 정치·문화어로 이슬람 세계를 아울렀다. 오늘날 이란, 아프

---

* 이 책에서는 이슬람 경전을 '꾸르안(Qur'ān)'으로 표기했다. 영어식으로 '코란'이라는 말이 오랫동안 널리 쓰였고, '꾸란'이라는 용어도 학계에서 많이 쓰고 있으며, 국립국어원 표기로는 '쿠란'이다. 장음을 표시하지 않는 우리글의 표기 한계를 고려할 때, 원어인 아랍어의 가장 정확한 표기가 '꾸르안'임을 밝혀둔다. 아랍어로 꾸르안은 '읽다, 낭송하다'라는 뜻을 지닌 동사 '까라아'의 동명사형으로, '읽음, 낭송함'이라는 의미다. 무슬림들은 『꾸르안』이 아랍어로 알라(Allah)라고 부르는 유일신의 말씀을 그대로 담고 있다고 믿는다. 무슬림 전승은 신의 말씀을 천사 가브리엘이 최후의 예언자 무함마드에게 전했다고 한다. 무함마드가 받은 계시를 '아랍어로 된 『꾸르안』', 이전에 내려온 계시를 '외국어로 된 『꾸르안』'이라고 한다.

가니스탄, 타지키스탄, 그리고 우즈베키스탄 일부가 이에 포함된다. 이들 지역은 각기 페르시아어인 파르시, 다리, 타지크어를 사용한다. 약 1억2000만 명이다.

세 번째 지역은 튀르크어권이다. 튀르크어권 사람들은 원래 우랄알타이산맥에서 발흥한 유목민으로 일찍이 이슬람으로 개종했다. 11세기 셀축이 오늘날 터키 영토가 된 아나톨리아반도를 처음 공략한 것을 시발점으로 튀르크어권 사람들은 이슬람의 영토를 확장시킨 일등공신이다. 근대이전까지 유럽인들을 공포로 몰아넣었던 지중해의 강국 오스만튀르크 역시 튀르크어족이다. 문화적으로 페르시아어권과 밀접한 튀르크어권은 터키를 위시하여 아제르바이잔, 우즈베키스탄, 카자흐스탄, 키르기즈스탄, 투르크메니스탄, 체첸, 위구르 등이 속하고, 인구는 약 1억6000만 명이다.

네 번째 지역은 인도대륙이다. 무슬림 최대 인구 지역으로 약 5억 명이 살고 있다. 국가로는 파키스탄, 방글라데시, 인디아, 네팔, 스리랑카가 이 문화권에 속한다. 언어도 다양하여, 신드어, 구즈라트어, 펀잡어, 벵갈어 등이 있는데, 가장 중요한 언어는 역시 파키스탄의 공용어인 우르드어다. 이는 16~17세기에 지역 토착어가 페르시아어, 튀르크어의 영향을 받아 태어난 말이다.

다섯 번째 지역은 '검은 대륙' 사하라 이남 아프리카다. 약

2억5000만 명의 무슬림이 살고 있는데 서사하라, 말리, 소말리아, 에티오피아, 세네갈 등이 이에 속한다. 다양한 언어와 문화가 존재하는 아프리카에서 눈에 띄는 것은 서아프리카 지역에서 아랍어와 페르시아어 영향으로 생긴 무슬림 문화어 스와힐리어다.

여섯 번째 지역은 동남아시아다. 약 2억5000만 명의 무슬림이 살고 있다. 세계 최대 무슬림 국가인 인도네시아를 위시하여, 말레이시아, 브루네이가 주요 무슬림 국가고, 태국, 필리핀, 캄보디아, 베트남에도 무슬림 공동체가 존재한다. 언어로는 말레이어와 자바어를 주로 사용한다. 13세기 이래 수피들이 이 지역에 이슬람을 전파하는 데 크게 공헌했다.

이들 6개 문화권 외에도 상당한 수의 무슬림이 아시아, 유럽, 미주대륙에 존재한다. 정확한 인구는 추정하기 어렵지만, 중국에는 약 2000만 명의 무슬림이 살고 있다. 원나라 시기에 전성기를 맞은 중국 이슬람은 17세기 중반에서야 비로소 주요 저작을 아랍어나 페르시아어와 같은 무슬림 전통 문화어 대신 한문으로 저술했다. 특히 신유학 전통을 이용하여 이슬람을 설명하려는 노력은 대단히 독창적인 것으로 높이 평가받고 있다.*

---

* 당시 왕다이위(王岱輿, 1573?~?)로부터 시작하여 류즈(刘智, 1644~1730), 마주(马注,

유럽에는 약 2500만 명의 무슬림이 산다. 동유럽에는 오랜 무슬림 거주 지역으로 알바니아, 보스니아가 있고, 마케도니아(이전 유고), 불가리아, 그리스 지역에도 역시 무슬림들이 살고 있다. 서유럽은 무슬림 이민자들이 들어와 공동체의 규모가 성장하고 있다. 독일에는 터키 이주민을 중심으로 약 495만 명, 영국에는 인도와 파키스탄에서 온 이주민을 중심으로 약 410만 명, 프랑스 역시 이전 식민 지배 지역인 북아프리카 지역 이민자를 중심으로 약 570만 명에 달하는 무슬림이 살고 있는 것으로 알려지고 있다. 퓨리서치센터는 2016년 기준으로 유럽 총인구 대비 4.9퍼센트가 무슬림이라고 추산한다.(Pew Research Center, 2017) 미주대륙에는 약 1000만 명의 무슬림이 살고 있는 것으로 보이는데, 미국에 약 345만 명, 캐나다에 약 100만 명, 남미대륙에 약 500만 명에 이르는 무슬림이 거주하고 있다.

이렇듯 오늘날 이슬람교를 믿는 사람들은 전 세계 곳곳에 두루 퍼져 살고 있다. 더 나아가 석유 자원을 풍부하게 가지고 있는 무슬림 국가에 세계 경제가 크게 의존하고 있다. 한마디로 이슬람을 제대로 알지 못하면 종교·문화적인 삶을 떠나 정치경제적

1640~1711?)와 같이 이슬람과 유학에 조예가 깊은[儒回兼通] 무슬림 학자들이 나와 유학과 이슬람은 서로 같은 진리에 대해 이야기한다고 주장했는데, 이들을 회유(回儒)라고 한다.

으로도 한발 더 앞서 나가기도 쉽지 않은 현실이다. 그러나 통속적인 이유는 일단 제쳐두고서라도 세상 만물을 창조하고 정의를 보이며 최후의 심판과 부활을 명하는 유일신을 무슬림도 함께 믿는다는 사실 하나만으로 그리스도인들은 이슬람이 어떤 신앙인지 알아야 하지 않을까?

그리스도교와 이슬람의
피상적인 기본 구조: 무엇이 같고 다른가?

막강한 군사력과 인문과학 문명을 모두 움켜쥔 무슬림 세력. 과장해서 말하자면, 이들의 허락 없이는 단 한 척의 배도 안전하게 지중해에 띄울 수 없게 된 유럽인들은 이슬람을 두려워서였다. 더군다나 예수 이후 막강한 유일신 신앙이 또 나온다는 것은 신학적으로도 도저히 이해하기 어려운 일이었다. 그러다 보니 이슬람 태동 이래 그리스도인들은 이슬람을 이단으로 단죄하였다. 아브라함의 몸종이자 첩인 하갈이 낳은 이스마엘(이스마일)의 후손에 불과한 무슬림들은 야만인(bárbaros)이요, 무찔러 없애야 할 적이었다. 초기 그리스도인들이 시리아와 아랍 유목민을 지칭할 때 썼던 사라케노스(Sarakēnos)라는 그리스어에 어원을 둔 사라센(Saracen)이 영어권에서는 무슬림을 통칭하는말로 전용되었고, 우리도 그 영향을 받았다.

일찍이 이슬람 제국의 수도 다마스쿠스에 살았던 그리스도인 요한(John of Damascus, 675~749)은 이슬람을 그리스도교의 이단으로 보고, 무함마드를 거짓 예언자요, 적그리스도로 불렀다. 중세기 최고의 신학자 토마스 아퀴나스(Thomas Aquinas, 1225~1274) 역시 이슬람을 고의로 진실을 왜곡하는 거짓 종교로 보았다. 그에 따르면 무함마드가 주장한 것 중 일부는 사실일지 모르나, 그리스도교의 계시와는 달리 기적이 뒷받침하지 않았고, 성서의 가르침을 교묘히 왜곡하여 이용하며 자신의 주장을 증명하려고 하였기에 거짓이라고 말했다. 이슬람을 받아들인 자는 하급 지성을 지닌 사람들이고, 이슬람은 성적 즐거움을 약속하고 무력을 써서 위협하였기 때문에 퍼져나갔다고 주장했다. 평화의 종교인 그리스도교와 달리 이슬람은 폭력과 칼의 종교고, 성적으로 문란한 가르침이며, 무함마드는 적그리스도로 지적으로나 도덕적으로 약점투성이라고 보았다.

요한이나 아퀴나스는 중세기 동서방 그리스도교 세계의 대표적 인물이다. 실로 교회사에서 빛나는 업적을 남긴 그리스도인들이다. 그러나 그렇다고 해서 오늘날 그리스도인들이 이 두 거물이 이해한 대로 곧이곧대로 이슬람을 받아들일 의무는 없다. 두 사람은 시공간적 한계 때문에 제한된 시각으로 이슬람을 이해했을 뿐이다. 이제 중세의 색안경을 벗어버리고, 있는 그대로 이슬람을 바라보려는 마음가짐으로 그리스도인처럼 하나인 신, 창조주 하느님을 믿는 무슬림이 그리스도인과 과연 어떤 점에서 같고 다른지 두 종교 전통의 기본적 구조를 살펴보도록 하자.

이슬람이라는 말은 '복종함'이라는 뜻이다. 문법적으로 따지면 동명사다. 누구에게 복종하는가? 알라(Allah)다. 알라는 알일라(Al-Ilah)의 줄임말로 그 신(The God), 즉 유일신을 가리키는 말이다. '알라 외에 신은 없다'는 이슬람의 신앙고백은 그리스도인도 유다인도 받아들이는 표현이다. 함께 따라 하지 않을 이유가 하나도 없다. 이슬람에서 가장 큰 죄는 유일신 알라에게 무엇인가를 갖다 붙여 유일신성(唯一神性)을 훼손하는 일이다. 이를 아랍어로 시르크(shirk)라고 한다. 그리하여 아랍어로 불신자를 알라에게 파트너를 갖다 붙이는 자(무슈리크, mushrik)라고 한다. 또한 알라의 자비에 감사하지 않는 자 역시 불신자(카피르, kāfir)다. 반면 신의 계시를 인정하고 믿음을 가진 자(무으민, mu'min), 신께 복종하는 자(무슬림, muslim)가 바로 믿는 사람이다. 이 유일신은 이 세상 만물을 창조하시고 신앙의 선조 아브라함을 비롯하여 예언자들에게 믿는 이의 구원을 약속하고 최후의 심판을 내리며, 천당과 지옥의 내세를 보여주는 분이다. 유다교가 전해준 유일신 관을 어느 하나 어긋남 없이 그리스도교와 이슬람은 공유하는 것이다.

그러나 그리스도인이 받아들일 수 없는 것은 바로 신앙고백의 두 번째 구절인 "무함마드는 알라의 사도다"라는 말이다. 무슬림이 되는 길은 바로 "알라 외에 신은 없고 무함마드는 알라의 사도다"라는 신앙고백을 하는 것인데, 유다-그리스도교 전통과 다른 이슬람 고유의 정체성이 바로 이 두 번째 문장인 알라의 사도 무함마드라는 표현에 있다. 사도는 아랍어로 라술(rasūl)이라고 한다. 이슬람에서 사도라는 말은 예언자보다 더 제한적이다. 모든 사도는 예언자이지만 모든 예언자가 사도인 것은 아니기 때문이다. 알라가 보내 계시를 받는 예언자가 바로 사도다.

이슬람 전통에서는 예수 역시 사도다. 하느님의 말씀을 받아 전하는 존재이기 때문이다. 그러나 사도든 예언자든 이들은 모두 인간이다. 이슬람은 이들 존재에게 그 어떠한 신성도 허락하지 않는다. 따라서 예수의 신성은 이슬람에서 설 땅이 없다. 하느님의 아들이라는 말 또한 통할 수 없다. 삼위일체는 더더욱 가능하지 않다. 신의 유일신성을 훼손하는 불신의 행위이기 때문이다. 예수는 단지 존경받는 예언자, 사도일 뿐이다. 그리스도교는 근본적으로 원죄를 인정하기 때문에 구조적으로 인간을 원죄에서 구해줄 메시아를 필요로 하는데, 예수가 바로 그 대망의 메시아다. 그러나 이슬람은 아담과 그의 아내가 낙원에서 죄를 짓기는 했으나 자비로운 알라가 용서하였기에 후손들에게 원죄를 남기지 않았다고 믿는다. 원죄가 없기에 원죄를 씻어줄 메시아도 필요 없는 것이다. 그리스도교와 달리 말씀이 사람이 되신 분의 존재를 상정하지 않는 것이다. 이리 보나 저리 보나 그리스도교에서 강조하는 대로 예수가 신성한 메시아가 되었다는 것을 용납하지 않는다.

이슬람의 예언자 무함마드 역시 인간이다. 그런데 그는 아담으로부터 시작하여 예수로 이어진 예언자 계보를 완성하는 최후의 예언자다. 집 짓기에 비유하자면, 집을 완성할 때 마지막으로 놓는 벽돌과 같은 존재다. 더 나아가 신약 「요한서」에서 예수가 말한 대로 하느님께서 예수 이후 보내주실 협조자(파라클레토스, paráklētos)이다. 무함마드가 알라로부터 받은 계시를 모아 놓은 『꾸르안』은 요한서에서 예언한 협조자를 다음과 같이 말한다.

"마리아의 아들 예수가 '오 이스라엘의 아들들이여, 진실로

나는 너희들이 있는 곳에 파견된 알라의 사도다. 나보다 먼저 내려진 율법을 확증하고, 또 나보다 나중에 아흐마드란 이름의 사도가 오는 걸 예고하는 자다'라고 말하고 그들에게 명백한 표징을 보였을 때 그들은 말하였다. 이것은 틀림없는 마법이다."

「꾸르안」 61장 6절)

아랍어에서 아흐마드와 무함마드는 어근이 같은 명사다.[*] 이슬람 전통에서는 아흐마드가 무함마드라고 가르친다. 신약 「요한서」에서 예수가 말한 협조자가 『꾸르안』에서는 아흐마드다. 예수가 자신의 뒤를 이어 무함마드가 올 것을 예언했는데, 그대로 이루어진 것이다.

최후의 예언자 무함마드는 인류의 예언자 전통을 마감하는 최후의 계시를 알라로부터 받는다. 무슬림에게 절대적인 알라의 계시가 적힌 책이 바로 『꾸르안』이다. 『꾸르안』은 천상에 있는 계시록을 그대로 직수입한 것이다. 이전에 유다인과 그리스도인에게도 계시가 내려졌으나 시간이 흐름에 따라 이들은 계시를 왜곡하였고 그 결과 『꾸르안』의 내용과 차이가 생긴 것이라고 무슬림들

---

[*] 둘 다 동사 하미다(ḤaMiDa)에서 파생했으며, 어근 'ḤMD'에서 아흐마드(aḤMaD), 무함마드(muḤaMmaD)가 나왔다.

은 믿는다. 신·구약성서를 인정하면서도『꾸르안』이 가장 완성된 계시라고 믿는 이유가 바로 여기에 있다.

그리스도교에서 하느님의 말씀이 사람이 되신 분이 예수라면 이슬람에서는 하느님의 말씀이 책으로 엮어진 것이『꾸르안』이다. 그리스도교에서 예수와 같은 존재가 이슬람에서는『꾸르안』이라는 말이다. 그리스도교에서 예수의 신성성은 동정녀 마리아를 통해 극대화된다. 어떠한 것에도 오염되지 않은, 깨끗하고 순결한 도구 마리아를 통해 하느님이 인간 세상에 내려온 것이다. 동일한 상징법을 이슬람에서도 볼 수 있는데, 이는 '문맹' 무함마드다. 무함마드가 글을 알고 있다는 몇 가지 사례가 있음에도 불구하고 이슬람 전통에서 무함마드는 글을 모르는 사람으로 간주된다. 이는 어디까지나 무함마드에게 내린 알라의 계시가 글을 모르는 무함마드라는 깨끗한 도구를 통해 인간적인 조작이나 왜곡 없이 그대로 전해졌음을 상징한다.『꾸르안』계시에서 무함마드는 그 자신 어떠한 말이나 표현 없이 들리는 그대로 알라의 가르침을 전해주는 전화기와 같은 존재다.

지금까지 이슬람의 신앙고백을 통해 간략하게 피상적으로 그리스도교와 이슬람의 가장 근본적인 공통점과 차이점을 구조적으로 살펴보았다. 아브라함을 신앙의 선조로 하는 이 두 종교는 유다교 유일신 신앙 유산을 고스란히 물려받아 신앙의 선조 아브라함을 비롯한 여러 예언자를 존경하고, 종말과 최후의 심판을 향해 가는 직선적 세계관을 가지고 있으며, 권선징악의 내세관을 한 점 어긋남 없이 공유한다. 무슬림 신앙증언의 첫 번째 문장의 신의 유일성은 이를 잘 보여준다. 그러나 바로 이어지는 신앙증언 두 번째 문장에서 무함마드의 인간됨과 말씀이 사람이 되신 예수의 신성성이 상충하는 것을 보면서 그리스도교와 이슬람교의 가시적이고 근본적인 차이점을 인식할 수 있었다.

그러나 이제는 완전한 신적 예수와 지독히 인간적인 무함마드라는 도식적이고 구태의연한 이분법의 틀을 벗어나 각 전통에서 느끼고 이해한 온전하고도 완전한 인간 예수와 무함마드의 모습은 없을까 모색해보자. 좀 더 풀어 이야기하자면, 딱딱한 교리 언어에 갇혀 종종 생각조차 어려운 "땅을 딛고 선 인간적 예수"와 "초월적 인간 무함마드"는 진정 두 전통에서 존재하지 않는 것인지 살펴보자는 것이다. 땅을 딛고 사는 신앙인들이 본받고 따를 모방의 대상으로서 예수와 인간의 무함마드는, 진정 없는 것일까?

예수와 무함마드

– 이상적 인간

그리스도교와 이슬람교의 대화를 생각해본 사람이라면 누구나 예수의 신성을 가장 큰 걸림돌로 느낀다. 같은 유일신을 믿는 종교로 어려움 없이 대화해야 당연하겠지만 궁극적으로 예수를 신으로 믿는 그리스도교의 견고한 자세를 보고 유일신 외에는 그 어떠한 신적 존재도 인정하지 않는 무슬림들이 당혹함을 감추지 못하여 대화가 불가능하기 때문이다. 그러나 과연 예수의 신성만이 문제일까? 이번 장에서는 그리스도교의 예수 신성론에 대한 새로운 해석이 가능하고, 이슬람에도 지극히 인간적이라는 신앙고백 뒤에 숨겨진 초인간적 무함마드에 대한 찬미가 있다는 것을 논의하고자 한다.

예수

군이 현존 가톨릭 신학계의 거장 한스 큉(Hans Küng)의 말을 빌리지 않더라도 "그리스도 없이는 그리스도교 없다".(한스 큉, 2002) 그리스도교 논리에 따르자면 인류의 원조 아담과 이브가 지은 원죄를 대속해줄 그리스도(히브리어는 메시아) 없이 인간의 구원은 불가능하다. 이 그리스도가 바로 다름 아닌 기원전 4년쯤 팔레스타인에서 태어나 깊게 하느님 체험을 한 후 경천애인(敬天

愛人)의 가르침을 펴다 붙잡혀, 도망친 노예와 정치적 폭도들에게만 집행되었던, 실로 입에 담기조차 끔직한 십자가형을 받고 죽은 역사적 예수다.

그리스도인들은 십자가에 못 박혀 죽은 예수를 그리스도로 따르는 사람들이다. 그들은 그의 부활을 강렬하게 체험하였다. 더 나아가 예수가 이 세상 이전에 먼저 존재하였고, 하느님이라고 믿는다. 역사적으로 보면 이러한 예수 선재 사상은 바울로의 필립비 서간에, 신성 사상은 요한계 문헌에 나오지만 이른바 공관복음서에는 나오지 않는다. 4~5세기 공의회에서 예수를 완전한 신성과 인성을 갖춘 분이라고 신학적 해석을 내린 이후 예수의 신성은 교회의 확고한 전통으로 자리잡았다.

그러나 이는 절대 불변의 해석은 아닐 것이다. 왜냐하면 현대에 들어서 교회의 전통적 그리스도론을 새롭게 이해하는 학자들이 있기 때문이다. 이들은 지극히 그리스 철학적이고 형이상학적 표현으로 이루어진 예수 신성론 그 자체가 논리적 모순을 안고 있고 형이상학적으로 불가능한 것임을 지적하면서, 예수 신성론이 문자 그대로의 사실이라기보다 어디까지나 예수에 대한 기억이 지배하는 공동체의 신앙체험을 교회가 제한적이고 상징적인 언어로 표현한 것으로 본다. 서공석 신부는 325년 니케아 공의회, 431년 에페소 공의회, 451년 칼케돈 공의회에 면면히 이어오는 예수 신성 사상이 "예수 안에서 우리를 위한 하느님의 일을 본다는 것(실체적 동일함), 예수 안에서 하느님의 일을 보는 것은 우연적 질서에서 발생한 일이 아니라 필연적 질서에서 발생한 일이라는 것(하느님의 어머니), 그리고 예수 안에 손상됨이 없는 하느님의 일하심과 또한 하느님 앞에 응답하는 인간의 일을 본다는 사실(온전한 하느님, 온전한 인간)을 긍정한 것"이라고 주장한다.(서공석, 1999)

존 힉(John Hick)은 예수가 하느님의 육화, 하느님의 아들 혹은 성자라는 말은 문자적 사실이 아니라 시적, 상징적, 신화적 언명이라고 생각하면서, 예수가 우리의 삶과 하느님 사이의 접촉점이 되는 방편적 말이라고 본다. "예수의 현존 속에서 하느님의 현존을 체험"한다는 것을 가르키는 말이라는 것이다.(Hick, 1977) 스위들러는 예수가 참된 하느님이요 참된 사람이다(Deum verum et hominem verum)라고 한 칼케돈 공의회의 그리스도론은 "참으로 신적이고 참으로 인간적이다(vere divinus et vere humanus)"라고 바꾸어 이해해야 더 합당함을 지적하고 있다.(Swidler, 1988) 인간 경험을 넘어서는 초월적 언명인 예수 신성론을 문자적 사실로 받아들이기보다는 상징적으로 이해할 것을 현대 그리스도교 지성들은 요구하고 있는 것이다. 곧 신성론에 집착하기보다는 역사적 예수의 삶을 본받고 따르는 자세 견지가 그리스도인에게 중요함을 알려준다.

사실 그리스도교의 역사는 그 무엇보다도 완전한 인간으로서 예수가 보여준 삶을 모방하고 따르는 사람들의 역사다. 예수를 본받아 청빈을 덕으로 삼았던 아시시의 프란치스코, 구태의연한 신학적 논술보다는 그리스도를 본받는 삶에 대해 묵상한 토마스 아켐피스 등, 그리스도교사에서 그리스도인들은 예수를 지극히 이상적이면서도 현실적으로 늘 친근한 인간의 모습으로 받아들였다. 시대를 초월해서 역사적 예수의 인간적인 모습은 그리스도인들에게 마르지 않는 영감의 샘이 되었다. 신이기보다는 너무나 인간적으로 완성된 모습에서 그리스도인들, 아니 비그리스도인들조차 희망과 감동을 느낀 것 또한 사실이다. 우리나라에서도 어두운 일제시대, 군사독재 시절, 예수는 신학적으로 정치하게 묘사된 신이기 전에 해방자라는 인간적인 모습으로 다가왔다.

세계 종교 성현들과 비교하여 본다면 모세처럼 입법자나 민족지도자도, 공자처럼 학자나 도덕자도, 불타처럼 신비가나 수도자도, 무함마드처럼 사령관이나 정치가도 아닌 모습이 독특하게 드러나는 예수. 그러한 그를 불교적 관점에서 길희성 교수는 다음과 같이 이해한다. "아시아의 그리스도인들은 '너희는 나를 누구라 생각하느냐?'라는 예수의 질문에 '당신은 우리 아시아인들의 마음을 그토록 오래 사로잡아온 보살의 모습을 가장 확실하게 보여주시는 분이시며 지금도 고통받는 중생의 아픔을 함께하고 계시는 자비로우신 보살이십니다'라고 고백해도 좋을 것이다. (…) 그리스도교 전통의 입장에서 볼 것 같으면 예수야말로 일찍이 인류 역사에 출현한 가장 위대한 보살로서 보살의 이상이 가장 구체적이고 확실하게 육화된 존재였다. 그리스도교 신앙의 눈에는 그는 바로 보살을 보살이도록 하는 그 힘, 그 실재 자체의 가장 결정적 육화였기 때문이다."(길희성, 2004)

그리스도인들은 역사적 예수의 삶을 통해 진정 중요하게 여기고 살아야 할 것이 무엇인가를 깨닫는 사람들이다. 역사적 예수는 613개에 달하는 유다교의 율법 전부를 "하느님 사랑과 이웃 사랑으로 환원"시켰다.(정양모, 1999) 애주애인(愛主愛人), 경천애인(敬天愛人)에 역행하는 그 어떠한 것도 존재가치를 인정하지 않았기에 성경에 기록된 법, 조상들이 입에서 입으로 전해준 법, 당대의 사람들이 신성불가침의 영역으로 간주한 법마저도 감히 수정하고 폐기했다. 이러한 예수를 의식하면서 그리스도인들은 철저히 경천애인의 길을 걸어간 예수의 발자취를 따라 십자가에 처형된 그처럼 크나큰 불행을 당할 각오까지 하면서 하느님을 섬기고 사람을 아끼는 일에 투신해야 한다. 이러한 삶은 그리스도인들 자신이 부활하여 은밀히 현존하는 그리스도의 충동을 느끼고 죽음을 넘어서는 초월적 돌파구를 확신하기 때문에 가능할 수 있는 것이다.

무함마드[*]

이슬람교 전통에서는 예수의 신성에 대비되는 무함마드의 인간성을 늘 강조해왔다. 그는 알라의 계시를 충실히 전하는 예언자요, 사도다. 성경의 예수처럼 기적을 행하지도 못하는 예언자다. 사람들이 "어째서 그의 주는 그에게 기적의 징표를 주지 않았는가"라고 의심할 때도 『꾸르안』은 무함마드가 단지 경고자일 뿐임을 주지시키고(『꾸르안』 13장 7절), 기적의 징표는 알라에게만 있다고 말하라고 가르친다(『꾸르안』 6장 109절). 무함마드는 인간 능력을 넘어서는 것은 할 수 없는 인간이다. 아랍어로 계시된 『꾸르

---

[*] 무슬림들의 무함마드 공경과 관련된 인용문은 특별한 언급이 없는 한 다음 책을 참고했다. Schimmel, 1985.

안』만이 그가 내세울 수 있는 유일한 기적이었다. 그것도 엄밀히 그가 행한 기적이 아니라 알라가 행한 기적이다. 무함마드가 보통 인간과 다른 것이 있다면, 그것은 그가 예언자로 선택 받아 사람들에게 알라를 믿지 않을 경우 들이닥칠 종말 심판을 알리는 경고자가 되었다는 것뿐이다.『꾸르안』은 그에 대해 이렇게 말한다.

> **말하여주어라. "나는 너희들에게 '알라의 보물을 맡고**
> **있다'라고 말하지 않는다. 나는 보이지 않는 것에 대하여는**
> **아무것도 모른다. 또 나는 너희들에게 '나는 천사다'라고**
> **말하지 않는다. 나는 자기에 계시된 것을 쫓고 따르는 것에**
> **지나지 않는다."** (『꾸르안』 6장 50절)

무함마드는 모세와 닮은 점이 많은 인물이었다. 모세처럼 유일신에 대한 믿음과 올바른 생활을 강조한 윤리적 예언자, 입법자, 판관, 정치지도자, 군사령관이었다. 그는 예언자가 되기 전까지 상인이었고, 기도하면서 평온을 찾고, 향수와 여자와 음식을 좋아했으며(Ibn Saʿd, 1905; An-Nasāʾī, 2007), 결국 생사의 틀을 벗어나지 못한 유한자 인간이었다. 무슬림 전승에서 우리는 지극히 인간적인 무함마드의 모습을 발견할 수 있다. 그는 우선 중키에

넓은 어깨와 가슴, 전체적으로 튼튼한 몸을 가졌다. 크고 튀어나온 이마, 매부리코, 긴 팔. 거친 손과 발. 크고 검은 갈색 빛 눈, 길고 굵으며 다소 곱슬거리는 머리카락, 두터운 수염, 목과 가슴 주위의 엷은 털, 마른 뺨, 큰 입, 흰색 피부의 외모를 지녔다. 군더더기 없이 정확하고 빠른 말투를 가지고 있었고, 화날 때는 눈길을 피하고, 기쁠 때에는 눈을 아래로 향하고, 웃을 때는 주로 미소를 지었다. 자기 통제가 뛰어나 감정 조절을 잘했는데, 슬픔에 잠기기도 하였다. 생각에 잠길 땐 말없이 길게 침묵하였다. 대인관계는 전체적으로 친절하고 부드러웠으나 사람들을 대할 때 적절한 방법을 사용하여 엄한 모습을 보이기도 했으며, 시간을 잘 쪼개어 썼고, 늘 바쁘게 움직였으며 사람들이 따라가기 힘들 정도로 빨리 걷고, 방향을 틀 때는 몸 전체를 돌렸다.

무함마드는 예수처럼 아이들을 좋아했다. 기르던 새가 죽어 침울한 아이를 정성을 다해 위로해주기도 하고, 손녀 우마마를 사랑하여 기도할 때는 옆에 앉혀놓고 기도 끝나면 다시 어깨에 올려 다녔고, 아이들과 함께 어울려 놀아주기도 하였다. 동물을 사랑하여 메카 점령 직전 행군 중 어린 새끼와 함께 있는 암캐를 발견하고는 보초까지 세워 보살펴주기까지 하였다. 아내가 많았던 그는 자신에게 잘해주는 아내에게 목걸이를 주겠다고 했다가 다른 아내들이 동요하는 기색을 보이자 손녀에게 주었다. 다른 아내들을 소홀히 할 정도로 콥트교인(이집트 그리스도인) 마리아에 빠져 항의를 받자, 이에 이혼하겠다고 위협할 정도로 지극히 평범한 인간적 모습을 보이기도 하였다.

실로 무함마드는 위 전승이 보여주듯 참으로 인간적인 면모를 지닌 인물이다. 그가 죽었을 때 아부 바크르(Abū Bakr)가 한 말은 무함마드의 인간됨을 압축적으로 표현한다. "무함마드를 숭배하는 사람이 있다면, 그는 죽었다고 말해주라. 신을 숭배하는 사람들이 있다면, 신은 영원히 죽지 않고 살아 계신다고 말해주라." 그러면서 그는 다음과 같이 계시를 암송하였다. "무함마드는 단지 사도일 뿐이다."(『꾸르안』 3장 138절; Ibn Isḥāq, 1958)

그러나 무슬림 신앙에서 무함마드는 결코 단순히 평범한 인간이 아니다. 이슬람 전통은 그를 단순한 예언자요 인간으로 내버려두지 않는다. 그는 최후의 예언자로 집으로 치자면 집을 완성하는 마지막 벽돌이다. 예언자 전통을 완성하는 봉인(封印)이다. 무슬림들이 무함마드에게 표하는 존경심은 상상을 넘어선다. 예언자 공경이 얼마나 진지한지를 스미스는 이렇게 표현했다. "무슬림들은 알라에 대한 공격을 용인할 것이다. 무신론자와 무신론책이 있으며 이성을 중시하는 사회가 존재한다. 그러나 무함마드를 비방하면 가장 진보적인 무슬림들조차 이글이글 타오를 정도로 맹렬히 분노할 것이다."(Smith, 1969) 단지 인간적인 사도라는 말만 믿고 무함마드를 함부로 대하며 말한다면 용서받기 어려운 무례를 범하는 것이다.

무함마드는 특히 이슬람의 신비주의인 수피(Sufi) 전통에서 영적으로나 형이상학적으로 가장 완성된 존재로 해석하였다. 우선 그가 천지창조 이전에 이미 존재했다는 선재 사상이 눈에 띈다. 창조주가 세상 창조 이전에 가장 먼저 무함마드의 빛(Nūr Muḥammadī)을 만들었고, 여기에서 세상의 모든 것이 나온다. 알라는 "나는 숨겨진 보물. 알려지길 원하여 세상을 창조했다"고 말하고 더 나아가 "너(무함마드)가 아니었다면 나는 세상을 창조하지 않았을 것이다"라고 말한다.(Chittick, 1993)

13세기 수피시인 유누스 에므레(Yunus Emre, 1238~1320)는 이렇게 표현하였다. "나는 나의 빛으로 그를 창조하였다. 어제도 오늘도 그를 사랑한다. 그가 없는 세상에서 무엇을 할까? 나의 무함마드, 광명의 아흐마드여!" 또 다른 수피는 무함마드의 빛을 다음과 같이 말한다. "이는 알라의 빛, 예언자에게 들어갔네. 마치 달빛이 햇빛에서 나오는 것처럼…" 세상은 알라가 만족하길 바라지만, 알라는 무함마드가 만족하길 바라며, 알라는 당신의 영원한 고독이 알려져 사랑받고자 무함마드를 당신의 빛과 아름다움을 비추는 거울로 창조하였고, 무함마드를 통해 사랑에 가득 찬 알라 자신을 발견한다. 그리하여 급기야 무함마드는 다음과 같이 말했다고 전해진다. "나를 본 사람은 신을 본 것이다." 이는 곧 무함마드가 신적 아름다움을 비추는 완벽한 거울이요, 모든 신적 이름과 속성이 그대로 드러나는 장소임을 표현한 것이다.

세상 창조 이전에 선재한 무함마드는 무슬림들에게 내면적으로나 외면적으로 가장 아름다운 존재로 부각된다. 특히 그의 양 어깨 사이에는 최후의 예언자 봉인이 있다고 믿는데, 이는 비둘기 알만 한 크기의 다소 노란색을 띤 검정색 점, 또는 살로 묘사된다. 그의 내면적 아름다움은 수피들의 주된 관심사였다. 가장 완벽한 인간인 그는 우주의 축이요, 세상의 중심이다. 그러한 그의 행동을 본받는 것은 지극히 당연한 것이다. 이슬람법이 바로 무함마드의 언행을 중요한 법전으로 한다는 사실만 보아도 쉽게 이해할 수 있다. 그는 무슬림들에게 친구요, 영혼을 치유하는 의사요, 선생님이요, 영혼을 치료하는 약과 같은 존재다. "나의 빈곤은 나의 자랑이다(faqrī fakhrī)"라는 무함마드의 말은 수피들이 영적인 가난함을 추구하는 데 상징적인 표어가 되었다. 그들은 "나의 눈은 감겨 있지만 가슴은 깨어 있다"(Bukhārī, 1892~1908)는 무함마드의 말을 따라 늘 깨어 영성을 깊게 하고자 애썼다.

영성가 무함마드. 그는 인간의 기본적 본능과 유혹을 지하드(jihād)를 통해 제어하는 사람이다. 나스르의 말을 빌자면 무함마드는 가장 큰 지하드인 영적인 지하드를 하는 사람이다. "불타가 보리수 아래 명상하고 있다면, 무함마드는 정의의 칼을 들고 말을 타고 무한 질주한다고 상상해보라. 그는 진리의 산 앞에서 멈출 것이다."(Nasr, 2000) 그의 어린 아내 아이샤는 무함마드가 "『꾸르안』이 좋아하는 것을 좋아하고, 『꾸르안』이 화낼 때 화를 냈다"고 하면서 무함마드의 성격을 『꾸르안』이라고 하였는데(Muslim, 2007), 무슬림 전승은 그러한 무함마드를 알라가 사랑하는 이로 존숭한다. 알라가 사랑하는 이가 무함마드이니, 그의 종교 이슬람은 사랑의 종교가 되는 것이다.

더 나아가 무함마드는 죄 없는 존재다. 무슬림들은 단 한순간도 무함마드가 죄를 지은 적이 없다고 믿는다. 사실 『꾸르안』에는 무함마드가 예언자가 되기 전 유일신의 길에서 벗어나 있었다고 해석이 가능한 계시도 있고, 초기 무슬림 전승에는 우상 숭배행위에 참가했다는 기록도 있다. 그럼에도 불구하고 무슬림들은 무함마드를 흠 없이 깨끗한 존재로 가슴에 새긴다. 오류가 없는 존재 무함마드. 신학적으로 보면 『꾸르안』과 직결되어 있다. 앞에서 우리는 문맹 무함마드를 그리스도교의 처녀 마리아와 동일한 종교적 비유라는 것을 논의하였다. 무함마드의 무오류성 역시 계시의 도구로서 그가 지닌 위치와 관계 있는 상징으로 이해하면 될 것이다. 신의 계시를 받는 자가 오류가 있다면 순결한 계시가 훼손될 가능성이 크지 않겠는가. 그 누구도 모방할 수 없는, 영원히 창조되지 않은 알라의 말씀『꾸르안』은 글을 모르고 죄가 없는 순수한 존재 무함마드가 세상에 전한다. 순결한 무함마드, 이제 그는 이렇게 말한다. "알라의 도움으로 내가 사탄을 이겼고, 이제 그들은 무슬림이 되었다."(Muslim, 2007) 사탄마저 제어하는 오류 없는 존재 무함마드가 돋보인다.

알라의 계시『꾸르안』 외에는 어떠한 기적도 행하지 못한 무함마드. 그런데『꾸르안』도 엄밀히 이야기하자면 무함마드가 행한 기적이 아니고 알라의 것이라고 이미 말한 바 있다. 그런데 무슬림 전승은 기적을 부인하는 무함마드를 기적을 행하는 인물로 기억한다. 그는 예수처럼 죽은 사람을 살리고, 병든 사람을 고친다. 젖이 안 나오는 양도 그의 손이 닿으면 콸콸 우유를 쏟아낸다. 그는 동물과도 이야기하고, 하늘의 달을 둘로 쪼개기도 붙이기도 하는 초자연적 기적도 행한다. 무슬림 전통에서 실로 이렇게 그는 기적을 행하는 존재로 부각된다.

최후의 예언자라는 말은 단순히 시간적 순서로 만을 의미하지 않고 완성도에서도 가장 훌륭하다는 것을 뜻한다. 따라서 무함마드는 모든 예언자보다 우위에 있다. 다른 예언자들은 "무함마드 빛"의 부분적 요소에 불과하다. 19세기 말 아미르는 이렇게 말한다. "알라의 축복과 평화가 그에게. 모세의 지도자요, 예수의 안내자인…" 또 다른 시는 무함마드를 진주에 비유한다. "예수는 모세, 요나, 요셉의 친구. 아흐마드는 홀로 앉았네. 나는 고귀하다는 뜻이니. 사랑은 내적인 의미의 대양. 모두가 고기처럼 그 안에 있네. 아흐마드는 대양 속의 진주. 보라, 그것이 내가 보여주는 것이다."

이제 한걸음 더 나아가 무함마드는 중재자로 활약한다. 무슬림들을 위해 최후의 심판일에 중재자가 되는 것이다. 알가잘리의 작품으로 알려진 글에서 무함마드는 "나는 적합한 이로다. 신께서 원하시는 한 나는 적합한 자로다"라고 말하면서 중재자로서 자격이 충분함을 선언한다. 이에 신은 다음과 같이 응답하며 무함마드의 중재를 승인한다. "오, 무함마드여, 머리를 들고 말하라. 네 말을 들을 것이다. 중재를 구하라. 그러면 내 허락하리라." 또 다른 무슬림은 중재자 무함마드에 대한 감정을 이렇게 표현한다.

"이승과 저승의 두 세계, 인간과 영령, 아랍과 비아랍의 지도자. 선을 명하고 악을 금하는 우리의 예언자는 누구보다도 (더 충실히) 예, 아니오를 말할 수 있는 자격이 있나니. 알라의 사랑을 받는 그의 중재를 바라노니."

이상 우리는 단순한 인간 사도가 아닌 신적인 존재 무함마드를 무슬림의 입을 통해 들어보았다. 실로 무슬림들은 단순한 인간이 아닌 초월적 인간으로서 신적 경지를 넘나드는 무함마드를 존경하며 따른다. 그래서 무슬림력 3월 12일에 무함마드 탄생 축제를 행한다. 기일로도 알려진 이날의 생일잔치는 정통신학을 고수하는 이들의 비난에도 불구하고 여전히 쉰다. 그리스도교 성탄절의 영향이라고 보지만, 여부는 중요하지 않다. 사우디아라비아 건국 이념인 와하비(Wahhābī) 유일신론을 추종하는 자들이 훼손한 무함마드 성묘 역시 마찬가지다. 그의 묘역에서 흙을 담아 고이 간직하는 무슬림들의 모습은 잘 알려져 있다. 무함마드를 존경하는 마음은 여전히 무슬림 종교생활의 핵심이다. 따라서 무슬림을 이해하려면 진정 "무함마드는 알라의 사도다"라는 신앙고백의 두 번째 문장 뒤에 숨겨진 무슬림들의 무함마드를 향한 극진 공경심을 반드시 잊지 말아야 한다. 선재했고, 내외적으로 가장 완벽한 인간이며, 티끌만 한 오류도 죄도 없는 무결점의 인간이요,

중재자요, 기적을 행하는 무함마드. 단순한 인간이 아니라 우주의
축이요, 세상의 중심인 초월적이고 신적인 무함마드를 말이다.

오! 거짓 예언자 무함마드

- 몰이해의 역사

현존하는 세계 대종교와 관계된 인물 중에서 이슬람교의 무함마드처럼 오해와 곡해, 몰이해의 대상이 된 사람도 드물 것이다. 우리가 흔히 이야기하는 4대 성인(소크라테스, 붓다, 공자, 예수)에 끼지도 못할뿐더러, 그와 연관되어 떠오르는 이미지는 거짓 예언자, 호색한, 전쟁광 등 부정적인 것 일색이다. 이는 중세 이후 그리스도교 세계에서 유행하던 무함마드에 대한 의도적 몰이해가 오늘날까지 위력을 떨치고 있기 때문이다. 19세기 토머스 칼라일(Thomas Carlyle)이 좀 더 진지한 접근을 통해 무함마드라는 사기꾼이 이슬람이라는 세계 대종교 창시자가 되었다고 믿는 당시 사람들의 생각을 바꾸어보려 한 이래(Carlyle, 1841), 균형 잡힌 무함마드 연구가 뒤따랐으나, 여전히 무함마드는 비무슬림, 특히 그리스도인들에게 이해하기 어려운 존재로 남아 있다.

무엇보다도 그리스도인들이 무함마드를 예수와 비교해서 생각하기 때문이다. 독신으로 살았던 예수에 비해 많은 아내를 거느린 무함마드는 호색한이요, 폭력이라고는 예루살렘 성전을 더럽히던 상인들을 혼낸 것밖에 없는 예수에 비해 무함마드는 전쟁터를 누볐으니 전쟁광이요, 예수 재림만 남은 세상에 난데없이 하느님이 보낸 예언자로 자처하니 거짓 예언자요, 적그리스도일 수밖에 없는 것이다. 철저히 그리스도교적인 입장에서 보니 무함마드의 실체가 제대로 드러날 리 없었고, 설령 제대로 연구해서 정확히 이해했더라도 그리스도인의 입장에서 이를 마음 편하게 받아들이기는 불가능했을 것이다. 이제는 올바른 이해를 가로막아 온 신학적인 가치 판단을 보류하고 무함마드의 삶을 되짚어 보아야 한다. 도대체 역사 속의 무함마드는 어떠한 인물인가?

역사적 무함마드

사료

역사적 무함마드 연구를 도와줄 사료는 크게 『꾸르안』과 하디스(ḥadīth) 둘로 나눌 수 있다. 『꾸르안』은 무함마드가 예언자가 된 후 죽을 때까지 약 22년 동안 계속해서 알라가 내린 계시다. 하디스는 무함마드 사후 그의 언행이 사람들 입을 통해 전해졌는데 이를 기록한 것이다. 하디스는 전승자(isnād, 이스나드)와 내용(matn, 마튼) 두 부분으로 이루어진다. 최종적으로 말을 전하는 사람으로부터 거슬러 올라가 무함마드까지 전승자가 기록된 후, 무함마드의 말이나 행동, 묵인 관련 본문이 뒤따른다.

10세기까지 무슬림 학문은 이러한 하디스를 바탕으로 성립하였다. 무함마드 전기 역시 마찬가지다. 하디스 전승에 바탕을 둔 무함마드 전기는 그가 죽은 지 약 130여 년이 경과한 8세기에 이르러 이븐 이스하끄(Ibn Isḥāq, 704~767/768)가 최초로 저술한다. 그러나 아쉽게도 그의 원본은 전해지지 않고, 약 두 세대 지나 이븐 히샴(Ibn Hishām, ?~832)이 자신의 주관적 견해에 근거하여 편집한 것이 현존한다. 그는 이스하끄의 책 내용 중 사도에 대한 언급이 없는 것, 『꾸르안』이 언급하지 않은 것, 이 책과 관계없거나 설명이 없거나, 증거가 없는 것, 전문가가 모르는 시, 말하기에 불명예스러운 것, 몇몇 사람들의 마음을 아프게 할 이야기, al-Bakkā'ī, ?~799/800)가 신빙성 없어 받아들일 수 없다고 한 이야기들을 모두 제외하고 편집하였다. 이 외에도 무함마드가 이끈 전투를 기록한 알와끼디(al-Wāqidī, 747~834)의 『전쟁기(*Kitāb al-Maghāzī*)』, 와끼디의 비서 이븐 사으드(Ibn Saʿd, 784~845)의 『세대전사(世代全史, *Kitāb al-Ṭabaqāt al-Kabīr*)』 역시 무함마드에 대한 기록을 보존하고 있다. 약 한 세대 후 토인비가 극찬한 역사가 앗따바리(Al-Ṭabarī, 838~923)의 세계사 『사도들과 왕들의 역사(*Tarīkh al-Rusul wa'l-Mulūk*)』에 무함마드 관련 기록이 있다. 부카리(Bukhārī, 810~870)와 무슬림(Muslim, 817/821~875)이 편집한 하디스 전승집에도 무함마드에 대한 기록을 찾아볼 수 있다.

그러나 무함마드 연구에서 가장 믿음직한 사료는 하디스가 아니라 『꾸르안』이다. 무함마드 살아 있을 때 내린 계시라는 점에서 동시대성을 보장하기 때문이다. 그러나 『꾸르안』은 그리스도교의 성경과는 달리 구체적인 사실을 직접 명시하지 않는다. 반복, 생략, 암시가 특징이다. 어떠한 일에 대해 이야기한다고 해도 누가, 언제, 어디서, 무엇을, 어떻게, 왜 하였는가라는 6하 원칙하에 계시가 내려오지 않았다. 『꾸르안』을 면밀히 분석하면 계시를 받은 주인공은 서아라비아 지방에 산 무함마드로, 고아였고, 방황했고, 동시대인들이 그가 예언자라는 사실을 거부하여 안타까움을 느꼈고, 야스리브(메디나의 옛 이름)에 정착했다는 것만을 알 수 있을 뿐이다.

"문맥이 없는 글(a text without context)"(Peters, 1994)이라는 말이 가장 적절할 것이다. 『꾸르안』이 굳이 드러내지 않고 암시만 하는 그 문맥은 하디스라는 무슬림 전승이 제공한다. 하디스는 『꾸르안』이 암시한 것을 속 시원하게 밝혀준다. 실로 하디스 없는 『꾸르안』은 "닫힌 책"이다.(Nasr, 2000) 그런데 문제는 하디스의 진위 여부다. 우선 동일 사건에 대한 설명이 서로 다른 것이 많고, 같다고 하더라도 세부적인 부분에서는 이견을 보인다. 무함마드 언행을 가감 없이 그대로 전하는 것이 아니라 후대 무슬림들이,

특히 법학파들이, 자신들이 사는 지역 실정에 맞게 이슬람법을 만들고자 할 때 법적인 권위를 무함마드에 두고자 조작한 것이 많기 때문이다. 법률적인 내용을 담은 하디스만 그런 것이 아니라 역사적인 사실에 대한 하디스 역시 이러한 조작의 위험에 빠져 있다. 예를 들어, 무함마드가 순례시기에 결혼을 했다는 기록이 있다. 그런데 결혼한 시점이 정확히 언제냐는 데에 대해 서로 다른 설명을 한다. 하나는 순례기간에 했다는 것이요, 또 다른 하나는 순례 후에 했다는 것이다. 법학자들이 논쟁한 결과다. 즉, 순례기간에 결혼을 허용하는 것이 옳은지 아닌지 판단을 할 때 무함마드의 권위를 빌리기 위하여 같은 사실에 대해 두 가지 다른 하디스가 나오는 것이다. 둘 중 하나가 진실이겠지만, 문제는 이를 분별할 기준이 없다는 데에 있다. 즉, 하디스에 의존하여 역사를 재구성하는 것이 쉽지 않다. 또 다른 문제는 『꾸르안』에 잘 드러나지 않는 문맥을 제공하는 하디스가 상당 부분 『꾸르안』을 나름대로 재해석한 것에 불과하다는 것이다. 하디스가 『꾸르안』과 관계없이 독립적으로 전승된 것이 아니라 『꾸르안』에 맞게 잘 어울리는 이야기를 재창조한 것이라는 말이다.

사실이 이러하다 보니 역사적 무함마드 연구자들은 사료가 많음에도 불구하고 이를 적절하게 다룰 수 없는 어려움에 봉착해 있다. 20세기 초 에르네스트 르낭(Ernest Renan)이 말한 것처럼 "이슬람은 완전히 역사 속에서 태어났다"라는 자부심이 무색할 지경이다. 그럼에도 불구하고, 현재 학자들은 『꾸르안』과 전승을 무시하기보다는 그 안에서 논리적 연결점을 찾고 믿음직한 사실을 찾아내는 작업을 통해 무함마드와 초기 이슬람을 재현하려고 한다. 소수 수정학파 학자들은 역사학의 객관성과 논리적 완결성을 지키기 위해서 객관적 작업이 불가능한 사료를 주관적인 판단으로 재구성하는 비과학적 태도를 버려야 한다고 주장한다. 이들은 학계의 주류인 전통학파를 비과학적이라고 비난한다. 첨예하게 대립하고 있는 두 학파 사이에서 타협점을 찾기란 쉽지 않다. 이 글에서는 논의의 편의를 위해 전통학파 학자들의 견해를 간단히 종합해서 역사적 무함마드를 재구성해보겠다.

출생

무함마드가 몇 살에 죽었는가는 무슬림 전승에도 이견이 있지만 통상적으로 그가 대체로 63세에 죽었다고들 한다. 그가 죽은 해가 632년이니 계산해보면 대략 570년경에 출생했을 것이다. 출생지는 메카. 무슬림 전승은 그가 태어난 해가 코끼리 해라고 한다. 사정은 이러하다. 6세기 초 예멘 왕이 유다교로 개종하여 그리스도인들을 박해하자 홍해 건너 아비시니아(Abyssinia, 지금의 에티오피아) 단성론 그리스도교 왕국에서 장군 아브라하(Abraha)를 보내 예멘을 정복한다. 무슬림 전승은 그가 코끼리 부대를 이끌고 메카를 침공하자 새들이 하늘에서 돌로 공격하여 전멸시켰다고 한다. 기적적인 승리를 한 이때를 가리켜 코끼리 해라고 한다. 그런데, 고고학적 증거는 아브라하의 메카 공격이 570년 이전에 있었을 가능성이 더 크다는 것을 보여준다. 상서로운 해에 무함마드 출생을 연결시키려는 무슬림들의 노력이 돋보일 뿐 무함마드가 코끼리 해에 태어났을 가능성은 희박하다.

어린 시절

무함마드는 꾸라이시(Quraysh)족 하심(Hāshim)가문에서 유복자로 태어났다. 아버지 압드 알라(ʿAbd Allah)는 그가 모태 중에 있을 때 사망했고, 어머니 아미나(Amīna)는 그가 6살일 때 세상을 떠났다. 이후 무함마드는 할아버지 압둘 무딸립(ʿAbd Muṭṭalib) 손에 크다가 8살 때 할아버지마저 사망하자 작은 아버지 아부 딸립(Abū Ṭālib) 집에서 자랐다. 『꾸르안』은 무함마드가 고아였고, 가난했다는 것을 알려준다. 전승과 달리 그가 속한 하심 가문은 메카에서 유력한 집안은 아니었던 것 같다. 적어도 당시 마크줌

(Makhzūm)이나 우마야(Umayya) 집안보다 힘센 가문은 아니었다.

직업

그는 상인이었을 것이다. 무엇보다도 『꾸르안』에는 그가 상업과 관계된 인물이었음을 암시하는 상업용어가 다수 등장한다. 계산하는 날(최후의 심판일), 하느님께 빚을 진다, 각자의 몫을 가진다 등의 표현이 돋보인다. 전승 역시 무함마드를 상인이었다고 전한다.

결혼

부유한 과부 상인 카디자(Khadīja)에 고용되어 일하였다. 성실한 무함마드에 매료되어 카디자가 청혼하였다. 25세 때 고용주인 카디자와 결혼하였는데 이때 카디자의 나이는 40살이었다고 한다. 그런데 40은 중근동 문화에서 완성을 상징하는 숫자다. 굳이 문자 그대로 믿을 필요는 없다. 두 사람 사이에 4명의 딸과 몇 명의 아들이 있었다는 기록으로 보아, 카디자가 40세라고 믿기는 힘들다. 무함마드는 619년 카디자가 죽을 때까지 다른 아내를 두지 않았다. 그녀가 죽은 후 여러 여자와 결혼했는데, 아이샤('Ā'isha)만 제외하고는 모두 과부였다. 당시 사회에서 과부는 경제적 무능자를 의미하였다. 무함마드는 과부와 결혼하여 경제적 생존을 보장한 것이다. 아이샤의 경우 아주 어린 나이에 결혼을 하는데, 여기에는 정치적 의도가 있다. 그녀의 아버지 아부 바크르는 무함마드를 성실히 돕던 사람이었고, 무함마드 사후 이슬람 공동체의 첫 번째 지도자였다.

종교생활

예언자가 되기 전 무함마드의 종교생활은 역시 당시 메카의 관습을 따랐을 것이다. 후대 이슬람 신학은 그가 평생 단 한 번도 다신교 신앙을 가져본 적이 없었고, 죄에서 완전히 자유로운 무오류의 인간이었다고 한다. 그러나 이는 어디까지나 신학적인 견해지, 역사적 진실은 아니다. 무엇보다도 『꾸르안』은 알라가 길 잃은 무함마드를 인도해주었다고 한다.

길을 잃었다는 것은 『꾸르안』에서 유일신 숭배를 하는 길에서 벗어났다는 것을 뜻한다. 곧 무함마드가 예언자 소명을 받기 이전에는 다신 숭배 사회인 메카에서 이웃들과 마찬가지로 다신교 관습을 지키며 살았음을 뜻한다. 이븐 알칼비(Ibn al-Kalbī)에 따르면 무함마드는 알웃자(al-'Uzzā)라는 여신에게 양을 바쳤다.(Kister, 1970) 무슬림 전승이 예언자에 대한 부정적인 기록을 전했다는 것 자체가 전승의 신빙성을 높여준다. 또한 그가 첫 계시를 받을 당시에 히라(Ḥirā')산에서 "타한누스(taḥannuth)"라는 것을 했다고 하는데, 이는 당시 메카인들의 관습이었다고 하는 전승 기록이 있다. 무함마드가 일찍 죽은 아들을 압둘 마나프(ʿAbd al-Manāf, 마나프의 종)라는 다신교식으로 이름을 지은 것 역시 당시 메카 관습을 따랐음을 보여준다. 이처럼 여러 정황을 종합해보면 무함마드는 이슬람 종교체험 이전에 메카 관습을 따랐다고 보는 것이 합리적인 추론일 것이다.

종교체험

전승에 따르면 40세 되던 해인 610년경에 무함마드는 오늘날 사우디아라비아 메카에 있는 히라산 또는 그곳에 있는 동굴에 가서 "타한누스"를 했다고 한다. 이것이 무엇인지, 그 성격에 관해서 무어라 정확히 말할 수 없다. 연례적으로 하던 메카인들의 종교 관습인지, 아니면 무함마드가 개인적으로 행한 것인지, 혼자 갔는지, 아니면 가족들과 함께하였는지, 그 어느 것 하나 확실히 이야기할 수 없다. 무슬림 전승이 서로 지나치게 상반되기 때문이다. 이때 천사 가브리엘로부터 알라의 계시를 받고 예언자 반열에 오른다.

강렬한 종교체험을 한 후 두려움에 떨자 아내 카디자는 평소

성서에 일가견이 있는 사촌 와라까에게 물으러 갔다고 전승은 전한다. 와라까는 무함마드에게 '나무스(Nāmūs)'가 내려왔다고 말하였다. 나무스는 법(法), 즉 '토라(모세 5경)'를 뜻하는 그리스어 '노모스(Nómos)'를 아랍어로 옮겨 쓴 말이다. 무함마드가 나무스를 받았다는 말은 곧 모세가 토라를 받았듯 무함마드에게도 신의 말씀이 내려왔다는 말이다.

무슬림 전승은 대체로 『꾸르안』 96장을 최초의 계시라고 말하지만, 반드시 정확한 설명이라고 보기는 어렵다. 무슬림들이 96장을 첫 계시로 보는 이유는 비교적 간단하게 추론할 수 있다. 96장은 "읽어라"라는 명령어로 시작되는데, 이 명령어가 아랍어로 "이끄라(iqra')"다. 이끄라와 『꾸르안』은 동사 "까라아(qaraa)"에서 파생되었다. 따라서 96장을 최초의 계시라고 본 것이다. 이 외에도 "일어나 경고하라"로 시작되는 74장도 최초의 계시 후보로 손꼽힌다. 무함마드는 첫 계시 후 약 3년 뒤에 본격적으로 가르침을 펴기 위해 사람들에게 다가섰다고 하는데, 예수처럼 공적인 삶을 본격적으로 시작하는 때의 계시를 74장으로 보기도 한다.

초기 계시는 최후의 심판, 유일신의 자애와 권능, 알라에 대한 감사와 숭배, 사람들에게 자비를 베풀 것을 가르치는 내용이다. 학자들은 최후의 심판과 알라에 대한 감사를 최초 가르침으로 보는데 둘 중 어떠한 것이 먼저 강조되었을까는 여전히 논란거리다.

반응

메카인들은 무함마드를 알라의 사도요 예언자로 받아들이지 않았다. 왜 그랬을까? 그 이유를 밝히는 것은 어렵지만 복합적으로 추론해보자. 일단 다신교신앙을 행하던 메카인들에게 무함마드가 강조한 유일신 "알라"는 결코 낯선 신이 아니었다. 알라는 메카인들도 인정하는 최고신이다. 그들은 알라가 천지를 창조하였다고 알고 있다(『꾸르안』 31장 25절, 39장 38절). 따라서 알라에 대한 가르침을 편 무함마드에 대해 큰 반응을 보인 것 같지는 않다. 오히려 그의 유일신 신앙 가르침보다는 별로 중요하지 않은 인물인 무함마드에게 계시가 내려온다는 것에 대해 반감을 가졌던 것 같다. 『꾸르안』은 그들의 반응을 이렇게 전한다.

"두 도시(메카와 따이프)의 뛰어난 사람에게는 『꾸르안』이

왜 계시되지 않는가?" (『꾸르안』 43장 31절)

당시 메카 사회는 왕정이 아니었다. 느슨한 부족 연합체 사회였고, 유력한 가문의 영향력이 인정되었다. 아무래도 그다지 강한 가문이 아닌 하심가에서 나온 무함마드가 계시를 통해 종교적 카리스마를 보인다는 것은 유력 가문 사람들에게는 불안한 요소로 작용했던 것 같다. 더욱이 계시의 내용에는 부자들에 대한 공격이 담겨 있었다. 소위 잘 나가는 사람들은 상대적으로 부유했고 힘깨나 있었다. 이런 그들이 부와 권위에 대해 일침을 놓는 『꾸르안』과 무함마드를 좋아했을 리는 없었을 것이다.

또한 이들은 부활 따위는 믿지 않는 현실적 종교관을 가지고 있었기 때문에 무함마드가 부활을 이야기하면서 메카 전통을 파괴한다고 보았을 것이다. 특히 다신을 모신 성소를 중심으로 상업이 행해졌는데, 무함마드가 다신교에 대한 공격을 개시하면서부터는 오랜 전통이 붕괴될 위험을 목도하였기에 이들의 불안감은 더 깊어졌을 것이다. 전승에 따르면 무함마드는 알라를 믿지 않고 죽은 조상들이 천국에 가지 못했다는, 실로 청천벽력 같은 선언을 하여 전통과 조상의 길을 중시하는 당시 사회에 커다란 충격을 주었다. 이로 미루어 무함마드의 가르침은 당시 사회 지도층으로부터 반감을 샀음을 짐작할 수 있다.

메카인들이 가치가 큰 예멘의 값비싼 향료를 동로마에 전해주어 중간무역 차액을 크게 남겨 부자가 되었고, 메카는 활발한 경제 중심지가 되었다는 의견이 있다. 이에 따르면 물질이 넘칠수록 소외받는 계층이 발생하였고, 인간미 사라진 메카 사회에 저항하며 무함마드가 일종의 사회변혁을 주도했기에 반감을 샀다고 한다. 그러나 이는 지나친 해석일 것이다. 우선 메카는 상업의 중심지라고 할 수 없다. 부가가치가 큰 예멘의 값비싼 향료를 동로마에 전해주어 중간무역 차액을 크게 남겨 메카가 부강했다는 전래의 주장은 역사적 근거가 희박하다. 값비싼 향료는 약탈의 위험이 상존하는 멀고 힘든 아라비아 내륙이 아니라 홍해를 통해 배로 운반하였다. 메카인들은 짐승 가죽 등을 모아 시리아 지역에 팔았고 필요한 곡식이나 물건을 사 오는 소박한 무역활동을 했다는 점을 상기해야 한다.

무함마드의 가르침은 혈연 중심에 조상들의 전통을 중시하던 당시 사회상에 비추어 새로운 것이었고, 젊은 사람들에게 꽤나 매력적으로 보였던 것 같다. 초창기 추종자들이 유력한 가문 출신을 비롯해서 대다수가 젊은이들과 보호가 필요한 사람들이었다. 보호가 약한 사람들이란 외국인 출신 및 메카 밖에서 온 아랍인들을 말한다. 이들은 공격을 받아도 자신을 보호해줄 세력이 미약한 사람들이었다. 당시 메카가 속한 아랍 사회는 혈연 중심의 부족들이 다른 부족과 연대해서 보호막을 형성하였다. A라는 부족에 속한 사람이 B라는 부족에 속한 사람을 죽였다고 가정해보

자. B부족은 반드시 살인자를 죽일 필요는 없다. 그 살인자가 속한 A부족 구성원 누구라도 죽이면 된다. 이런 식으로 소모적인 분쟁이 계속되면 결국 두 부족 모두 씨가 마르게 될 것이기에 메카인들은 이를 방지하고자 노력하였고, 부족의 안전을 위해 타 부족과 연맹을 맺어 좀 더 강한 보호막을 형성하였다. 이러한 보호를 받기 힘든 사람들은 혈연 중심의 전통 사회의 틀을 깨고 새로이 나오는 신앙 중심의 무함마드 운동에서 희망을 보았을 것이다. 일부에서 이야기하듯, 무함마드의 이슬람 운동을 사회 밑바닥층의 변혁 운동내지 사회주의 혁명 운동으로 보는 것은 지나친 해석이다.

무함마드는 한때 자신을 반대하는 다신교 메카인들의 전통을 수용해, 메카인들이 공경하는 세 여신을 인정하여 다신교 메카인들로부터 뜨거운 호응을 받았다. 그러나 이 계시가 사탄의 속임수였고, 이를 계시로 잘못 안 무함마드는 천사 가브리엘의 질책을 받았다. 결국 메카인들에게 유화적이었던 "사탄의 계시"는 취소되었고, 메카인들과 무함마드는 다시 갈등관계로 돌아섰다. "사탄의 계시"는 살만 루시디(Salman Rushdie)가 악마의 시에 인용까지 한 이야기로 무슬림 전승에 엄연히 있는 이야기다.(Ṭabarī, 1879~1901)

이후 무함마드는 메카인들의 다신 신앙과는 완전히 차별된 길을 강조한다. 전통가치를 무시하는 무함마드를 메카인들은 시인, 정령(귀신)에 들린 자, 점쟁이, 거짓말하는 마법사로 몰아 붙였다. 당시 아랍사회에 비추어보면 위에 열거한 그에 대한 호칭은 모두 같은 부류를 말한다. 즉, 보통 사람과 같은 말을 하지 않고 무언가 신들린 말을 하는 사람이라는 뜻이다. 메카인들은 더 나아가 그의 계시를 보잘것없는 자에 내리는 옛날이야기로 비하하고, 무함마드가 아침저녁으로 누군가의 가르침을 받고 이를 기록해서 이야기한다고 비난하였다.(『꾸르안』 16장 103절)

무함마드는 이를 부인하면서, 『꾸르안』의 계시는 순수 아랍어로 된 것이기에 누군가의 가르침을 받을 수도 없을뿐더러, 의심이 나면 자신보다 먼저 성전을 읽고 있는 사람들, 즉, 유다-그리스도인들에게 물어보라는 계시를 알려주면서 반대자들의 비난에 맞선다. 결국 무함마드와 메카인들과의 관계는 "너희들에게는 너희들의 믿음, 나에게는 나의 믿음"이라는 『꾸르안』 109장의 계시로 정리되었다고 말할 수 있다.

메디나 이주와 죽음

메카인들의 비우호적인 반응은 결국 대립으로 이어지고, 무함마드를 따르던 일부는 박해를 피해 615년경 아비시니아로 도피하기까지 하였다. 619년 충실한 조력자 아내 카디자와 작은 아버지 아부 딸립의 죽음으로 어려움이 커졌다. 결국 그는 북쪽으로 약 400킬로미터 떨어진 메디나로부터 부족 간 분쟁을 조정하는 중재자(ḥakam)가 되어 달라는 부탁을 받고 622년 메디나로 이주한다. 그는 이곳에서 메카인들과 3번의 전투를 통해 자신의 세력을 확실히 다지며 성공적인 종교 공동체를 건설하였고, 결국 630년 고향 메카에 무혈 입성하였다. 고향을 떠난 지 8년 만에 반대자를 아우르고 성공한 종교 지도자가 된 것이다. 632년 세상을 떠난 그는 죽는 날까지 자신이 알라의 계시를 받는 사도이자 예언자임을 확신하였다. 실로 그의 업적은 위대하였다. 무엇보다도 혈연 중심 부족 사회를 신앙 중심 사회로 전환하였고, 유력한 가문 출신 여부를 떠나 알라 앞에서 모두가 평등하다는 획기적인 의식을 심어주었다. 철저한 유일신 신앙에 바탕을 둔 도덕적 윤리관과 보편적 평등의 인간관은 아라비아 사회를 뒤흔들었을 뿐만 아니라, 아라비아를 넘어 전 세계로 뻗어나갔다. 무함마드 사후 벌어진 이슬람의 확장과 놀라운 성공은 이를 여실히 보여주었다.

무함마드는 시공을 초월하여 전 인류에게 보편적으로 적용될 수 있는 가르침을 전한, 진정 위대한, 그리고 성공한 종교인이었던 것이다.

그리스도인들의 반응

그리스도교 전통에서 무함마드에 대한 평가는 두말할 것도 없이 부정적이다. 서두에서 이미 밝혔듯, 이는 그리스도인들이 무함마드를 예수와 비교해 생각하기 때문이다. 이 두 사람은 전하는 메시지는 같으나 살아온 환경이 너무 달랐다. 예수는 로마 식민지 통치하 팔레스타인에 산 유다인이었고, 무함마드는 그보다 약 600여 년 후에 아라비아 반도에서 숨 쉰 아랍인이었다. 이질적 시공간이 주는 차이의 무게는 대단하다. 그러나 그보다 더 긴요하고도 무거운 차이점은 그리스도인들이 이 둘을 신학적으로 해석하는 데에 있다. 메시아 하느님 예수로 끝난 유일신 전통에 난데없이 무함마드가 최후의 예언자로 등장하여 위력을 떨치는 현실을 그리스도인들은 도저히 이해할 수 없었다. 이를 반영하듯, 그리스도인들은 무함마드를 거짓 예언자요, 적그리스도로 불렀고, 이러한 인식하에 다양한 편견과 오해, 의도적 몰이해가 7세기부터 현대까지 이어져왔다. 이러한 비난을 크게 몇 개로 나누어 살펴보자.

간질발작 환자 무함마드

우선 무함마드의 종교체험을 병적인 현상으로 보는 시각이 존재한다. 이미 8세기에 동방 그리스도교 수도사 테오파네스(Theophanes, 758~817)가 무함마드를 간질병 환자로 보았고, 현대에 들어서는 이슬람학자들 사이에서도 그러한 의견이 대두하였다. 독일 학자 구스타프 바일(Gustav Weil)은 무함마드가 계시를 받을 때 보이는 증상이 간질발작(epilepsy)이라고 하였다. 알로이스 스프렝거(Aloys Sprenger)는 이에 더하여 히스테리(hysteria) 증상까지 있다고 주장하였다. 이들 주장의 근거는 무슬림 전승이다. 이에 따르면 무함마드는 계시가 내려오면 추운 날에도 얼굴에서 구슬땀을 흘렸고, 마치 취한 사람처럼 땅에 쓰러져 낙타 새끼처럼 신음소리를 내기도 하였으며, 계시를 받을 때 강한 압박감을 느껴 얼굴 표정이 어두워졌다고 한다. 무함마드의 종교 체험을 이러한 전승에 근거해서 병리적 현상으로 몰아붙이는 것은 지나친 해석이다.

우선 전승에는 계시와 관계없이 이러한 증상을 무함마드가 보였다는 기록이 없다. 또한 간질 발작은 정신적인 문제가 수

반되는데, 무함마드에게 그런 현상은 찾아 볼 수 없다. 무함마드는 계시를 주로 청각적으로 받았다. 시각적인 체험을 한 증거가 『꾸르안』에 있긴 하지만 청각적인 현상이 더 두드러진다. 그의 종교체험은 종교 심리학적으로 진실하다는 것이 토르 안드래(Tor Andrae) 이래 학계의 입장이다.

세속적 무함마드

그리스도인들은 이슬람에 대해 도덕적 우월감을 지녔다. 특히 무함마드는 그리스도인들의 도덕 기준에 미치지 못하는 세속적 인간으로 비쳤다. 무엇보다도 일부일처를 결혼관으로 삼는 그리스도교에서 10명 이상의 아내를 가진 무함마드와 이슬람의 다처제가 추하게 보였음은 두말할 나위도 없다. 토마스 아퀴나스는 중세에 이슬람이 급속히 전파된 이유 중 하나가 성적 즐거움에 대한 약속 때문이라고 보았을 정도로 그리스도교 세계는 이슬람이 타락한 성 관념을 가지고 있다고 보았다. 13세기 알렉상드르 뒤퐁(Alexandre du Pont)의 『무함마드 이야기(Roman de Mahomet)』에는 무함마드가 탐욕과 야망에 가득 차 부유한 과부 카디자와 결혼한다. 근대 영국의 이슬람 학자 윌리엄 뮈어(William Muir)는 무함마드가 메카에서는 성실하고 고귀한 정신을 가진 사도였으나, 메디나로 이주한 뒤에는 사탄의 간계에 빠져 세속적 성공만을 향해 매진하였다고 평가한다.

거짓 예언자

사도이자 예언자 무함마드는 그리스도교 세계에 발 부칠 틈이 없다. 그는 거짓 예언자요, 적그리스도다. 13세기 토마스 아퀴나스는 무함마드의 일부 말은 사실이나, 이를 신·구약성서를 왜곡하여 뒤섞었고, 기적이 그의 말을 뒷받침하지 않기에 가르침이 거짓이라고 하였다. 근대 그리스도교 세계 이슬람 연구자들은 무함마드가 의도적으로 사람들을 혼란시켰고, 비상한 힘을 가진 사람들이 어떻게 거짓으로 빠지는가를 아주 잘 보여주는 전형적인 예라고 보았는가 하면, 비록 간질병 환자라고 말할 수는 없지만, 자신이 신의 계시를 받는다는 착각에 빠져들게 하는 압도적인 정신현상에 빠져든 사람이라고 생각하였다. 중세 그리스도인들은 무함마드가 자신이 받는 계시를 믿도록 거짓 술수를 행하였다고 생각하였다. 무함마드는 성령이 계시를 준 것처럼 보이고자 그의 귀에서 옥수수 알을 끄집어내도록 비둘기를 훈련시켰고, 또 뿔에 『꾸르안』을 매단 훈련된 송아지로 추종자들을 속이는 거짓 기적을 행하였다고 믿었으며, 무함마드의 관을 신비로운 기적의 힘이 있는 것처럼 보이기 위해 자석의 힘을 빌려 허공에 띄워 놓았다고 생각하였다.

그리스도교를 배교한 무함마드

중세 그리스도인들은 무함마드가 원래는 그리스도교인이었다가 나중에 배교한 인물로 보았다. 무함마드는 원래 추기경이었는데 아랍인들을 개종시키면 교황직을 주겠다는 약속을 받고 열심히 일을 했지만, 약속을 지키지 않자 종교를 창시했다는 그럴싸한 이야기도 나돌았다. 또 그가 가짜 수도원장이었다는 의견도 있다. 단테의 「신곡」에서 무함마드는 지옥의 불에서 고통을 받는데, 죄명은 정통 그리스도교를 분열시킨 가르침을 만든 것이다. 이슬람에 대한 이해가 부족하기에 나온 환상적인 이야기들이다.

신학적 색안경을 벗으면

사람이든 문화든 서로 활발한 접촉이 없으면 불필요한 오해와 환상이 쌓이기 마련이다. 믿음의 세계는 더욱 그러하다. 아니, 서로 접촉이 있더라도 자신을 보호하는 신학적 색안경을 벗어버리지 못하면 타인의 믿음은 결코 제대로 보이지 않는다. 그리스도교가 이슬람을 적대시하던 중세 때 이슬람에 대한 편견과 의도적 왜곡이 횡행한 것은 이슬람을 제대로 접하지 못했기 때문이다. 그러다 보니 무함마드가 술 취한 채 집에 돌아오다 오물통에 빠져 돼지에게 잡혀 먹혔기에 무슬림들이 돼지고기를 먹지 않는다고 믿었고, 죽은 후 3일 만에 되살아난다는 무함마드의 예언을 믿고 기다리던 추종자들이 시체 썩는 역겨운 냄새에 질려 떠났고, 시체는 결국 개가 먹었다고 생각하였다. 무지에서 나온 이야기는 인구에 회자되어 시간이 흐를수록 더욱 그럴싸하게 포장되는 단계를 거쳐 마치 진실인 양 떠돌았다.

좁은 세계관에 둘러싸인 중세는 그럴 수 있었다고 천번 만번 양보한다 하더라도, 오늘날 개화된 현대 세계에서까지 그리스도인들이 중세 신앙 선배들이 걸어온 잘못된 길을 따라갈 필요는 없다. 무함마드를 욕하고 비방한다고 해서 상대적으로 그리스도교의 진리가 더 돋보이는 것은 아니기 때문이다. 오히려 올바르게 이해하는 것이 진리를 구하는 그리스도인의 자세에 합당할 것이다. 그렇다면 무함마드를 어떻게 보아야 하는 것인가.

무엇보다도 우선 그리스도교가 씌워 놓은 신학적 색안경을 벗어야 한다. 그리스도교라는 틀에서 보지 말자는 것이다. 예수를 표본으로 무함마드를 보지 말아야 한다. 그래도 굳이 그 틀에서 보겠다고 고집한다면 그리스도교가 완성했다는 구약 전통의 선지자, 왕들과 무함마드를 나란히 놓고 보면 될 것이다. 아브라함은 결혼했을뿐더러, 아내가 둘이었고, 솔로몬은 300명의 왕비와 600명의 후궁과 수없이 많은 궁녀를 거느렸다. 모세는 살인을 하였고, 여호수아는 원주민들과 피비린내 나는 전투를 통하여 가나안을 정복하였다. 그리스도인들이 무함마드 이름에 꼬리표처럼 붙이는 호색한, 전쟁광, 살인자라는 말이 아브라함, 모세, 여호수아, 솔로몬에도 붙는가?

편견을 버리고 있는 그대로 보자는 마음가짐으로 그리스도인들이 이해하기 어려워하는 무함마드의 여성 문제를 예로 들어 한번 살펴보자.* 예수는 독신이었지만, 무함마드는 여러 여인과 혼인의 연을 맺었다. 그래서 그리스도인은 무함마드를 천박한 욕정에 휩싸인 인간으로 보았다. 중세 이후 서구 그리스도교 세계에서 무함마드에게 늘 따라다닌 별명이 호색한이었다. 그렇다면 도대체 무함마드는 얼마나 많은 아내를 두었고, 왜 그렇게 여러 번 혼인을 해야 했을까?

---

* 무함마드의 아내 관련 내용은 다음 글을 참고하였다. Stowasser, 2006.

무함마드의 아내 수는 정확히 셀 수는 없으나 이슬람교의 전승을 종합하면 대개 13명으로 볼 수 있다. 이슬람교의 일부사처(一夫四妻), 즉, 최대 네 명의 아내를 동시에 둘 수 있다는 규칙을 알고 있는 독자는 다소 의아해할는지도 모른다. 『꾸르안』4장 3절은 이렇게 말한다. "고아가 된 소녀들을 공평하게 대할 자신이 없다면 네 맘에 드는 여인 둘, 셋, 또는 네 명과 혼인하라. 그러나 공평하게 대할 자신이 없다면 한 명이나, 또는 네가 소유하고 있는 여인들과 혼인하라. 그렇게 하는 것이 불공평한 사람이 되는 것보다 더 낫다." 소유하고 있는 여인들이란 몸종을 의미한다.

이처럼 『꾸르안』은 무함마드의 아내 수를 네 명으로 규정하는데, 실제 아내 수는 이를 훌쩍 뛰어넘었다. 전승에 따르면 632년 무함마드가 죽었을 때 모두 열 명의 아내가 있었다고 하는데, 이는 무함마드에게 아내를 네 명으로 제한한 『꾸르안』계시가 적용되지 않았다는 말이다. 이에 대해 무슬림들은 많은 수의 아내는 전통적으로 하나님이 예언자들에게 내린 특권으로 해석하고 있고, 일부 현대 무슬림학자는 4명으로 아내를 제한한 『꾸르안』계시가 내리기 전에 무함마드가 아내를 많이 두었다고 이해한다. 반면 일부 서양학자들은 무함마드의 아내가 네 명이었을 때 『꾸르안』계시가 내렸기에 네 명으로 적혀 있다고 보기도 한다.

그럼 무함마드의 아내는 어떤 사람들이었을까? 『꾸르안』 33장 50절은 무함마드가 혼인할 수 있는 여성의 범위를 상세하게 다루고 있다. 이에 따르면 무함마드는 혼례금을 주고 혼인계약을 맺은 여인, 전쟁에서 얻은 여성포로, 메디나로 함께 이주해 온 친척이나 외척인 여인, 무함마드에게 혼인을 제안하고, 무함마드가 받아들인 신앙인 여성과 혼인의 연을 맺을 수 있다. 그런데 무함마드는 이러한 『꾸르안』 계시가 내리기 이전, 즉 예언자 소명을 받기 전에 첫 번째 혼인을 하였다. 무함마드가 가장 사랑하고 존경했다고 한 카디자가 바로 첫 번째 아내다.

전승에 따르면 카디자는 두 번 혼인을 한 과부로 성공한 사업가였다. 무함마드는 카디자가 고용한 종업원이었다. 카디자는 무함마드의 성실함에 매료되어 혼인을 제안하였고, 무함마드가 받아들여 부부의 연을 맺었다. 이때 무함마드의 나이가 25세, 카디자는 40세였다고 한다. 그런데 둘 사이에 아들이 셋, 딸이 넷이었다는 점을 감안하면, 카디자의 생물학적 나이가 40살이었다고 보기는 어려울 듯하다. 중근동 문화에서 40은 완성을 의미하는 숫자다. 모세가 이집트를 탈출하고 40년 동안 광야를 떠돌고, 예수가 40일 동안 광야에서 기도를 하고, 무함마드가 40살 때 예언자가 되었다는 이야기는 40의 상징성을 잘 보여준다. 중세 이슬람 사회에서도 사람들은 온전한 인격을 갖춘 사람이 되었을 때를 두고 "내 나이 40이었을 때"라고 말하였다. 이처럼 숫자 40은 완전, 완성을 의미하는 말이다.(Conrad, 1987)

카디자는 무함마드가 강렬한 종교체험을 하고 왔을 때 그를 믿어준 최초의 무슬림으로 알려지고 있다. 619년 세상을 떠날 때까지 그녀는 무함마드를 경제적으로나 정신적으로 든든하게 후원하였다. 카디자와 혼인하기 전까지 무함마드는 사실 경제적으로 상당히 어려웠다. 『꾸르안』 93장 8절에서 무함마드를 두고 "곤궁한 너를 보고 부유하게 해주지 않았는가?"라고 한 말은 카디자와 부부가 되기 전 무함마드의 궁핍한 삶을 이르는 것으로 보인다.

무슬림 전승에 따르면 무함마드는 카디자, 카디자와 둘 사이에서 낳은 딸 파티마, 예수의 어머니 마리아, 파라오의 아내 아시야를 세상에서 가장 위대한 네 명의 여인으로 꼽았다고 한다. 또 카디자가 죽은 후 3번째 아내로 받아들인 어린 아이샤는 무함마드 마음속 깊이 자리잡은 카디자에게 강력한 질투심을 느꼈다고 한다. 일설에 따르면 어느 날 무함마드가 가난하고 아픈 사람들을 돕고 있을 때 왜 그런 일을 하냐고 아이샤가 물었다고 한다. 이에 무함마드는 "카디자가 친절하고 사랑하는 마음으로 이런 사람들을 도우라고 말했지. 마지막 유언이었어"라고 답하자, 아이샤는 불같이 화를 내면서 "카디자! 카디자! 당신에게는 이 세상에 카디자 외에 다른 여자는 없군요"라고 소리쳤다. 평소 참을성이 뛰어난 무함마드였지만 질투하는 아이샤의 모습을 보고는 이내 말을 건네지 않았다고 한다.

무함마드는 카디자가 살아 있을 때에는 다른 여인을 아내로 받아들이지 않았다. 카디자가 죽고 난 후 무함마드는 재혼 대상으로 과부 사우다(Sawda)와 여섯 살 된 아이샤를 추천받았는데, 둘 모두와 혼인하게 해달라고 했다고 한다. 두 번째 아내 사우다는 이슬람 믿는 사람들을 박해하는 사람들을 피해 부부가 함께 이디오피아로 이주했다가 남편이 죽은 후 메카로 돌아온 과부였다. 세 번째 아내 아이샤는 무함마드가 예언자로 부름을 받을 때부터 흔들림 없이 늘 곁에서 도움을 주던 오랜 친구이자 무함마드 사후 제1대 칼리파가 되어 무슬림 공동체를 이끈 아부 바크르의 딸이었다.

무함마드와 정혼할 때 아이샤의 나이는 여섯 살이었다. 장난감을 가지고 놀고 있는데 아버지가 무함마드의 무릎에 앉혀놓았다고 한다. 혼인이 성사되었을 때 무함마드는 약 53살, 아이샤는 약 9살이었던 것으로 알려지고 있다. 오늘날의 시각으로 보면 받아들이기 어려운 나이 차의 부부다. 사실 이 때문에 서구 그리스도교 학자들은 무함마드를 "유아성애자(pedophile)"로 비난하기도 하였다. 그러나 당시 이러한 혼인은 문제가 되지 않았다. 21세기 현대 서구나 우리사회의 입장에서 7세기 아라비아 사회의 관습을 마음대로 재단하기는 어려운 일이다.

당시 사회에서 논란이 컸던 것은 자이납과 부부의 연을 맺은 일이다. 자이납은 무함마드의 외사촌인데, 무함마드가 노예에서 해방시킨 후 양자로 삼은 자이드와 부부가 되었다. 무슬림 역사가 따바리에 따르면, 어느 날 무함마드는 자이드 집에 갔는데, 제대로 옷을 입고 있지 않았던 자이납을 보고 눈길을 돌렸다. 이에 자이납은 얼른 옷을 챙겨 입고서 남편은 없지만, 무함마드는 자신의 부모와 같이 친근한 사람이기에 들어오라고 말하였지만 무함마드는 거절하면서 거의 들리지 않는 낮은 소리로 "전능하신 하느님께 영광을! 마음을 흔드시는 하느님께 영광을!"이라며 속삭였다. 자이납은 남편 자이드가 돌아오자 이러한 이야기를 전하였고, 자이드는 곧바로 무함마드에게 달려가 자신이 아내와 갈라설 터이니 자이납을 아내로 맞으라고 권하였다. 무함마드는 그러지 말라고 거절하였다. 자이드는 아내와 가까이 할 수 있는 방법을 찾지 못한 채 무함마드에게 이혼하겠다고 거듭 말하더니 결국 그녀를 떠났다. 무함마드는 아이샤와 이야기를 나누던 중 갑자기

311

자이납과 혼인을 하라는 계시를 받고 홀로 된 자이납과 부부가 되었다. 이때가 626년경으로 무함마드가 약 56세, 자이납이 38세 되던 해였다.

당시 아랍 사회에서 양자를 친자와 다를 바 없는 아들로 간주하였기 때문에 결국 무함마드가 며느리와 혼인하여 근친상간을 저지른 셈이다. 『꾸르안』(33장 37~38절)은 자이드에게 아내 자이납을 버리지 말라고 하였지만, 실은 무함마드가 마음속에 감추는 것이 있었고, 자이드가 이혼을 하자 하나님이 무함마드와 자이납의 혼인을 성사시켰다고 한다. 그렇게 한 이유는 당시 사회의 관습과 달리 믿는 자들이 양자가 이혼한 아내와 부부의 연을 맺을 때 어려움을 없애기 위해서였다고 한다. 이는 하나님의 명령이기에 반드시 준수해야 한다면서 "하나님께서 예언자에게 명령하신 일을 할 때 예언자가 불편하지 않아야 한다(33장 38절)"고 명시한다. 이로써 이슬람 사회는 이전 아랍 사회와 달리 친자와 양자가 같지 않다고 규정하면서 가족을 새롭게 정의하였다.

그런데 무함마드와 자이납의 혼인은 당시뿐 아니라 오늘날 무슬림들에게도 불편한 일이다. 양자가 친자와 같은가 같지 않은가가 문제가 아니라 따바리가 남긴 기록의 신빙성이 관건이다. 예언자가 제대로 갖춰 입지 않은 여성을 보고 마음을 빼앗겼다는 전승을 신뢰할 수 없다는 것이다. 무슬림들은 먼저 이 이야기의 출처가 거짓말쟁이로 유명한 와끼디라고 비판한다. 또 미인으로 알려진 자이납은 무함마드의 외사촌으로 무함마드가 그녀의 미모를 진즉부터 알고 있었는데 새삼스럽게 그때서야 비로소 아름다움에 반했겠느냐고 의문을 제기한다. 자이납이 탁월한 미녀였던 것은 의심의 여지가 없던 것 같다. 무함마드가 혼인을 결정했을 때 어린 아내 아이샤는 자이납이 예뻐서 걱정했다고 하니 말이다.

무슬림들이 이처럼 무함마드와 자이납의 혼인이 무함마드의 욕정과 관계없다고 강조하는 이유는 서구 그리스도교 학자들이 이 사건을 무함마드가 얼마나 비윤리적이고 호색한인지 잘 보여주는 좋은 예로 들며 비난하고 나섰기 때문이기도 하다. 예언자가 어쩌면 그렇게 성적으로 타락할 수 있느냐며 조롱하는 그리스도인들을 보는 것은 몹시도 불편한 일이었을 것이다. 나는 무함마드가 윤리적이냐 아니냐라는 문제보다는 무슬림 역사가인 따바리가 예언자에게 유리하지 않은 이야기를 그대로 싣고 있는 것이 더 놀랍다. 유불리를 따지지 않고 자신에게 전해오는 그대로 전하는 역사가의 자세는 실로 위대하다.

여러 아내 중 특히 무함마드가 좋아했던 아내로 꼽을 수 있는 여인은 이집트 그리스도교인(콥트교인) 마리야다. 무까우끼스라는 직위명으로 불리는 이집트 통치자가 선물과 함께 보낸 여인이다. 마리야는 정식 혼인을 거친 아내가 아니라 여종으로 무함마드의 여인이 되었다. 첩이라는 말이 어울린다. 이슬람 사회에서 여자 주인이 남종과는 성관계를 맺을 수 없지만, 남자 주인은 여종과 관계를 가질 수 있다. 627년경 메디나로 온 마리야는 미모가 출중하여 어린 아내 아이샤가 다음과 같이 시기하였다고 한다. "나는 마리야만큼 질투심을 느껴본 여자가 없다. 그녀는 정말 예뻤고, 사도 무함마드는 마리야가 우리 동네에 처음 왔을 때 만나러 가서 밤낮을 그녀와 함께 보냈다. 그가 마리야에게 잘해준 것은 참으로 견디기 어려웠다."

전승에 따르면 무함마드는 아내들의 숙소를 순번을 정하여 돌아가면서 방문하였는데, 네 번째 아내 하프사와 보내기로 한 날 마리야와 함께 있다가 하프사에게 들켰다고 한다. 이에 무함마드는 마리야와 더 이상 관계를 가지지 않겠다고 하였고, 하프사는 비밀을 지키기로 하였다. 그러나 하프사가 아이샤에게 일러바쳐 소동이 일었고, 이에 무함마드는 아내 모두와 이혼하고 더 경건한 여인을 아내로 받아들이겠다고 경고하고 나섰다. 결국 무함마드는 마리야를 더 이상 보지 않겠다는 약속을 취소하였다. 둘

사이에는 이브라힘이라는 아들이 생겼지만, 아기 때 죽었다. 이브라힘은 무함마드가 카디자 외에 여인에게 낳은 유일한 아이였다. 무함마드가 죽을 때까지 마리야는 여종의 신분을 유지하였다.

마리야처럼 여종의 신분으로 무함마드의 여인은 된 자로는 아랍 여인 주와이리야와 두 명의 유다인 사피야, 라야나가 있다. 주와이리야는 627년 20살 때 무슬림군에 포로로 잡혀 이슬람으로 개종하고 무함마드의 아내가 되었다. 일부 전승에 따르면 여종으로 있다가 무함마드가 죽기 직전 온전한 아내가 되었다고 한다. 사피야는 628년, 라야나는 627년에 각각 무슬림군에 포로로 잡혔다. 사피야는 여종이었다가 이슬람으로 개종한 후 종의 신분을 벗고 정식 아내가 되었고, 라야나는 무함마드의 여인이 되었지만, 631년 죽을 때까지 여종의 신분으로 있었던 듯하다.

모두 13명의 여인 중 처녀의 몸으로 무함마드의 여인이 된 이는 아이샤가 유일하다. 나머지 12명은 모두 과부거나 이혼한 여성이었다. 다처를 둔 이유는 과부가 된 여인들을 복지차원에서 돌보고, 다른 부족과 정치적으로 화평을 이루기 위한 정략적인 목적 때문이었다. 두 번째 아내 사우다, 네 번째 아내 하프사, 다섯 번째 아내 움 살라마, 여섯 번째 아내 자이납 빈트 쿠자이마는 이슬람을 믿고 따르다가 과부가 된 여인들이었다. 열 번째 아내 움

하비바와 열두 번째 아내 마이무나는 두 여인이 속한 집안과 화평을 이루기 위해 소위 정략적으로 한 혼인이었다.

632년 세상을 떠날 때 무함마드는 여인들에게 동의를 구하고 최후의 날을 아이샤의 숙소에 머물다 그녀의 품 안에서 세상을 떠났다. 무함마드의 죽음을 끝까지 지킨 여인은 모두 열 명이다. 이 중 마리야만 여종의 신분이었으니, 정식 아내는 아홉 명이었다. 무슬림 공동체는 이들 아홉 명의 여인을 "신앙인의 어머니"로 부르며 존경하였다. 『꾸르안』에 따르면 무함마드 아내들은 보통 여인들과 다르고(33장 32절), 선한 일을 하면 보상을 두 배로 받으나, 나쁜 일을 하면 벌 또한 두 배로 받으며(33장 30~31절), 재혼을 할 수 없다(33장 53절).

무슬림 전승을 비교하면서 대체로 13명의 아내를 정리해보았지만, 이견이 전혀 없는 것은 아니다. 일부 시아파 전승에 다르면 21명까지 그 수가 늘어나기도 한다. 중국 무슬림들은 예언자에게 9명의 정식 아내와 여종으로 여인이 된 자, 즉 첩이 7명이 있었는데, 이는 구천칠지(九天七地)를 위대한 예언자가 포용하는 우주론적 의미를 지닌 것이지 육체적인 쾌락을 의미하는 것은 아니라고 해석한다. 이유야 어찌되었든 간에 이슬람의 예언자 무함마드는 참으로 인간적인 인물이었음에는 틀림없다. 그리스도인들은 자꾸 예수와 비교하여 쾌락의 유혹에 약했다고 무함마드를 폄하하지만, 지극히 인간적인 그의 모습에서 지난 1400여 년 동안 무슬림들이 하나님을 향하는 인간의 길을 찾은 것은 아닐까 한다.

"예언자께서는 세 가지를 좋아하셨다. 향수, 여자, 음식." 아내 아이샤가 전하는 예언자 전승이다.(Ibn Sa'd, 1905) 약점으로 보이는 것까지 숨기지 않고 그대로 드러내는 초기 무슬림 전승자들의 모습에서 인간 무함마드의 지극히 인간적인 모습과 함께 무슬림 전승의 탈현대적인 자유로움을 본다면 감상이 과한 것일까? 참으로 인간적이고 자유롭다.

무함마드는 아브라함, 모세, 여호수아, 솔로몬처럼 제한된 시간, 공간 속에서 살았다. 7세기 아라비아라는 시공간적 환경 속에서 생장하였지만, 그가 전한 유일신 신앙과 전인적 변화, 강한 윤리의식과 인간 평등, 평화는 시공의 제한을 넘어 전 인류에게 적용되는 보편성을 지녔다. 그리스도인들의 무함마드 이해는 바로 여기에서 시작해야 한다. 전 인류가 보편적으로 따를 수 있는 올바른 삶의 해법을 유일신 신앙에서 찾은 무함마드. 계시를 받은 도구에 불과한 그가 깨끗한지 아닌지 여부를 오늘날의 잣대로 재지 말고 그 도구가 전하고자 한 바가 무엇이었는지 직시하는 것

이 중요하다. 지난 1400여 년 동안 착용해온 그리스도교라는 색
안경을 벗어야 한다. 그러면 같은 진리의 하느님을 가리키고 있는
무함마드의 인간됨이나 가르침이 그리스도인이라는 나의 정체성
에 큰 부담으로 다가오진 않을 것이다.

무함마드와 경전의 백성들

– 이슬람과 유다 그리스도교 전통

9세기 이슬람 신학자들이 창조되지 않은 영원한 알라의 말씀으로 규정한『꾸르안』은 610년경부터 632년까지 약 22년간 운율 있는 산문체로 무함마드가 받은 아랍어 계시다. 무슬림들은 무함마드가 천사 가브리엘을 통해 알라의 계시를 받았다고 한다. 계시는 무함마드가 기대하지 않은 상황에서 갑자기 시작하였고, 이후 상황에 맞게 조금 조금 내려왔다. 무함마드 사후 구전으로 암송되거나 동물의 어깨뼈, 돌 등에 쓰인 것을 취합하여 약 651년경 현재처럼 총 114장을 지닌 형태의 책으로 완성되었다. 대단히 자의적이고 주관적이긴 하지만, 계시는 일반적으로 크게 메카 시대(610~622)와 메디나 시대(622~632) 계시로 나뉜다. 메카 계시는 간결하고 강렬한 문체를 지녔고, 메디나 계시는 길고 논쟁적이고 법률적인 것이 많다. 메카와 달리 메디나에서는 무슬림 신앙공동체가 형성되었기 때문에 계시가 이러한 사회 형태를 반영한 것이다.

『꾸르안』의 핵심 주제는 두말할 것도 없이 유일신 신앙이다. 거듭 반복하면서 가르치는 내용이 바로 유일신 신앙이다. 오늘날 그리스도교 성서와 비교해보면 성서의 이야기가 대다수 반복, 생략, 변형, 암시라는『꾸르안』특유의 양식을 통해 꽤나 상이한 형태로 전해진다.『꾸르안』은 성서 이야기의 바른 형태를 떠나 이야기가 가지고 있는 주된 정신을 초지일관 집요하게 유일신 신앙에 맞추고 있다. 말 그대로 자나 깨나 전지전능하신 창조주이자 최후의 심판 주재자인 알라를 경배하고 찬미하라고 『꾸르안』은 강조한다.

유일신을 믿는 사람이라면 누구나 다 공감할 내용을 지닌 『꾸르안』은 왜 무슬림들에게는 그토록 매력적인데 무슬림들과 같이 유일신을 믿는 유다-그리스도인들에게는 닫힌 계시가 되었을까? 『꾸르안』으로부터 직접 그 이유를 찾아보자.

『꾸르안』의 내용[*]

『꾸르안』에는 크게 다섯 가지의 가르침이 담겨 있다. 첫째는 유일신 신앙이다. 신의 유일성을 부정하는 자와 신께 감사하지 않는 사람은 불신자다. 신의 계시를 인정하고 믿음을 가진 사람과 복종하는 사람이 바로 신앙인이다. 이슬람은 인류 신앙의 선조 아브라함의 종교라고 한다. 아브라함은 유다인도 그리스도인도 아닌 하니프(ḥanīf), 즉 원초적 유일신론자이고, 무슬림은 바로 다름 아닌 아브라함의 유일신 신앙을 견지한 사람이다.

---

* 이 부분은 다음 책을 참고했다. Watt, 1994.

둘째, 천사, 사탄, 정령과 같은 영적인 존재들에 대한 믿음을 이야기한다. 천사는 신의 사도요, 계시를 전하는 존재다. 그들은 인간을 지켜보고 행위를 기록한다. 죽을 때 인간의 영혼을 부르고 심판의 날에 기록자로 참여한다. 알라 권좌 옆에서 시중을 들고 찬미가를 부른다. 『꾸르안』은 천사들 중 가브리엘과 미카엘만 구체적으로 언급한다. 사탄(샤이딴, shayṭān)은 악마다. 이들은 천국을 엿보다 돌에 맞아 쫓겨나는데 그 돌이 인간에게는 유성으로 보인다는 당시 일반 믿음이 보이기도 한다(15장 16~18절). 사탄 중의 사탄은 이블리스(Iblīs)다. 타락한 천사(2장 34절)요, 진(Jinn)의 하나(18장 50절)인 그는 불로 창조되었고, 아담을 떠받들라는 알라의 명령을 자존심 때문에 거절하다 쫓겨나, 알라를 믿지 않는 인간을 유혹하는 일을 한다. 진은 정령(精靈)인데, 사막, 폐허, 이상한 곳과 연관된 존재다. 동물, 독사, 또는 기어 다니는 것의 형태를 취하기도 한다. 두려움의 대상이긴 하나 늘 해로운 존재는 아니다. 불에서 창조되었고 존재의 목적은 알라를 숭배하는 것이다. 알라는 그들에게 예언자를 보냈고, 그들은 신자내지 불신자가 된다. 몇몇은 무함마드를 따라 신자가 되기도 한다(72장 1~19절). 불신자는 지옥에 가지만, 신자가 천국에 간다는 표현은 정확히 찾기 어렵다. 『꾸르안』에는 영(靈, al-rūḥ, 아르루흐)에 대한 믿음이 있다. 천사 중 하나로 인식되기도 하는데, 후대 무슬림들은 이를 가브리엘과 동일시하였다. 알라가 마리아에게 영을 불어 넣어 예수를 잉태시켰다.

셋째, 알라가 내린 경전과 알라가 보낸 사도들에 대한 가르침이 있다. 종교공동체로는 구체적으로 유다교, 그리스도교, 사비아, 조로아스터교를 언급한다. 알라는 역사를 통해 각 공동체에 예언자를 보냈고, 예언자의 가르침을 거절한 사람들은 징벌을 받았다. 히브리 성서에서 보는 것과 같이 글을 쓰는 예언자, 희생제, 제사장 같은 개념은 보이지 않는다. 그러나 예언자의 높은 사회 정의 의식은 잘 드러난다. 그리스도교의 삼신신앙(삼위일체), 예수 십자가형을 부정하고, 예수의 대속 개념도 없다. 예수가 육체적 의미로 하느님의 아들이라는 개념 역시 거부한다.

넷째, 최후의 심판과 부활에 대한 믿음이다. 이날은 반드시 온다. 따라서 인간은 그날이 바로 눈앞에 있는 것처럼 느끼며 살아야 한다. 그 어떠한 것보다도 확실한 이 심판일을 명심하면서 경건하게 살아야 한다.『꾸르안』은 최후의 심판을 생생하게 시각적으로 묘사한다. 천국에 대한 정확한 위치는 언급하지 않으나 그곳은 더 이상 헛된 소리나 불의가 없는 곳이다. 인간은 최후의 심판일에 부활한다. 육체적인 부활이다.

다섯째, 무슬림 공동체 규약이 있다. 이른바 법률적인 내용이다. 공동체 규약의 첫 번째는 신앙에 대한 것이다. 이슬람의 다섯 기둥이라고 하는 신앙증언, 예배, 희사, 단식, 순례에 대한 가르침이 담겨 있다. 그러나 구체적으로 오늘날 무슬림들이 지키듯 예배를 하루에 다섯 번 치러야 한다는 말씀은 없다. 금요일 정오 예배를 강조하고 정결의례 및 예배 방향을 말한다. 단식 역시 유다인들을 따라 행했던 속죄의 날(욤킵푸르) 단식, 즉 아슈라 단식(2장 183절)과 라마단 단식(2장 185절)을 언급한다. 공동체 규약의 두 번째는 결혼과 이혼이고, 세 번째는 상속에 관한 법률이다. 유언장은 반드시 쓸 필요는 없으나 증언이 있는 가운데 유언을 의무화하고(2장 180절), 부모, 아이, 형제, 자매 상속에 관하여 세세한 규칙(4장 11~14절, 4장 176절)을 제시한다. 장자에게 특권이 주어지지 않고, 이슬람 이전 사회와 달리 여성 상속권 인정을 인정하여 딸은 아들의 반을 상속받는다. 과부는 상속권이 없으나 그들을 부양하는 것은 의무로 규정한다(2장 240절). 공동체 규약의 네 번째는 음식법이다. 유다인에게 허용된 것은 무슬림도 먹을 수 있다(5장 5절). 그러나 유다인들의 복잡한 음식법은 알라의 벌이므로 따르지 않아도 된다(4장 160절). 『신약성서』「사도행전」(15장 29절)과 같이 단순한 음식법이지만, 돼지고기는 먹을 수 없다

(5장 3절). 술은 천국의 기쁨 중 하나로 묘사되지만 술 먹고 예배에 참가한 이들이 남긴 나쁜 인상(4장 43절) 때문에 금지한다(5장 90절). 공동체 규약의 다섯 번째는 유다인들의 이자 놀이를 비난하고(4장 161절) 금지한다(3장 130절 이하; 2장 275~281절을 비교하라). 공동체 규약의 여섯 번째로는 기타 세세한 규정이 있다. 우선 계약을 준수하고(5장 1절), 빚은 기록하며(2장 282절), 간통 음행은 처벌하나 반드시 네 명의 증인이 있어야 하며(4장 2~4절, 4장 13절), 도둑질 한 자는 손목을 자르고(5장 38절), 도박은 금지한다(2장 219절, 5장 90절). 노예는 친절하게 다스려야 하고(4장 36절), 노예 해방은 경건한 행동(24장 33절)으로 권장한다. 예언자를 접견하는 예의와(49장 1~5절, 58장 12절), 약탈하거나 전장에서 획득한 전리품 분배 규정이 있다(8장 141절, 59장 6-10절).

유일신 신앙과 최후의 심판

서두에서 언급하였듯 위와 같은 내용을 지닌 『꾸르안』의 핵심적 가르침은 역시 유일신 신앙이다. 그런데 단순히 유일신 신앙에 그치는 것이 아니다. 유일신 신앙이 지닌 최후의 심판 사상은 믿는 이들에게 현세를 올바르고 경건하게 살 것을 항상 요구한다. 이러한 삶은 결국 필연적으로 사회정의 의식과 밀접히 연결되어 있다. 이슬람 이전 아랍사회의 한계인 혈연 중심의 사회관계와 강자 중심의 사회구조를 뛰어넘어 이슬람은 신념 중심의 공동체를 이룬다. 높은 윤리의식에서 우러나오는 약자 보호 의식은 실로 당시 아랍인들에게 매력적인 가르침이었다. 물질적으로 잘 사는 힘 있는 자가 아니라 신을 경외하고 그의 뜻에 맞게 높은 윤리 의식을 가지고 사는 것이 참으로 중요하다고 거듭 가르친다. 닥쳐올 최후의 심판을 모른 채 약자를 괴롭히면서 살아서는 안 된다고 강조한다.

유일신교 중에서 정의와 관련한 말로 한국인에게 가장 유명한 신앙전통은 아마도 그리스도교일 것이다. 특별히 70~80년대 민주화운동 시절에 그리스도인들이 자주 인용한 "정의가 강물처럼 흐르게 하라(아모스 5,24)"는 성서 구절은 당시 비민주적 시대상황에서 그리스도교인들뿐만 아니라 이웃 종교인이나 종교가 없는 사람들의 마음에도 커다란 반향을 불러일으켰다.

그리스도인들에게 하느님은 불의한 통치자를 심판하는 존재다. 사회정의와 민주주의를 국가안정이라는 명목으로 엄혹하게 국민을 억압하였던 독재의 시절에 그리스도인들은 「이사야서」의 예언을 자주 읊조렸다. "주님께서 재판하러 일어서신다. 백성들을 심판하러 일어나신다. 주님께서 당신 백성의 원로들과 고관들에 대한 재판을 여신다. '바로 너희가 포도밭을 망쳐놓았다. 너희의 집은 가난한 이에게서 빼앗은 것으로 가득하다. 어찌하여 너희는 내 백성을 짓밟고 가난한 이들의 얼굴을 짓뭉개느냐?'(이사 3,13~15)"는 「이사야서」의 일갈은 정의가 현실과 동떨어진 추상적인 말이 아니라 우리들의 삶에 바로 작용한다는 사실을 일깨워주었다. 권력자는 정의로워야 한다는 사실과 함께 말이다.

「이사야서」는 유다교 히브리성서의 예언서 중 하나다. 그리스도교는 히브리성서를 하느님이 유다인과 맺으신 '옛날 약속'이라고 하면서 『구약성서』라고 부른다. 유다교, 그리스도교의 유일신 신앙을 이은 이슬람교에서는 히브리성서, 즉 구약성서를 타우라트(Tawrāt), 즉 토라(Torah)라고 부르고, 『신약성서』는 인질(Injīl)* 이라고 한다. 유일신이 세상과 인간을 창조하고 인간이 바른 길에서 멀어질 때마다 예언자를 보내어 바른 길을 다시 가르쳤다고 믿는 이슬람교는 유다교, 그리스도교와 마찬가지로 유일신 신앙

---

* 그리스어로 복음을 뜻하는 에반겔리온(εύαγγέλιον)의 아랍어식 발음이다. 토라, 인질과 함께 『꾸르안』은 알라가 다윗에게 준 책으로, 자부르(Zabūr)를 언급한다. 『구약성서』의 「시편」을 가리키는 것으로 해석한다.

을 굳게 지키면서 정의를 가르친다.

비록 『꾸르안』은 "유일신이 정의"라고 직접적으로 언급하지는 않지만, 이슬람교 전승에서 유일신의 99가지 이름 중 하나가 바로 '아들('adl)', 곧 정의다. 이슬람교에서는 99가지 이름을 신의 속성 (屬性)이라고 한다. 정의는 자비, 자애, 하나 등과 같이 신의 속성 이다. 신의 속성이 정의이니, 정의로운 신을 믿는 이슬람교가 정의 의 종교가 아니어서는 안 될 것이다. 따라서 무슬림들에게 이슬람 교는 말 그대로 정의의 종교다.

이슬람교의 경전 『꾸르안』에서 정의는 신의 뜻에 맞는 바른 행동을 하는 것이고, 불의는 이에 어긋나는 행위를 가리킨다. 『꾸르안』은 정의를 뜻하는 '아들'과 같은 의미로 끼스뜨(qist, 형평, 5장 8절), 씨드끄(ṣidq, 정직, 진실, 6장 115절), 이흐산(iḥsān, 선행, 16장 90절)을 사용한다.(Brockopp, 2003) 이 밖에도 은유적인 표현 으로 미잔(mīzān)이라는 말을 쓰는데, 이는 저울이라는 뜻이다. 심판의 날에 인간의 선행을 저울로 달아본다는 말이다. 『꾸르안』 은 이렇게 말한다.

심판의 날 측량이 진실이니. 저울이 무거운 자들은 성공할 것이요,

가벼운 자들은 우리의 계시를 저버렸기에 영혼을 잃으리라.

(『꾸르안』 7장 8~9절)

그렇다면 정의로운 행동은 무엇인가? 『꾸르안』에서 정의라는 말이 들어간 구절을 선별하면 인간이 사회에서 어떻게 행동해야 바른지 알 수 있다.

오, 믿는 자들이여! 어느 기간 동안 빚을 낼 때, 적어두어라.

서기가 너희들 사이에서 공정하게 적도록 하라.

(『꾸르안』 2장 282절)

너희들이 고아를 정의롭게 대할 수 없는 것이 두렵다면, 하나, 둘,

또는 셋, 또는 넷과 결혼하라. 정의롭지 못하리라 걱정이 되면,

하나와만 결혼하거나 너희 오른 손이 소유한 이들과 결혼하라.

그러면 너희들이 불의한 일을 저지르지 않을 것이다.

(『꾸르안』 4장 3절)

불의하게 고아들의 재산을 손에 넣는 자들은 불을 먹는 것이다.

곧 활활 타는 불 맛을 보게 되리라. (『꾸르안』 4장 10절)

사람들을 평가할 때는 정의롭게 하라. (『꾸르안』 4장 58절)

아무리 노력하여도 너희들은 아내들에게 결코 공정하지 못하리니. (『꾸르안』 4장 129절)

정의롭게 증언하라. (『꾸르안』 4장 135절)

공정하게 증언하라. (『꾸르안』 5장 8절)

정의롭게 온전히 재라. (『꾸르안』 6장 152절)

빚, 사회적 약자 처우, 사람 평가, 증언, 상거래 등 사회적 삶에서 인간이 바르고 공정함을 잃지 말 것을 『꾸르안』은 계속 상기시킨다. 증언을 할 경우 가까운 사람이 관련되어 있어도 정의롭게 증언하라고 가르친다.

그런데 4장 10절과 129절은 사회적 강자가 사회적 약자에게, 남편이 여러 아내에게 결코 공정함을 유지할 수 없다는 것을 강조하는 인상을 강하게 풍긴다. 『꾸르안』은 고아와 같은 사회적 약자에 대한 관심이 지대하다. 6장 152절을 보면 무게를 달 때 "정의롭게 온전하게 재라"는 말 전에 고아들이 성인이 될 때까지 더 나은 경우만 제외하고 고아 재산에 손을 대지 말라고 가르친다.

고아를 괴롭히지 마라. 거렁뱅이를 꾸짖지 마라. 언제나 주님의 은혜를 알려주어라.　(93장 9~11절).

최후의 심판을 부정하는 자를 알고 있는가? 고아를 배척하고 가난한 자에게 베풀 줄 모르는 자. 재앙 있으라, 예배하면서도 예배에 마음 쓰지 못하고, 겉으로 경건한척 만하고 자선을 베풀지 못하는 자에게.　(107장)

모세와 달리 무함마드는 당시 자신이 살던 지역의 지도자가 아니었다. 그래서 무함마드의 가르침은 고향 메카 사람들, 특히 힘깨나 쓰는 사람들에게는 먹혀들어가지 않았다. 하기야 신의 도움으로 홍해를 건너 유다인을 노예생활에서 해방시켰어도 사람들이 모세의 말을 듣지 않았으니 그러한 기적을 아직 보여주지도 못한 무함마드의 말을 사람들이 쉽게 따르기를 기대하는 것도 어려웠을 것이다. 당시 메카의 카바 성원에는 360여 개의 신상이 있었고, 순례자들이 모여들었는데, 무함마드가 다신을 부정하고 유일신 신앙을 주창하였으니, 당시 지역 경제에 도움이 되는 일은 아니었다. 특히 이권을 지닌 지도층에게는 무척 짜증나는 일이었을 것이다. 더군다나 유일신의 계시를 받았다고 하면서 무함마드가 자신들의 지위에 도전하는 듯하니 마음이 꽤나 불편하였다. 이처럼 힘 있는 사람들의 반대에 직면한 무함마드는 어떻게 해서든지 이들의 마음을 돌리고 싶었다.

무슬림 전승(傳承)에 따르면 어느 날 무함마드가 유력자와 이야기를 나누고 있는데 앞을 못 보는 압둘라가 무함마드에게 질문을 하고자 다가왔다고 한다. 그런데 무함마드는 얼굴을 찡그리면서 기다리라고 하고는 고개를 돌려 유력자와 대화를 계속 이어갔다. 이때 무함마드를 나무라는 『꾸르안』 계시가 내려왔다.

얼굴을 찡그리며 돌아섰다. 눈 먼 사람이 다가왔기에. 그가
더 정결해질 수도, 가르침을 받아 더 나아질 수도 있는데.
그대는 스스로 부족함이 없다고 느끼는 사람에 관심을 보였다.
그가 더러운 상태에 있었어도 네게 잘못이 있는 것도 아니었는데.
그러나 신실한 마음으로 다가온 그에게 너는 신경조차 쓰지
않는다. (『꾸르안』 80장 1~10절)

도움을 구하는 자가 다가왔는데 반갑고 상냥하게 응대하기보다는 찡그리며 돌아선 뒤 힘 있고 부유한 사람에게 더 관심을 쏟는 무함마드를 질책하고 있는 것이다. 이처럼 사회적 약자에게 관심을 보이며 잘 보살필 것을 『꾸르안』은 강조한다.

그렇다면 왜 인간은 정의로워야 하는가? 그것은 신이 세상을 정의롭게 만들었고 바르게 정의롭게 살라고 인간에게 명령하였기 때문이다. 『꾸르안』 16장 3절에서 신은 "하늘과 땅을 진리로 만드셨다"고 하는데, 무슬림 학자들은 진리라는 말을 정의로 이해하여 신이 천지를 정의롭게 창조하였다고 믿는다.(Brockopp, 2003; Rahbar, 1960) 그리고 16장 90절에서 『꾸르안』은 "신께서는 정의와 바른 행동, 친척들에게 아끼지 말고 베풀기를 명하시고, 부끄러운 행동과 불의와 사행(邪行)을 금하셨다"고 말한다. 이러한 신의 계시는 쉼 없이 계속된다.

그대의 주님의 말씀은 진실과 정의로 완전하다. 그 무엇도
그분의 말씀을 바꿀 수 없다. 그분은 들으시고 아시는 분이시다.

(『꾸르안』 6장 115절)

전지전능한 신이 창조한 세상의 원리에 따라 우리 인간은 그

안에서 바른 행동을 하면서 살아야 한다. 정의로운 신이 정의롭게 창조한 세상에서 인간에게 불의한 일을 하라고 명할 리 만무하다. 따라서 인간은 창조원리에 따라 바르고 공정하고 정의롭게 말하고 행동해야 하는 숙명을 지닌다. 물론 자유의지로 이에 벗어나 행동하거나 말할 수는 있겠지만, 이에 대한 대가를 반드시 최후의 심판일에 치러야 한다.

실로 최후의 심판을 두려워하지 않고 자신의 재산에만 마음이 팔려 약한 사람들을 무시하는 이들을 『꾸르안』은 혹독하게 경고한다.

험담 중상을 일삼는 자에게 화 있을진저. 재산을 모아서는
계산에 열중하고 그 부유함 덕에 자기는 죽지 않는다고
생각하는 자에게 화 있을진저. 그들은 산산조각 내는 곳으로
던져지리. 무엇이 네게 그것을 알려주겠느냐? 알라가 붙인
노여움의 불, 마음속까지 치솟아 올라가 그들을 덮으리, 끝없는
불길로. (『꾸르안』 104장 1~9절).

재물을 모으고 자족하면서 가장 아름다운 말씀을 거짓이라
말하는 자에게는 우리들이 고난으로 가는 길을 쉽게 하리.

멸망의 길로 사라지려 할 때 그의 재산은 아무런 도움이 되지
못한다. (『꾸르안』 92장 8~11절)

너희들은 고아를 너그러이 대하지 않았고, 서로 힘써 가난한
자에게 음식 베푸는 일을 하지 않았으며, 탐욕으로 유산을 집어
삼켰고, 절제하지 않고 재물을 사랑한다. 아, 대지가 가루로 될
때 그대의 주님이 대열을 이룬 천사들을 거느리고 나타나시는
그날 지옥으로 끌려가나니. 그날 인간은 (알라를) 기억하겠지만,
그것이 무슨 소용이리. (그때서야 비로소) 말하리, "아 내 목숨을
위해 선한 일을 하였더라면." (『꾸르안』 89장 18~24절)

반면 최후의 심판을 믿는 자는 유한한 이승의 삶을 늘 인식
하면서 알라의 길에 재물을 쓰는 선행을 하면서 경건하게 살아가
야 한다고 『꾸르안』은 강조한다.

이 세상의 삶은 놀이와 향락에 지나지 않는다. 너희들이 믿고
(알라를) 경외한다면 알라께서는 너희들에게 대가를 지불하시고,
너희들의 재산을 요구하시지 않으실 것이다. (『꾸르안』 7장 36절)

너희들은 알라의 길에 가진 것을 쓰도록 요구 받고 있다. 너희들 중에는 인색한 자가 있다. 인색한 자들은 스스로의 영혼에 인색한 자다. 알라께서는 부족함이 없으시다. 너희들이 부족한 자들이다. 너희들이 등을 돌리면 알라께서는 너희들 대신 다른 백성으로 대체하실 것이다. 이들은 너희들과 같지 않을 것이다.

(『꾸르안』 47장 38절)

오늘을 사는 우리들에게도 시사하는 바 크다. 당장 내일 아침잠에서 깨어나지 못한다고 한다면 오늘 하루를 막 살 수 있을까? 『꾸르안』은 최후의 심판이 먼 미래가 아니라 바로 눈앞에 닥쳤기에 믿는 이들에게 최대한 경건하게 살라고 가르치고 있다. 무함마드는 현실을 직시하라고 사람들에게 경고하라는 명령을 받은 것이다.

순니파 무슬림이나 시아파 무슬림이나 모두 세상이 불의로 가득 찬 종말에 신의 명에 따라 정의를 세우고자 마흐디(Mahdī), 곧 신이 올바르게 인도한 종말론적 인물이 세상에 올 것이라고 믿는다. 순니파는 존재의 정체를 정확하게 지칭하지 않고 막연하게 마흐디라고 하지만, 12 이맘 시아파에서는 9세기 이래 죽지 않고 세상 어딘가에 눈에 띄지 않고 살아 있는 12번째 이맘이 올 것이라고 믿는다. 이처럼 이슬람교는 유다-그리스도교와 마찬가지로 정의를 존중하고 정의를 창조의 질서로 여기는 신앙전통이다. 정의를 가르치는 신의 말씀 『꾸르안』은 인간에게 정의롭게 말하고 행동할 것을 강조하면서, 그렇게 살지 못한 이들에게 종말의 심판이 혹독할 것이라고 엄하게 타이른다.

유다-그리스도인들

창조주면서 최후의 심판을 주재하는 유일신을 믿는 것은 이슬람의 전유물이 아니다. 이전에 이미 유다교와 그리스도교가 가르쳤다. 위에서 언급한 유일신교의 사회정의 의식과 경건한 삶은 유다교와 그리스도교 역시 공유하는 가르침이다. 그렇다면 『꾸르안』은 선배 유일신 신앙인 유다교와 그리스도교를 어떻게 받아들였을까. 무함마드는 자신에게 내린 계시가 바로 유다인과 그리스도인에게 이미 먼저 내린 계시의 연속이요, 재현이라고 믿었다. 그래서 『꾸르안』은 무함마드가 받은 계시를 믿지 못하는 이들에게 "먼저 경전을 읽고 있는 자들," 즉 유다인과 그리스도인들에게 물어보라고 한다. 최후의 심판도 이미 먼저 유다인과 그리스도인의 경전에 기록되었음을 밝힌다.

아니 너희들은 이 세상의 생활을 좋아한다. 내세만이 최선이자
영원한 것임에도. 이와 같은 것은 옛 경전에도 기록되어 있다.
아브라함이나 모세의 경전에도. (『꾸르안』 87장 16절)

『꾸르안』은 유다인과 그리스도인들이 언어만 다를 뿐 원칙적
으로 같은 책을 가지고 있다고 말한다. 천상에 모든 경전의 모서
(母書)가 있고, 『꾸르안』은 이 책이 바로 아랍어로 내려온 것이다.
구전의 성격을 강조할 때 유다인과 그리스도인의 성서는 '외국어
로 된 『꾸르안』'이라고 하고, 이슬람의 경전 『꾸르안』은 '아랍어로
된 『꾸르안』'이라고 부른다. 실로 『꾸르안』이 꿈꾸는 이상적 사회
는 유일신을 믿고, 유일 경전이 있는 하나의 단합된 종교 공동체
다. 그러나 현실은 분열된 종교 공동체이니, 최종 판단은 최후의
심판일에 알라가 할 것이라고 한다(5장 53절).

그렇다면 단합된 종교 공동체가 되지 못하는 이유는 무엇일
까? 『꾸르안』에서 이를 찾아보면 크게 세 가지로 볼 수 있다. 첫
째, 예언자들의 호소에도 불구하고 인간들이 믿지 않아서다(42장

13절). 둘째, 알라의 뜻이다. 마음을 먹었다면 모두 하나로 만들 수도 있었지만 그렇게 하지 않은 것이다. 인간의 자유의지를 강조하는 언표로 볼 수 있다(11장 118~119절). 셋째, 알라가 경전이 없는 백성들에게 그들의 말로 된 경전을 내려준다는 계시에서 볼 수 있듯(62장 2절) 우리들 눈에 보이는 그대로 다양한 종족과 다양한 말 때문이다.

아랍어로 계시된 『꾸르안』은 외국어, 즉 히브리어로 계시된 히브리 성서를 따르는 유다인과 그리스어로 번역된 히브리 성서과 함께 그리스어로 계시된 『신약성서』를 믿는 그리스도인들을 어떻게 받아들일까? 앞서 말했듯이 『꾸르안』은 성서를 계속 잇고 재현하는 계시이기 때문에 성서와 『꾸르안』이 기본적으로 같다고 생각한다. 즉, 같은 유일신에게 복종하는 사람들이 유다인, 그리스도인, 무슬림이라는 말이다. 차이가 없다. 그럼에도 불구하고 유다인과 그리스도인을 『꾸르안』은 질책한다.

유다인의 큰 죄는 알라에게 감사하지 않고 불충한 죄다. 그들은 역사 속에서 알라의 축복을 많이 받았다. 이집트에서 파라오 종살이로부터 해방시켜주었지만, 황금 송아지를 만들어 우상을 숭배하고 모세를 믿지 않았으며, 약속의 땅을 정복하라는 말씀을 어겼다. 또한 모세가 계시 받은 경전을 일부만 공개하고 숨기고 감추었으며 경전 말씀이 놓인 자리를 바꾸어 왜곡하고, 독단적으로 해석하여 따르지 않았다. 더 나아가 자기들의 손으로 성전을 써서 '이것이야말로 알라께서 주신 것이다'라고 하면서 얼마 되지 않는 돈에 팔아넘기기도 하였다. 그들은 다투어 죄와 부정을 행하고, 안식일을 제대로 지키지 않고, 금지된 이자놀이를 하며, 사람들을 속이고, 유다인 학자들은 사람들이 알라로 가는 길을 막고, 돈을 착취하며 금과 은을 축적하되 이를 알라를 위해 쓰지 않고 있다(9장 34절).

『꾸르안』에 따르면 유다인들은 지옥의 불도 수일간만 자신들에게 닿을 것이고(2장 80절), 알라의 손은 묶여 있으며(5장 64절), 자신들은 선택된 민족으로 알라의 친구며(62장 6절), 천국은 자신들의 것(2장 94절)이라고 주장한다. 특히 천국이 자신들의 것이라는 주장에 대해 『꾸르안』은 알라가 있는 내세의 집이 유다인들만 들어갈 수 있는 곳이라면 죽기를 바라라고 비난한다. 『꾸르안』은 유다인들이 토라를 가지고 있어도 이해하지도 못하고 지킬 수도 없다고 보았다. 그래서 그들을 책을 나르는 나귀에 비유한다(62장 5절). 또한 음식과 안식일 관련 엄격한 법은 유다인들에게 내린 벌로 보았고, 유다인들은 계약을 깼기에 저주를 받았다고 한다(5장 13절). 저주를 받은 유다인은 다신교도와 같고, 최후의 심판에 지옥에 갈 것이다.

『꾸르안』은 유다인들과는 달리 그리스도인들에게는 대단한 호감을 표현하며 우호적이다. 그리스도인들은 『꾸르안』의 계시를 믿고 따르는 사람들이기 때문이다.

> 그대는 믿는 자에 대해 가장 심한 적의를 가진 자들이 유다인과 다신교도라는 것을 알고 있을 것이다. 그리고 애정을 지니고 믿는 자들에게 가장 가까운 자들이 "우리는 그리스도인입니다" 라고 하는 사람들임을 알 것이다. 왜냐하면 그들 중에는 사제와 수도사가 있고 교만하게 굴지 않기 때문이다. 사도에 내린 계시를 들을 때 진리를 인정하여 그들 눈에서 눈물이 흐르는 것을 볼 것이다. 그들은 말한다. "우리들의 주님, 저희들은 믿습니다. 저희들을 증언자들로 기록하여주십시오." (5장 82~83절)

유다인과 달리 그리스도인들을 『꾸르안』은 높이 평가한다. 유다인들은 알라가 보낸 사도 예수를 따르지 않는다고 비난 받는다. 특히 유일신에 대해 경외감을 지닌 그리스도인들은 눈에 띄게 칭찬받는다.

그들 모두가 같지는 않다. 경전을 가진 백성 중에는 올바로
선 자들이 있다. 그들은 밤새 알라의 증거를 읽고 예배한다.
알라와 최후의 심판을 믿고, 옳은 것을 행하고, 그른 것을
금지한다. 다투어 선행을 한다. 그들은 의롭다. (3장 113~114절)

이렇듯 극찬을 받은 그리스도인들이지만, 『꾸르안』은 사도 예
수의 신성을 강조하는 그리스도론을 알라의 유일성에 대한 정면
도전으로 받아들인다. 곧, 인간일 뿐인 예수를 알라의 아들이라
고 하거나 숭배하는 것은 유일신 개념에서 완전히 벗어난 것이라
고 보는 것이다. 예수뿐만 아니라 마리아를 신으로 숭배하는 그
리스도인들의 모습을 질책한다. 『꾸르안』은 마리아와 예수가 그
누구보다도 알라의 배려를 듬뿍 받은 인물들이지만, 결코 신이
아니라고 강조한다. 그들은 음식을 먹었고, 언제든지 알라께서 없
애려 하시면 없앨 수 있는 피조물에 불과하다는 것이다. 특히 예
수는 알라께 자신이 그렇게 하라고 가르친 적이 없는데도 그리스
도인들이 자신과 자신의 어머니 마리아를 신으로 숭배한다고 말
한다.
　더 나아가 유다인들과 그리스도인들은 이제 동시에 함께 비
난받는다. 이들은 알라의 계시에 불신의 태도를 취하고, 예언자

와 정의를 권고하는 사람들을 부당하게 살해하는 사람들이다. 또 이들은 스스로를 신의 아들들(5장 18절)이라 부른다. 유다인들은 에즈라를 신의 아들로(「에즈라 4서」 14,9; 「에즈라 외경」 1,17), 그리스도인들은 예수를 신의 아들(9장 30절)로 숭배한다. 더 나아가 자신들만이 천국에 들어간다고 주장한다(2장 111절). 뿐만 아니라 그들은 율법학자나 수도사마저 주님으로 숭배한다(9장 31절). 한편 이들 유다인과 그리스도인은 같은 경전을 읽고 있으면서도 서로 비방한다(2장 13절). 둘 중 누가 옳고 그른지는 알라가 최후의 심판일에 판단을 내릴 것이라고 『꾸르안』은 말한다(2장 13절).

결국 유다인이나 그리스도인들은 자신들의 종교를 따르지 않는 한 만족하지 않을 것이나, 그들의 믿음은 잘못된 것이기에 따라서는 안 되며 그들과 벗하지 말라고 『꾸르안』은 경고한다(5장 51절). 함께 잘못된 길로 갈 수는 없다는 말이다. 『꾸르안』은 알라의 종교, 즉 순수 유일신교는 이슬람뿐이라고 단언한다(3장 19절). 이슬람이란 아브라함, 모세, 예수에게 알라가 계시한 원초적으로 순수한 유일신교를 말한다(2장 135~136절). 유다인이나 그리스도인들 역시 그 가르침을 받았으나 왜곡하고 예언자들의 정도에서 벗어났다는 것이다. 그러면 이들을 어떻게 대할 것인가? 『꾸르안』에서는 알라가 내린 성서를 지니고 있음에도 불구하고 알라와 종말을 믿지 않고 알라와 사도가 금한 것을 지키지 않으며 참된 종교를 믿지 않는 자에 대해서는 자발적으로 인두세를 바칠 때까지 싸우라고 말하기도 하지만(9장 29절), 궁극적으로 그러한 사람들은 전지전능한 알라가 심판하리라고 믿는다(2장 136절).

유다교, 그리스도교, 이슬람. 이 세 유일신 신앙은 『꾸르안』에서 화목하게 만날 수 있는 접점을 잃어버렸다. 반목과 갈등의 근본은 유다인들의 경우 알라 계시에 대한 불충이 주가 되고, 선민이라는 오만, 에즈라를 신의 아들로 받드는 모습이 부가적으로 문제가 된다. 그리스도인들은 예수와 마리아를 알라와 함께 신으로 숭배하는 다신 숭배 신앙이 문제다. 유일신 신앙 훼손 때문에 경건하고 오만하지 않은 그리스도인들의 모습이 호감의 대상에서 사라져버린 것이다. 이 두 선배 신앙과 갈등하는 모습에서 이슬람은 진정한 자기 정체성을 확립한다. 유다인도 그리스도인도 아닌 원유일신론자 아브라함의 신앙, 곧 원초적이고 순수한 유일신교다. 바로 이 신앙이 모세, 예수에 이어 무함마드에 이르기까지 흐트러짐 없이 전해진 것이다. 『꾸르안』은 유다인이나 그리스도인이 바로 순수 유일신 신앙에 불순한 요소를 첨가했다고 보며, 이슬람이야말로 순수 유일신론을 확립한 알라가 태초에 알려주신 원유일신교라고 하면서 자신의 정체성을 확립하였다.

『꾸르안』의 구약 이야기

– 『꾸르안』이 옳나니!

이해의 틀

이슬람은 성서를 인정한다는 말을 많이 들어보았을 것이다. 그러나 『꾸르안』이 전하는 성서 이야기는 성서와 차이점이 많다. 실로 호기심에서 『꾸르안』을 읽어본 그리스도인이라면 먼저 『꾸르안』에 성서 이야기가 많다는 데에 놀라고, 그 이야기가 압축적이고, 생략적이며, 성서와 세세한 부분에서 큰 차이가 있음을 알고 다시금 놀란다. 그리고 『꾸르안』이 성서를 잘못 베꼈다는 결론을 내린다. 실로 『꾸르안』에는 천지창조, 아담, 노아, 아브라함, 요셉, 모세, 다윗, 솔로몬 등 성서 이야기나 유다 역사를 잘 알지 못하는 사람보다는 잘 알고 있는 사람이 읽으면 이해하기가 훨씬 쉬운 구약 관련 이야기가 다수 나온다. 사정이 이러하다 보니 유다 역사나 성서를 잘 아는 사람이 읽는 경우 곧 의아함을 넘어서서 『꾸르안』이 거짓말로 가득 찬 책이라는 결론을 내리는 것이다.

철저히 세속적인 종교역사학도의 눈으로 보면 『꾸르안』이 7세기 아라비아 사회라는 환경 아래 형성되었음은 부인할 수 없다. 적어도 『꾸르안』 계시를 들었던 사람들은 어느 정도 구약이야기를 알고 있었던 사람이었을 가능성이 크다. 구약 이야기에 대해

성서처럼 세세하게 이야기하기보다는 생략과 암시 어법으로 뜻을 전하는 『꾸르안』을 알아들으려면 아무래도 생략과 암시로 드러나지 않는 부분을 먼저 알고 있어야 제대로 이해할 수 있기 때문이다. 『꾸르안』의 구약 이야기 출처를 정확히 꼭 집어서 밝히기는 힘들다.

오늘날 그리스도인들이 믿고 따르는 구약성서와 특별히 다른 점은 『꾸르안』에 유다인들의 하가다 전승의 흔적이 심심찮게 많다는 것이다. 그래서 19세기 이래 몇몇 학자들은 이슬람이 유다교에 뿌리를 두었다고 보았다. 그러나 이들의 말을 따라 이슬람이 유다교에서 나왔다고 인정한다고 해도 이슬람을 제대로 이해할 수 없다는 데에 문제가 있다. 이슬람은 유다교 지파가 아니기 때문이다. 이는 마치 그리스도교에 대해 아무것도 모르는 사람이 얼핏 겉모습만 보고 그리스도교는 유다교 이단이라고 부르는 잘못을 범하는 것과 같다.

『꾸르안』의 구약 이야기를 정확히 이해하려면 먼저 무엇보다도 7세기 아라비아의 종교 상황을 제대로 알아야 한다. 당시 어떠한 구약 이야기가 전승되었고, 유다-그리스도인들의 구약 이야기는 어떠했는가에 대한 지식을 먼저 구해야 한다. 그러나 이는 현실적으로 불가능하다. 사료가 부족하기 때문이다. 무함마드가 접촉했던 유다인들에 대한 정확한 판단을 하지 못하고 있는 것이 현실이니 아무래도 당시 사람들 입에 오르내렸을 구약 이야기를 정확히 재구성한다는 것은 현재의 역사지식으로 가능하지 않다. 온갖 이성적 수단을 동원해서 근거 있는 추측을 시도할 뿐이다.

『꾸르안』의 배경이 되는 구약 이야기를 정확히 밝혀내는 것은 대단히 중요한 작업이다. 그러나 『꾸르안』의 구약 이야기 배경을 밝혀낸다 해도, 아니 어느 날 이를 뒷받침할 만한 엄청난 사료가 발굴된다고 해도, 『꾸르안』의 구약 이야기가 지닌 그 주제를 이해하지 못하면 이슬람 이해는 딱딱한 역사 지식에 그치고 말 것이다. 무슬림 삶 속에서 살아 움직이는 구약 이야기는 성서와 비교해서 밝힐 수 있는 역사 지식이 아니라 알라를 믿지 않으면 반드시 심판을 받는다는 실존적 신앙 증언이기 때문이다.

구체적인 이야기 내용

『꾸르안』의 구약 이야기를 성서와 구체적으로 비교하면 생략, 암시, 반복, 산재(散在)의 4가지 특징이 눈에 띈다. 첫째, 성서에 비해 상당히 많은 부분이 생략되었다. 구체적으로 인명, 지명 등을 언급하지 않고 생략한다. 아담의 선악과 이야기는 있으나, 아담의 아내 이름이 이브인지 알 길이 없고, 아담의 아들 카인과 아벨도 거명하지 않고 단지 두 아들이라고만 언급한다.

둘째, 『꾸르안』의 구약 이야기는 성서 이야기를 암시한다. 축약적으로 이야기하기에 계시를 듣는 이들은 선지식(先知識)을 가지고 행간의 뜻을 이해하는 양상을 보인다. 대표적인 경우가 요셉 이야기다. 이집트에서 높은 사람이 된 요셉이 자신을 몰라보는 형제들을 대면하는 자리에서 처음으로 하는 말이 동생을 데리고 오라는 것이다. 성서를 읽지 않은 사람은 의아해할 수밖에 없는 대목이다. 왜냐하면 『꾸르안』에서는 그때까지 요셉의 형제 관련 이야기를 자세히 설명하지 않아 그 동생이 누굴 의미하는지 전혀 알 길이 없기 때문이다. 다윗이 논쟁이 붙은 두 사람의 이야기를 듣고 죄를 뉘우쳤다는 이야기 역시 성서에서 다윗이 자신의 휘하 장수 우리아의 아내 밧세바를 탐하여 우리아를 죽음으로 내몰았다는 이야기를 모르면 그가 논쟁하는 두 사람 이야기를 듣고 무엇에 대해 잘못을 뉘우치는 줄 제대로 알 길이 없다.

셋째, 『꾸르안』의 구약 이야기는 여러 번 반복된다. 같은 이야기가 때로는 길게, 때로는 짧게 거듭된다. 넷째, 한 이야기가 끝나면 다른 이야기로 전개되는 성경과는 달리 같은 내용의 이야기가 여러 곳에 반복되어 실려 있다.

이러한 특징을 염두에 두고 우리가 알고 있는 성서와 유다 역사를 틀로 삼아『꾸르안』을 보면『꾸르안』의 구약 이야기의 핵심 주제는 알라가 믿는 자를 구원하고 믿고 따르지 않는 자를 심판한다는 것임을 알 수 있다. 모든 구약 이야기는 바로 이를 축으로 전개되고 있다. 구체적인 내용은 다음과 같다.

(1) **창조, 인간의 타락, 용서** 알라는 6일 만에 천지를 창조한다. 최초의 인간 아담을 검은 진흙으로부터 만든 후 인간을 경배하라는 말씀을 따르지 않은 이블리스를 추방한다. 아담은 세상 모든 지식을 가지고 있고, 천사보다 더 귀한 존재다. 아담은 아내와 함께 사탄의 유혹에 빠져 죄를 범하고 천국에서 추방당하나 용서받고 알라의 인도를 따르면 구원받으리라는 말을 듣는다. 즉, 이슬람에서는 원죄를 인정하지 않는다.

(2) **카인과 아벨** 아담의 두 아들 중 하나가 형제를 살해하는 사건을 통해 알라는 살인을 금지하였다. 이후 사도를 보내었지만 따르지 않은 사람들이 많았다.

(3) **노아의 홍수**　최초의 징벌 예언자인 노아는 사도로 보내어졌지만 사람들이 믿고 따르지 않았고, 결국 알라는 홍수로 믿지 않는 자를 처벌하고 믿는 자를 구원한다. 노아의 아들 역시 믿고 따르지 않다가 화를 당한다.

(4) **롯과 소돔**　예언자 롯 역시 사람들이 믿고 따르지 않아 그 도시는 멸망한다.

(5) **아브라함**　박해 이전의 삶부터 아브라함은 불신자에서 믿는 자로 실존적 전환을 거친 후 믿지 않는 아버지와 왕과 사람들에게 알라를 믿고 따를 것으로 요구하다가 불태워 죽임을 당할 뻔했다. 그러나 알라는 그를 구하여 안전한 곳으로 피하게 하였다. 아브라함은 아들을 희생제로 바칠 정도로 훌륭한 믿음을 지닌 예언자였다. 그는 신앙의 선조로 아들과 함께 카바 신전을 건축하고 신앙의 조상이 된다. 그는 유다인도, 그리스도인도, 다신교인도 아닌 하니프로 순수 유일신론자다. 인간 영혼에 깊이 자리 잡은 알라에 대한 믿음과 함께 그분께 대한 진정한 복종의 전형을 보여준다.

(6) **요셉** 가장 아름다운 이야기라 불리는 요셉 이야기는 『꾸르안』 12장에 실려 있다. 요셉은 아름다움과 꿈 해석 능력을 선물로 받은 예언자요, 가장 아름다운 사람으로 인정받는다. 그 멋진 용모에 음식을 준비하던 여인들이 넋이 나갈 정도로 반해 한눈을 팔다 스스로 손가락을 자른다. 그를 잃은 아버지 야곱은 눈이 멀었다가 그가 입던 옷 냄새를 맡고 시력을 되찾는다. 알라는 온갖 어려움에서도 그를 인도하였고, 결국 가장 높은 자리에 오르게 하였다. 요셉 역시 신실한 사람으로 여인의 간사한 음모에 빠져 감옥에 갇혔지만 그곳에서도 주변 사람들에게 알라를 믿으라고 전도한다. 자신을 곤경에 빠뜨린 형제들을 모두 용서한 요셉은 이집트인들에게 알라를 전하였지만, 죽은 후 사람들은 그를 잊는다.

(7) **모세와 물의 심판** 알라를 대면하는 종교체험과 물로써 이집트의 불신자를 심판하는 이야기가 주를 이룬다. 파라오 앞에서 기적을 보이고, 마술사들과 벌인 경쟁에서 승리를 거둔 모세는 박해받는 예언자다. 믿는 이들을 이끌고 이집트를 탈출한다. 믿지 않는 자들은 물의 심판을 받았다. 모세가 이끌고 나온 백성 역시 알라의 말씀을 믿고 따르지 않아 벌을 받는다. 40년간 광야에서 헤맨 것은 바로 알라의 말씀에 불복하여 명령하신 땅을 정복하

지 않았기 때문이다.

(8) **사울**　모세가 죽은 후 이스라엘 사람들은 예언자를 향해 왕을 보내달라고 하여 사울을 왕으로 보냈지만 왕으로 섬길 수 없다고 오히려 반발한다. 결국 사울은 왕이 되었고 그의 지도하에 전쟁에 나가 골리앗군과 맞붙는다.

(9) **다윗**　소수의 군대로 나간 이스라엘은 자신들을 고향에서 쫓아내고 아이들과 헤어지게 만든 골리앗군과 전장에서 맞섰고, 다윗이 골리앗을 죽인다. 알라는 그에게 왕권과 지혜를 주고 여러 가지를 가르친다. 현명한 판관, 갑옷과 투구를 만드는 사람으로 묘사되는 다윗은 죄를 용서받는다(38장 21~25절).

(10) **우주적 통치자 솔로몬**　자연과 영령의 세계를 지배한다. 동물의 말을 알아듣고, 동물들 역시 그의 결정 사항을 안다. 준마에 마음을 빼앗겨 알라를 잊고 지내자 알라가 그의 권좌 위에 시체를 던져놓아 회개하도록 하였다. 사바의 여왕에게 이슬람을 믿으라고 권하였고, 결국 사바의 여왕은 이슬람에 귀의한다.

(11) 이스라엘의 종말　두 번에 걸친 성전 파괴에 대해 이야기하는데, 이는 네부갓네살과 로마의 성전 파괴를 언급하는 것으로 볼 수 있다(17장 2~8절). 파괴, 구원, 파괴의 연속이다. 알라를 불신한다면 벌은 되풀이 된다.

(12)　이 외에 요나(유누스), 엘리야(일리야스), 엘리샤(알야사으), 욥(아윱) 등에 대해 간략하게 서술한다.

『꾸르안』이 구약 이야기를 통해 이야기하고자 하는 바는 알라가 계속 사도를 보내 인간을 올바른 길로 인도하고, 불충한 자는 징벌하고 따르는 자에게는 복락을 준다는 것이다. 『꾸르안』은 시종일관 이러한 핵심주제를 강조하고 있다.

차이가 생긴 이유

앞 장에서 이미 말했듯이 『꾸르안』이 꿈꾸는 이상적 사회는 유일신의 인도를 따르고 그가 계시한 유일 경전 아래 단합된 유일신 종교 공동체다. 『구약성서』 이야기 역시 알라가 내린 계시다.

**그분은 노아에게 내려진 종교를 너희를 위해서 확립하였나니,
그분이 그대에게 계시한 것이니라. 또한 그분은 아브라함과
모세와 예수에게도 명령하여 그 종교에 충실하고 그 종교
안에서 분열하지 말라 하셨노라.** (『꾸르안』 42장13절)

결론적으로 이야기하자면 천상에서 내려온 계시를 유다인들이 제멋대로 왜곡했기에 『꾸르안』 이야기와 『성서』 이야기에 차이점이 생겼다. 유다인들은 알라와 그가 보낸 사도의 가르침을 따르지 않았다. 알라의 호의에 감사하지 않고 불충하였음에도 불구하고 알라는 여러 차례에 걸쳐 용서하였다. 그러나 그들은 경전을 숨기고, 말씀을 왜곡하고, 자의적으로 해석하였다. 바로 이 점 때문에 『꾸르안』의 구약 이야기와 구약성서 간에 다른 점이 발생하는 것이다.

**실로 성서에서 확증한 말씀과 알라께서 계시한 진리를 감추는
자에게 알라의 저주, 저주할 힘을 가진 자들의 저주를 받을
것이라.** (『꾸르안』 2장 159절)

알라께서 성서에 계시한 것을 감추고 하잘 것 없는 것을 얻고자

하는 자 그들은 배 속에 유황불을 삼키는 것과 같다. 부활의 날 알라께서는 그들에게 말씀하시지도 않고 그들을 순화시키지도 않으시니 그들에게는 엄한 벌이 있을 뿐이라. (「꾸르안」 2장 174절)

그들 중에는 혀로 성서를 왜곡하여 그것이 성서의 일부라고 하면서 너희들이 믿도록 애쓰는 무리가 있으나, 그것은 성서의 일부가 아니다. 또 그것이 알라로부터 온 것이라고 말하나, 그것은 알라로부터 온 것이 아니다. 그들은 잘 알고 있으면서 알라에 대해 거짓말을 하더라. (「꾸르안」 3장 78절)

일러 가로되, 모세가 인간을 위한 빛과 복음으로 가져온 성서는 누가 보냈느뇨. 너희는 그것을 너희가 원하는 대로 각각의 종이에 기록하여 보이고, 한편으로는 많은 내용을 숨기더라.

(「꾸르안」 6장 91절)

그들은 말씀을 위조하고 계시된 진실의 말씀을 망각하고 있나니, 너희는 그들 가운데 소수를 제외하고는 모든 것이 위조되었음을 알리라. (「꾸르안」 5장 13절)

성서의 일부만 믿고 일부를 불신하는 그들을 위한 현세의 보상이

무엇이겠느뇨. (『꾸르안』 2장 84절)

자기들의 손으로 성서를 쓰고 '이것이야말로 알라께서 주신

것이다'고 하며 얼마 되지 않는 돈에 팔아넘기는 자들에게 재앙

있으라. 그들이 손으로 쓴 것과 그들이 번 것에 재앙 있으라.*

(『꾸르안』 2장 79절)

    따라서 무슬림들에게는 『꾸르안』이 옳을 수밖에 없다. 『꾸르안』의 구약 이야기는 역사가 아니라 신앙을 고스란히 드러내는 신앙적 언표다. 따라서 그 신앙에서 우러나오는 계시가 전적으로 옳다고 할 수밖에 없지 않을까.

---

* 유다인들은 『성경』 구절을 써서 조그마한 갑에 넣어 이마나 팔에 매달았다. 이를
    테필린(Tefillin)이라고 하는데 이를 두고 한 말인 것 같다. 마태 23,5에 보면 바리사이인들이
    "이마나 팔에 성구 넣는 갑을 크게 만들어 매달고 다니며"라고 쓰여 있다.

진정 중요한 것: 올바른 믿음에 대한 이해

한 번 더 깊이 생각해보면 누구의 이야기가 더 옳으냐가 중요한 것은 아니다. 사실『꾸르안』의 구약 이야기나『구약성서』는 세세한 부분에서 차이가 있다고는 해도 모두 유일신에 대한 믿음을 요구하고 있다는 점에서는 서로 다를 바가 없다.『꾸르안』의 구약 이야기의 본질은『꾸르안』이 가르치고 있는 진정한 신앙인의 자세다. 이를 바탕으로 후대 무슬림들이 어떻게 신앙을 가꾸어 왔는지 지켜보는 것이 더 중요하다.『꾸르안』의 구약 이야기의 중심은 유일신 알라가 보낸 사도를 따르지 않는 사람들에게 징벌이 내린다는 것이다.『꾸르안』은 구약 이야기에 나오는 모든 예언자를 무슬림으로 생각한다. 유일신에게 복종하는 종교 이슬람을 믿기 때문이다.

우리는 알라를 믿고, 우리에게 내려진 계시와 아브라함과

이스마엘과 이삭과 야곱과 그 자손들에게 내려진 율법을 믿으며,

모세와 예수와 예언자들에게 내려진 율법을 믿고, 예언자들을

구별하지 아니하며 알라만을 믿는다 말하라. 이슬람 외에 다른

종교를 추구하는 자는 결코 받아들여지지 않아, 내세에서

패망자 가운데 있게 되리라. (3장 78~79절)

알라의 말씀을 믿고 따르는 올바른 신앙인의 자세에 대해 이야기한다. 그렇다면 어떤 사람이 진정한 신앙인인가. 『꾸르안』은 진정한 신자를 복종하고, 믿고, 알라를 경외하고, 알라의 인도를 따르고, 감사하는 자로 표현한다.

> 믿는 자란 알라의 이름을 듣기만 해도 그 마음에 전율을
> 느끼고, 성서 읽는 것을 들으면 더 믿음이 깊어져 주를
> 믿을 수 있는 사람들이며, 예배를 다하고 우리들이 준 것을
> 아깝지 않게 베풀어 주는 사람들이다. 그런 사람들이야말로
> 틀림없이 진실한 신자다. (『꾸르안』 8장 2~4절)

> 회개하는 사람들, 엎드려 예배하는 사람들, 선을 권하고
> 악을 금하는 사람들, 알라의 계율을 잘 지키는 사람들, 이들
> 믿는 자에게 좋은 소식을 전하라. (『꾸르안』 9장 112절)

> 자비로우신 분의 종이라는 것은 조용히 땅 위를 걷고 무지한
> 자들이 말을 걸어도 "평화가 있으라"고 말하는 자. 주 앞에서

엎드리고 또는 선 채로 밤을 지새우는 자. "주여 저희들에게서 지옥의 불을 덜어주십시오. 그 벌은 영원하기 때문입니다. 죄악의 장소요 사악함이 머무는 곳입니다. 사치스럽지도 인색하지도 않고, 중용을 지키는 자. 알라 외에 다른 신을 청하지 않는 자. 정당한 이유 없이 살생하지 않는 자. 간음하지 않는 자. (…) 거짓 증언을 하지 않고 속된 말을 하는 사람 옆을 지날 때에도 품위를 지키는 자, 주의 계시로 가르침을 받을 때 귀머거리처럼 흘려 듣거나 맹인처럼 눈감지 모르는 채 하지 않는 자. 오, 주여, 아내와 아이들과 함께 할 수 있는 기쁨을 주시고, 당신을 두려워하는 자들의 모범이 되게 해주소서라고 기도하는 자….

(『꾸르안』 25장 64~68절; 72~74절)

믿는 자들은 번성하나니, 그들은 겸허하게 예배 드리고, 쓸데없는 말을 하지 않으며, 희사를 하고, 아내나 오른 손이 소유하고 있는 것 외에는 자신의 은밀한 곳을 지키며 (…) 맡은 것이나 약속을 지키며 성실히 예배에 참가한다. 이들이야말로 진정 낙원의 상속인으로 그곳에서 영원히 산다.

(『꾸르안』 23장 1~6절, 8~11절)

우리들의 인도가 너희들에 임한다면, 우리들의 인도를 받는 자는
그 누구도 길을 잃거나 불행에 빠지지 않을 것이다. 그러나 나의
계시로부터 고개를 돌리는 자는 곤궁한 생활이 있을 것이요
부활의 날에 장님으로 만들어 부르리라.　　(『꾸르안』 20장 121~124절)

더 나아가 믿는 자는 알라와 그분이 보내주신 사도의 결정에
따라야 한다.

알라와 그 사도가 일을 결정할 때 남자건 여자건 스스로 선택을
하려는 자는 믿는 자가 아니다. 알라와 그 사도에 복종하지 않는
자는 분명 미로에 빠진 자이다.　　(『꾸르안』 33장 36절)

『꾸르안』의 구약 이야기에서 우리가 바르게 이해해야 할 것
은 바로 무슬림들이 생각하는 진정한 신앙인의 자세다. 흔들리
지 않고 알라에 대한 믿음을 간직한 자들. 이를 부정한 유다인들
과 그들이 따르는 구약 성경은 그래서 옳지 않은 것이다. 우리는
흔히 이슬람이 딱딱한 법에 얽매어 진정한 신앙의 모습을 보여주
지 못한다고 생각하기 쉽다. 그러나 이는 오해다. 무슬림들이 추
구하는 신앙인의 자세는 법만을 따르는 사람이 아니다. 영성가들

은 이슬람의 세 층을 이슬람(Islām), 이만(Īmān), 이흐산(Iḥsān)으로 표현했다.

이슬람이란 복종을 뜻하며 복종하는 사람이 무슬림이다. 법학은 이를 대표한다. 그러나 모든 무슬림이 신앙인은 아니다. 법을 잘 지킨다고 진정 무슬림은 아니기 때문이다. 외면의 행위보다 내면의 믿음, 즉 이만이 있어야 하기 때문이다. 믿는 자는 그래서 무으민(Mu'min)이라고 한다. 신학과 철학은 이러한 내적 의미를 대표하는 학문이다. 그러나 진정 이슬람의 핵심은 한층 더 깊은 이흐산에 있다. 영적인 아름다움이다. 이를 구현하는 자가 무흐신(Muḥsin)이다. 알라와의 합일을 꿈꾸는 수피들이 바로 진정 이슬람의 가장 아름다운 모습이다. 이러한 깊은 내면을 지닌 신앙인이야말로 『꾸르안』의 구약 이야기가 요구하는 참된 신앙인의 모습이다. 알라의 말씀을 따르고, 믿고 경외하며, 그분께 감사하며, 그분의 인도하심을 받는 삶. 『구약성서』와 세세하게는 다르지만 무슬림들이 옳다고 믿는 『꾸르안』의 구약 이야기의 핵심이 바로 여기에 있다는 것을 마음의 눈으로 읽어야 할 것이다.

『꾸르안』의 예수

- 가장 존경받는 예언자여!

『꾸르안』에서 알라는 태초 이래 각 공동체에 예언자를 보내 가르침을 전하고, 이를 따르는 사람은 구원하고 불충하는 사람은 여지없이 징벌한다. 노아의 홍수, 롯과 소돔, 모세의 이집트 탈출은 각각 알라의 구원과 징벌을 보여주는 대표적인 사건이다. 『꾸르안』의 예언자 전통은 『구약성서』에만 그치는 것이 아니라 『신약성서』에까지 이어진다. 바로 예수가 그러한 예언자다. 이슬람 전통에서 예수는 진정 가장 존경받는 예언자다. 그리스도인들이 흔히 묵과하는 부분이 바로 이 점이다. 예수를 존경하지 않는 무슬림은 무슬림이 아니다. 예수를 향한 무슬림의 사랑은 지극하지만, 그리스도인들은 이를 잘 모른다.

무함마드와 비교하면 『꾸르안』의 예수는 대단한 기적을 행한 예언자다. 무함마드는 아랍어로 된 『꾸르안』을 계시받은 것 외에는 달리 기적을 행하지 못하였다. 예수는 탄생부터 죽음까지 알라의 축복과 기적을 가득 받은 예언자다. 사도신경에 비추어 말하자면, 『꾸르안』의 예수는 성령으로 동정녀 마리아의 몸에 잉태되어 세상에 나와 십자가에 못 박혀 죽지 않고 바로 하늘로 들어올려진 분이다. 이 글에서는 『꾸르안』의 예수가 그리스도교의 예수와 어떻게 같고 다른지 살펴보고자 한다.*

---

* 꾸르안과 성서 비교는 다음 책을 주로 참고하였다. Busse, 1998.

마리아

『꾸르안』은 예수 이야기에 앞서 먼저 그의 모친 마리아에 대해 알려준다. 『꾸르안』에서 유일하게 이름으로 불리는 여성이 마리아다. 마리아 외의 여성은 이름으로 부르지 않고, 유부녀일 경우에는 누구의 아내로 칭한다. 더군다나 『꾸르안』 19장의 이름은 마리아다. 『신약성서』에는 아담으로부터 시작하는 「루가복음서」(3장 23~38절)와 아브라함으로부터 시작하는 「마태오복음서」(1장 1~17절)에 각각 예수의 족보가 하나씩 있다. 둘 다 예수의 아버지 요셉 집안 족보다. 이에 반해 『꾸르안』은 아담으로부터 시작하는 마리아의 족보를 말한다. 요셉은 전혀 언급하지 않는다.

알라께서는 아담과 노아와 이므란의 가족을 모든 사람들 가운데서 선택하셨더라. (『꾸르안』 3장 33절)

마리아의 부친 이므란은 『구약성서』에 나오는 모세의 아버지 암람이다. 구약에서 그는 모세, 아론 두 아들과 미리암이라는 딸을 두었다. 『꾸르안』에서 마리아는 아론의 누이로 나온다. 그렇다면 이를 어떻게 이해해야 할까? 먼저 마리아의 부친 이므란을 구약의 암람과 관계없는 인물로 이해할 수 있겠다. 그러나 아론의 누이라는 말이 보여주듯 이므란과 암람을 동일 인물로 보는 것이 옳을 것이다. 아랍어에서 미리암과 마리아는 모두 마르얌으로 표기한다. 그렇다면 『꾸르안』이 구약의 미리암과 신약의 마르얌을 혼동한 것일까?

아마도 이는 예표론(豫表論)적 해석을 즐겨 썼던 그리스도교의 영향일 가능성이 크다. 초기 그리스도교부들은 모세의 이집트 탈출 사건을 예수와 연관시켜 이해하였다. 모세가 호렙산에서 체험한, 불붙었지만 타서 사라지지 않은 떨기가 바로 다름 아닌 마리아의 영원한 처녀성을 보여주는 것으로, 이스라엘 사람을 구한 모세는 인간을 구원한 예수로, 바다가 갈라지는 것은 세례로, 하늘에서 내려온 만나는 성체성사로 해석하였다. 이러한 초기 그리스도인들의 예표론적 해석의 영향으로 인해 미리암과 마르얌이 동일 인물로 수용되었을 가능성이 있다.

『꾸르안』은 마리아의 모친 이름을 정확하게 언급하지 않고 이므란의 아내로만 부른다. 여자 이름을 구체적으로 말하지 않는 것이 『꾸르안』의 특징이다. 이브는 아담의 아내, 사라는 아브라함의 아내로만 나온다. 그러나 마리아는 이들과는 달리 이름이 정확히 나온다. 이것만 보아서도 마리아가 『꾸르안』에서 얼마나 특별한 위치를 차지하고 있는지 쉽게 짐작할 수 있다.

이슬람 전통에서 마리아의 족보는 크게 두 가지로 세세히 적혀 있다. 첫째, 마리아의 어머니 이름은 성서에서와 같이 한나다. 그녀의 여동생이 엘리사벳이다. 엘리사벳은 자카리야(신약의 즈가리아)와 결혼해서 요한을 낳는다. 곧 마리아와 요한은 외사촌 형제다. 그렇다면 요한은 예수의 외삼촌이 된다. 둘째, 마리아는 엘리사벳의 여동생이다. 그렇다면 요한은 예수의 사촌형이 되는 셈이다.

『꾸르안』에서 아이가 없었던 이므란의 아내는 임신을 하면 태내에 있는 아이를 알라께 바치겠다고 한다. 딸아이를 낳자 마리아라고 이름 짓고 알라에게 바친다. 알라는 그녀가 흠 없이 아름답게 성장하게 하고 (세례자) 요한의 아버지 자카리야에게 그녀를 보호하라고 한다. 마리아가 머물던 성소에 들어갈 때마다 자카리야는 알라가 내려준 음식이 항상 있는 것을 보았다(3장 35~37절).

『꾸르안』의 마리아 유년기 이야기는 「야고보 원복음서(Prot-evangelium Jacobi)」와 유사하다. 150년경 쓰여진 것으로 알려진 이 복음서는 마리아 어린 시절에 관한 이야기를 담고 있는데, 동방교회의 유년시절 예수관 형성에 많은 영향을 끼쳤다. 여기에서 마리아의 아버지는 요아킴으로 나오고, 어머니 한나는 아이를 낳으면 성전에 바치겠다고 약속한다. 마리아는 모이를 먹고 사는 비둘기처럼 주님의 성전에 머물며 천사로부터 음식을 받는다. 야고보 원복음서에서 자카리야는 『꾸르안』과는 달리 마리아가 12살 때 처음 등장한다. 『꾸르안』에서는 점치는 화살을 던져 마리아를 돌볼 사람을 정하는데, 자카리야가 보호자가 된다. 야고보 원복음서에서는 마리아를 돌보아줄 사람을 정하기 위해 점을 치는데, 아이가 딸린 홀아비 요셉이 보호자가 된다.

아이가 없었던 자카리야는 알라에게 아이를 점지해달라고 기도를 하고 예언자가 될 요한을 주겠다는 응답을 받는다. 증거를 보여 달라고 하자 3일간 말을 못 하게 하였다(3장 38~41절). 자카리야의 아들 요한은 알라의 말씀을 믿는다(3장 39절). 요한이라는 이름은 그 누구에게도 준 적이 없는 사람이라는 뜻이다(19장 7절). 요한은 성전을 지키라는 명을 받았다. 그는 알라로부터 자비로움과 청정한 마음을 받은 경건한 사람이었고, 효자였다. 『꾸르안』은 그를 이렇게 축복한다.

탄생한 날과 임종한 날과 부활하는 날에 그에게 평화가 있을 것이다. (『꾸르안』 19장 12~15절)

요한 잉태 소식에 이어 천사들이 다음과 같이 말한다.

마리아여, 알라께서 너를 선택하셔서 청결하도록 하시고 모든 여성들 위에 두셨노라. (『꾸르안』 3장 42절)

마리아는 천사들로부터 메시아 예수를 잉태할 것이라는 소식을 듣는다. 천사들은 "마리아여 알라께서 너를 선택하시어 청결하게 하셨고, 너를 모든 여성들 위에 두셨노라(3장 42절)"고 말한다. 그리고 다음과 같이 이른다. "마리아여, 알라께서 너에게 말씀으로 복음을 주시니, 마리아의 아들의 이름은 메시아 예수다. 그는 현세와 내세에서 훌륭한 주인이요 알라 가까이 있는 자들 가운데 하나이니라(3장 45절)." 이 구절은 「루가복음서」 1장 31~38절과 상당히 유사하다. 그런데 『꾸르안』은 알라의 말씀이 마리아에게 주어졌다고 한다. 알라의 말씀으로 마리아의 자궁에서 예수가 만들어졌음을 뜻한다. 이는 곧 로고스가 선재하였다는 「요한서」의 로고스 신학을 철저히 거부하는 말이다. 또한 마리아의 아들 예수 그리스도라는 표현은 엄밀히 말해 예수의 인성을 강조하는 것으로 볼 수 있다.

천사들로부터 메시아 예수 수태 고지를 받은 후, 마리아는 가족을 떠나 홀로 동쪽 조용한 곳 장막 뒤에 머문다. 이때 알라가 성인의 모습을 한 영(靈)을 보낸다. 그가 두려워하는 마리아에게 "주님의 사자인 나는 성스러운 아들의 소식을 전하기 위해 왔다"고 말하자, 마리아는 "어떤 남자도 저와 접촉하지 않았고, 제가 부정 또한 저지른 적이 없는데, 어떻게 제가 아들을 가질 수 있겠습니까?"라고 답한다(『꾸르안』 19장 20절). 이에 영은 알라에게 이는 쉬운 일이라고 하면서, 사람들에게 증거가 되게 하고 자비의 표징으로 삼으시고자 알라께서 마리아의 아들을 세상에 나오게 하신다고 일러준다. 그리하여 마리아는 예수를 잉태한다(19장 16-20절). 『꾸르안』은 마리아가 처녀임을 여러 차례 강조한다. 마리아는 순결을 지켰고 알라가 그녀에게 성령을 불어넣어 예수를 잉태하였다고 말한다(66장 12절). 그녀가 낳을 아들 예수는 알라의 사도요, 마리아에게 주신 말씀이고, 알라로부터 나온 영이다(『꾸르안』 4장 171절).

아이를 밴 마리아는 먼 곳으로 떠나 지냈고, 출산을 앞두고 진통이 너무 심하여 "차라리 죽어버렸으면"이라고 하면서 고통을 호소한다. 그러자 알라가 함께하신다는 위로와 함께 대추야자 열매를 먹으며 마음을 가라앉히고 누구와도 말을 하지 말라는 음성을 듣는다(『꾸르안』 19장 22~26절). 이에 편안한 마음으로 출산을 한 마리아가 갓난아기 예수를 안고 사람들 앞에 나타나자 모두 놀라며 비난을 퍼붓는다. 『꾸르안』에서는 언급하지 않지만, 마리아가 속한 유다 사회에서는 간음녀는 돌로 쳐 죽이거나(「신명기」 22장 20-21절), 화형에 처한다(「창세기」 38장 24절). 절체절명의 위기에 처한 마리아를 변호하고 나선 이는 바로 예수다. 비난에 직면한 마리아는 손으로 아기 예수를 가리킨다. 이에 사람들이 "갓난아이에게 무슨 말을 하라는 거냐?"며 어리둥절해하자, 예수는 이렇게 말한다.

> 저는 알라의 종입니다. 알라께서 제게 성서를 주시고 저를
> 예언자로 선택하셨습니다. 어디에 있든 간에 저를 축복 받은
> 자로 만드셨고, 살아 있는 한 예배를 드리고 이슬람세를
> 바치라고 명령하셨습니다. 모친에게 효도하라고 하셨고,
> 거만하지 아니하고 불행하지 않도록 하셨습니다. 제가 태어난
> 날과 죽는 날과 살아서 부활하는 날에 평화가 있도록
> 하셨습니다. (『꾸르안』 19장 30~33절)

이슬람 전통에서 마리아와 예수는 정결한 사람이다. 이슬람에는 원죄 개념이 없으나 아이가 태어날 때 사탄이 만져서 운다

고 믿는다. 그러나 딱 두 사람만 예외다. 마리아와 예수다.

이야기 전개 과정이나 세부 내용에서 『꾸르안』과 『신약성서』
가 서로 다르긴 하지만, 예수가 동정녀 마리아에게서 태어났다는
점에서 둘의 차이는 없다. 그리스도교 전통에서는 지난 500년 동
안 동정녀 마리아가 예수를 낳은 이후에도 계속 처녀였느냐 아니
었느냐를 두고 천주교와 개신교가 서로 얼굴을 붉혀왔다. 천주교
는 마리아를 평생 동정녀라고 주장하고, 개신교는 예수 낳은 이
후로는 동정녀가 아니라고 맞서고 있다. 그러면서 그 증거로 「마
르코복음서」 6장 3절을 펼친다. 거기에는 예수의 형제인 야고보,
요셉, 유다, 시몬의 이름이 구체적으로 적혀 있다. 이에 천주교는
거기서 말하는 형제는 친형제가 아니라고 맞받아친다. 그러나 『꾸
르안』은 마리아가 예수 출산 이후에도 계속 동정녀였는지 아니었
는지에 대해서는 전혀 관심이 없다.

예수

무슬림의 예수관은 『꾸르안』에 명백히 잘 드러난다. 『꾸르안』
어디에도 예수가 신성을 지닌 존재로 표현된 적은 없다. 명명백백

하게 예수는 인간이다. 신의 아들일 수도 없다. 『꾸르안』은 신이 "낳지도 않고 태어나지도 않으신다(112장 3절)"고 하니 어찌 신에게 아들이 있을 수 있겠는가! 그런데 흥미롭게도 『꾸르안』의 예수는 무함마드가 행하지 못한 엄청난 기적을 행한다. 또 『꾸르안』에서 질책하는 것은 예수가 아니라 예수를 신으로 따르는 그리스도인들이다. 예수를 싫어하거나 미워하거나 나무라지 않는다는 말이다. 『꾸르안』에 무함마드라는 이름은 딱 4번 나오지만, 예수는 무려 25번이나 등장한다. 이쯤 되면 『꾸르안』의 예수가 어떤 존재인지 궁금하지 않은가? 지난 1400여 년 동안 무슬림이 존경해온 『꾸르안』의 예수를 함께 살펴보자.

우선 예수의 이름은 『꾸르안』에서 이사(Isa)다. 이븐 마르얌, 즉 마리아의 아들이라는 호칭과 함께 16번 나온다. 그리스도교에서나 이슬람에서나 예수의 부친 요셉은 열외다. 무슬림 사회에서는 아들은 아버지의 아들로 표기되는데 예수는 어머니의 아들로 나온다. 그리스도교의 「마르코복음서」 6장 3절도 예수를 마리아의 아들로 부른다.

예수는 알라의 증거를 가지고 온 예언자다. 그는 무함마드와는 달리 많은 기적을 행하는 예언자다. 물론 이 기적들은 알라가 허락하였기에 이루어졌다. 먼저 그는 갓난아기일 때 어머니 마리아를 변호한다(3장 46절, 19장 30절). 진흙으로 새를 만들어 날리고(3장 43절, 5장 110절), 맹인과 나병 환자를 치료하며(5장 110절), 죽은 이를 살린다(3장 43절, 5장 110절). 또 제자들이 요구하자 알라에게 간청하여 하늘에서 식탁이 내려왔고, 이에 제자들이 음식을 먹고는 예수 가르침의 증인이 된다(5장 112~115절).

이러한 기적들 중에서 특히 진흙으로 새를 만들어 날린 것은 흥미롭다.『꾸르안』에서 예수는 이렇게 말한다. "너희들을 위해 진흙으로 새의 모양을 만들어 숨을 불어넣으니 알라께서 허락하셔서 새가 되었다(3장 49절, 5장 110절)." 그리스도교 성서학자들은 이와 유사한 이야기가『신약성서』에 포함되지 않은『토마스의 예수 유년기』라는 책에 있다고 지적한다. 정양모 신부는 이 책을 두고 "150년경에 시리아 지방의 어느 그리스도인이 예수를 사랑하고 존경한 나머지, 공관복음서를 참고하고 거기에 상상의 날개를 펴서, 예수 소년 시절을 소재로 해서 그리스어로 예수 공상 소설을 썼다고 보면 무난하겠다"고 평가한다.(정양모, 2005) 이 책 2장에 진흙으로 만든 새를 날리는 기적이 다음과 같이 적혀 있다.

예수 아기가 다섯 살 때 있었던 일이다. 안식일에 예수 아기가
냇가 얕은 여울에서 진흙을 개어 참새 열두 마리를 만들며

놓았다. 어느 유다인이 지나가다가 이를 목격하고 곧장 예수의
아버지 요셉에게 가서, 예수 아기가 참새를 열두 마리나
만들었으니 안식일법을 어겼다고 고자질했다. 이에 요셉이 와서
보고 예수를 꾸짖으니까, 예수는 가타부타 일체 대꾸하지 않고
손뼉을 딱딱 쳤다. 그러자 진흙으로 빚은 열두 마리 참새가 모두
날개를 쫙 펴고 짹짹거리면서 훨훨 날았다. (정양모, 2005)

알라는 예수에게 경전, 지혜, 토라, 복음서를 가르쳤다. 예수
는 자기 이전에 내려온 토라를 증거하고, 이전에 사람들에게 금지
되었던 일부를 허락한다.

내 이전에 율법이 있었음을 확증하고, 너희에게 금지되었던 몇
가지를 허용하기 위하여 너희에게 내가 왔으며, 주님으로부터
예증을 너희에게 가져왔으니, 알라를 두려워하고 나에게
순종하라. (『꾸르안』 3장 50절)

알라께서는 마리아의 아들 예수로 하여금 그 이전에 계시된
토라를 확증하면서 그들의 발자취를 따르도록 하셨노라.
또한 알라께서는 신약을 계시하여 그 이전에 계시된 토라를

확증하시면서 그 안에 복음과 광명을 주셨으니, 이는 복음이요,

정의에 사는 자들을 위한 교훈이니라. (『꾸르안』 5장 46절)

알라의 사도이자 예언자인 예수가 가르친 것은 바로 태초부터 존재한 원유일신교, 즉 노아, 아브라함, 모세에 내렸던 종교다. 가르침을 따라 흔들리지 말고 헌신하며 분열하지 말라고 했던 종교다. 그러나 예수의 가르침은 온전히 받아들여지지 않았다.

알라께서는 마리아의 아들 예수에게 예증을 주어 그를

성령으로 강하게 하셨노라. 알라께서 뜻하셨다면 그들에게

말씀이 있은 후 다음 세대들은 서로 싸우지 않게 하셨으리라.

그런데 그들은 달리 하였다. 그들 가운데는 믿는 자와 믿지

아니한 자가 있었노라. 또 알라께서 뜻하셨다면, 그들은 서로

싸우지 아니했으리라. 그러나 알라께서는 원하시는 대로

주관하시니라. (『꾸르안』 2장 253절)

기적을 행하는 예언자 예수가 전하는 알라의 복음을 사람들이 제대로 따르지 않았다고 『꾸르안』은 강조한다. 『꾸르안』에는 신약 성서처럼 구체적으로 예수의 언행이 나오지는 않는다. 개괄적으로 알라의 복음을 전했다는 말씀이 수차례 강조될 뿐이다. 신약에 나오는 여러 많은 비유들 역시『꾸르안』에는 나오지 않는 다. 다만「마태오복음서」의 씨앗의 비유(13장 1~9절),「루가복음 서」의 부자와 라자로 비유(16장 19~31절),「마태오복음서」의 열 처 녀의 비유(25장 1~13절)와 유사한 형태의 이야기가 나온다. 구체 적 관련성 여부는 추측할 뿐이다.

『꾸르안』에서 예수는 십자가형에 처해 죽었다고 보지 않는다. 유다인들은 메시아 예수를 십자가에 매달았다고 주장하나 이는 확실한 지식을 갖고 있지 않는 자들의 억측에 불과하다고『꾸르 안』은 부정한다. 그들이 십자가형에 처한 것은 예수가 아니라 예 수와 비슷하게 보이는 자였을 뿐, 알라가 예수를 끌어 올렸다고 한다(4장 156~158절). 알라는 불신자들이 꾸미는 계책보다 더 훌 륭하게 일을 계획하기 때문이다(3장 54절).『꾸르안』의 십자가형 부정은 적으로부터 구원하신다는 메시지를 담고 있는데, 영지주 의자나 가현설의 영향을 받았을 가능성이 있다.

그렇다면『꾸르안』19장 34절의 예수가 죽는 날이라는 표현 은 어떻게 이해해야 하는가? 세상 종말에 예수가 다시 세상에 와 서 자연사를 하고 부활한다고 봐야 할까? 무슬림 전승은 예수가 세상에 다시 와서 적그리스도를 무찌르고 자신의 임무를 다 한 후 자연사 하고 다시 최후심판 일에 부활한다고 본다. 예수는 최후 심판일의 증거다(43장 61절). 무슬림 전승에 따르면 예수는 알라의 최후의 심판의 조력자가 아니다. 자신과 마리아를 신으로 믿은 그리스도인들에게 불리한 증거를 할 것이다. 그러나 수피 영성가 이븐 아라비는 예수를 최후 심판일의 심판자로 보았다.

앞에서 살펴보았듯 『꾸르안』의 예수는 무함마드를 초월하는 기적의 힘을 지닌 예언자다. 그러나 『꾸르안』은 그를 결코 신적인 존재로 간주하지 않는다. 그의 기적은 그가 행한 것이 아니라 어디까지나 알라가 허락하였기에 일어났을 뿐이다. "알라는 나의 주님이요 너희들의 주님. 그분을 숭배하라. 이는 올바른 길이다(3장 51절)"라고 말하는 예수는 어디까지나 인간이다. 『꾸르안』은 알라 외에 그 어떠한 신이나 신적인 요소를 인정하지 않는다. 『꾸르안』에서 알라는 직접 이렇게 말한다. "내가 너희의 주님이니, 나만 경배하라(21장 92절, 23장 52절)."

이러한 연장선상에서 『꾸르안』은 그리스도교의 삼위일체를 부정한다. 엄밀히 이야기하자면, 삼위일체가 아니라 삼신(三神)을 부정한다. 즉, 알라, 예수, 마리아가 삼신이다. 『꾸르안』은 이렇게 말한다.

보라, 알라께서 말씀하시리라. "마리아의 아들 예수여, 그대가 사람들에게 알라와 함께 나와 나의 어머니를 신으로 숭배하라고 하였는가?" 그가 답할 것이다. "당신께 영광을 바치옵니다. 저는 그런 말을 할 수도, 할 자격도 없습니다. 제가 그렇게 말하였다면 당신께서 아셨을 것입니다. 당신은 제가 무엇을 하려는지 다 알고 계십니다. 저는 당신께서 무엇을 하시는지 알 수 없습니다. 당신께서는 보이지 않는 것을 모두 아십니다." (『꾸르안』 5장 116절)

『꾸르안』은 마리아와 예수를 숭배하지 말 것을 엄중 경고한다. 그들은 어디까지나 음식을 먹은 인간이지, 결코 신적인 존재가 아니라는 말이다. 『꾸르안』은 예수와 마리아가 음식을 먹었고(5장 75절), 알라가 언제든지 사라지게 할 수 있는 존재(5장 17절)일 뿐인데 어떻게 신성을 지닐 수 있겠냐고 되물으며 유일신 신앙을 훼손하면서 예수와 마리아를 존숭하는 그리스도인들을 비판한다. 예수는 자신을 '알라의 종'이라고 하고(19장 30절), "진정 알라는 나의 주님이요, 너희들의 주님이니, 그분을 숭배하라. 그것이 바른 길이다(3장 51절)"라고 하면서 자신이 신이 아니라, 신이 자신의 주님임을 밝힌다.

그런데 삼위일체를 잘 아는 독자라면 다소 의아할 것이다. 그리스도교에서 말하는 삼위일체는 성부, 성자, 성령인데, 『꾸르안』에서 비판하는 삼위일체는 신, 예수, 마리아인가? 왜 마리아를 신으로 섬기지 말라고 이야기하는가? 정확한 답은 없다. 다만, 이슬람 이전인 5세기 초 팔레스타인 태생 키프러스 대주교 에피파니우스(Epiphanius, ?~403)의 기록에 따르면 오늘날 요르단과 시나이반도 동쪽 지역에 마리아를 숭배하며 마리아 상에 빵(kollyris)을 바치는 사람들이 있었다고 한다. 또 동로마의 레오니투스(Leonitus, ?~543/4)는 마리아를 존숭하는 사람들을 언급하였다. 어쩌면 이러한 현상을 『꾸르안』이 반영하고 있는지 모를 일이다.

비록 초기 공의회에서 확정된 삼위일체에 대한 이해는 보이지 않지만 그렇다고 해서 『꾸르안』의 신성 부정이 유효하지 않은 것은 아니다. 삼위일체든, 삼신론이든 간에 유일신앙을 훼손하는 것을 『꾸르안』은 결코 용납하지 않는다. 따라서 예수를 주님으로 부르며 신성화하는 그리스도인들을 이슬람은 결코 이해할 수도 받아들일 수도 없다. 그리스도교와 이슬람이 같은 유일신 신앙을 견지하면서도 합치할 수 없는 근본적 이유가 바로 여기에 있다.

무슬림들은 『꾸르안』을 통해 예수를 이해한다. 성경과 차이가 있다는 것은 큰 의미가 없다. 신약의 내용을 후대 그리스도인들이 왜곡하였다고 믿기 때문이다. 따라서 신약을 들이대면서 『꾸르안』의 잘못을 이야기한다는 것은 어리석은 일이다. 『꾸르안』을 읽으며 무슬림들은 예수를 예언자로 존경하지만, 신적인 권위나 신성을 부여하는 것은 알라의 가르침을 어기는 큰 죄로 간주한다. 이를 이해하지 못하고 무슬림들에게 예수를 주님이라고 말하는 것은 유일신 신앙을 어기는 일이다.

끝으로 『꾸르안』에서 예수는 자신 다음에 아흐마드라는 이름을 지닌 사도가 올 것을 예고한다(61장 6절). 곧 예수가 무함마드의 출현을 이미 앞서 예언하였다는 말이다.

오, 이스라엘 자녀들이여, 진정 나는 알라의 사도로

너희들에게 와서 내 이전에 내린 토라를 확증하고 내 뒤에

올 사도 아흐마드가 가져올 기쁜 소식을 전하노니. (61장 6절)

이슬람 전통에서 아흐마드는 무함마드로 해석한다. 아흐마드나 무함마드나 사실 단어의 어근은 같다. 그리스도교 학자들은 이 『꾸르안』 계시의 아흐마드를 「요한서」와 「요한1서」에 나오는 '파라클레토스'를 변용한 것으로 보기도 한다. 협조자라는 의미를 지닌 파라끌레토스는 우리말 성서에서 '보혜사 성령'으로 번역되기도 한다. 만일 아흐마드가 이 용어의 변용이라면, 『꾸르안』이 성서를 참고했을 수도 있다는 논리가 성립한다. 물론 무슬림들이 결코 받아들이지 않는 학설이다.

『꾸르안』에 나타난 예수를 종합적으로 말하자면 알라의 허락으로 기적을 행하고, 동정녀 마리아에게서 태어났으며, 십자가형에 처하지 않고 하늘로 들어 올려졌으며, 최후의 심판일의 증거요, 이전 가르침을 확증하고 복음을 가지고 왔고 후에 올 사도 아흐마드, 곧 무함마드를 예고하는 인간 예언자다. 무슬림들은 바로 이러한 『꾸르안』의 예언자 예수를 존경하고 따른다.

『꾸르안』의 예수 이야기는 그리스도교의 『신약성서』에 나오지 않는 이야기가 많아 더욱 흥미롭다. 『꾸르안』과 『신약성서』 둘이 보여주는 부정할 수 없는 차이는 도대체 어떻게 이해해야 할까? 무슬림의 입장은 확고하다. 예수의 가르침이 그대로 전해졌더라면 이슬람의 『꾸르안』과 일점일획도 다를 바 없었을 터인데, 그리스도인들이 성서의 내용을 왜곡하였기 때문에 두 경전 사이에 차이점이 생겼다. 하늘에 있는 경전을 그대로 받은 것이 『신약성서』와 『꾸르안』인데 무슬림들과 달리 그리스도인들은 성서에 손을 대 내용을 바꾸었다는 것이다.

내용이 어떻게 달라졌든 간에 한 가지 사실은 확실하다. 비록 그리스도인들과 달리 예수의 신성을 인정하지는 않지만, 무슬림은 그 누구보다도 예수를 위대한 예언자로 존경하고 사랑한다. "예수를 존경하지 않는 자는 무슬림이 아니다"라는 말이 있을 정도로 말이다. 그리스도인들로서는 불만스럽겠지만, 그래도 예수를 저토록 깊이 사랑하니, 신성을 인정하지 않더라도 꼭 밉게 볼 일만은 아닌가 한다. 예수가 신이냐, 아니면 인간이냐라고 얼굴을 붉히면서 다투기보다는, 예수가 세상을 얼마나 멋지고 아름답게 살았는지 보고 배우는 것이 더 낫지 않을까 싶다. 진정 예수를 사랑하는 사람이라면 말이다.

글을 마치면서

미국의 퓨리서치센터의 2015년 세계 종교인구 조사 결과에 따르면 오늘날 전 세계 인구의 반은 우주를 창조하고 세상 종말에 산 자는 물론이요, 죽은 사람까지 죄다 부활시켜 최후의 심판을 내리는 유일무이한 창조주를 믿는다. 그리스도인이 31.2퍼센트, 무슬림이 24.1퍼센트, 유다인이 0.2퍼센트로 모두 합하면 55.5퍼센트가 유일신의 피조물인 인간이 일회성 인생을 살고 어느 시점에선가 세상 종말이 와 차원이 다른 세상이 열릴 것이라고 기대하는 것이다.

그런데 유다교, 그리스도교, 이슬람은 유일신을 믿는다는 큰 틀에서 보면 서로 다를 바 없는 것 같지만, 신앙 전통이 형성되고 발전한 시공간적 맥락이 다르다 보니 생각과 표현에 차이가 적잖다. 예를 들자면, 역사적으로 가장 맏형인 유다교와 가장 늦게 등장한 이슬람은 유일신이 이미 만들어놓은 법을 찾는 노력을 하면서 신앙생활을 율법에 맞게 다듬었다. 그러다 보니 두 종교의 유일신 신앙의 핵심은 법학을 통해 표현되었다. 반면 그리스도교는 유다 율법을 애주애인, 경천애인으로 환원한 예수의 믿음을 따라 법학을 중요하게 생각하지 않았다. 오히려 그리스 철학을 바탕으로 신앙의 핵심을 이성적으로 이해하는 신학이 발전하였다. 그래서 학자들은 이 세 종교를 비교할 때마다 유다교와 이슬람은 바른 행위를, 그리스도교는 바른 신조를 중시한다고 설명한다. 유일신 신앙인이라도 이처럼 서로 다르게 자신의 믿음을 시공간이라는 제한적인 틀 안에서 가꾸었다.

아울러 이들 신앙은 모두 역사 속에서 주변 신앙 전통과 서로 영향을 주고받으며 자랐다. 진공상태에서 툭 튀어나온 종교는 없다. 바빌로니아 유배 이전과 이후 유다교는 확연히 다르다. 유배에서 해방된 후 조로아스터교의 영향을 받았기 때문이다. 그리스도교는 유다교의 영향을 받았고, 이후 발전 과정에서 그리스도인이 속한 언어·문화권에 따라 독특한 신앙전통을 만들었다. 그 결과, 같은 그리스도교라고 하더라도 전례에서 다른 모습을 보인다. 이슬람은 태동기에 주변의 유다-그리스도교적 유일신 전통과 교섭하면서 유일신 신앙 표현을 다듬었다. 학자들마다 초기 이슬람 형성에 주된 영향을 미친 신앙 전통이 유다교인지, 그리스도교인지, 아랍 고유의 유일신 신앙인지 서로 해석이 분분하다. 비록 가장 많이 영향을 준 특정 전통을 꼽을 수는 없다고 하여도, 한 가지 확실한 것은 이슬람 역시 시공간적인 제한을 뛰어넘어 탈역사적 진공상태에서 나오지는 않았다는 사실이다.

세상에 종교가 하나라면 사는 재미도 아름다움도 없을지 모른다. 다양한 색을 띤 무지개가 아름답듯, 다채로운 신앙 역시 아름답다. 그리스도인들이 무슬림을 보는 눈 또한 그랬으면 좋겠다. 유일신 전통이라는 커다란 집에서 같이 유일신을 믿지만, 해석을 달리하는 친구로 무슬림을 받아들이면 어떨까? 무슬림을 이해한다고 해서 내가 지닌 그리스도 신앙에 변질이 생기지는 않는다. 오히려 무슬림을 통해 나의 신앙을 재점검하고 신과 세상과 이웃을 다시 생각해볼 수 있는 계기가 될 것이다.

종교연구에서 가장 기본적이면서 중요한 원칙은 비교연구다. 종교학 교과서에는 언제나 "하나만 아는 사람은 아무것도 모른다"는 독일의 문호 괴테의 말이 나온다. 종교학을 태동시킨 독일의 비교언어학자 막스 뮐러가 인용한 구문이다. 그는 아랍어, 시리아어, 고대 근동지역 언어 등과 함께 비교하면서 공부했을 때에야 비로소 히브리어로 된 문서를 더 정확하게 해독할 수 있었다고 지적한다. 이렇게 비교연구를 하면서 하늘에서 계시된 인류 최초의 언어라는 막연한 관념을 벗어나 히브리어를 제대로 이해하게 되었다는 말이다.

우리가 각자 속한 신앙전통도 마찬가지다. 같은 전통이라도 다르게 표현된 이유는 비교를 통해 이해할 수 있다. 나와 다른 이웃의 신앙전통도 편견을 버리고 찬찬히 들여다보면 나의 신앙을 더 깊게 이해할 수 있는 길이 열리기도 한다. 그러니 두려움을 버리고 좀 더 자신 있게 나와 다른 신앙전통을 있는 그대로 보도록 노력해보자. 그리스도인과 무슬림은 서로 가장 잘 이해할 수 있는 신앙 표현을 공유한다.

무슬림이 무엇을 믿는지 알아보지도 않고 배척하는 사람은 그리스도인이 아니다. 겁 많고 위험하고 자신감 없는 사람일 뿐이다. 그리스도인과 무슬림의 신앙표현이 어떻게 같고 다른지 알아보지도 않고 손사래를 치는 것은 믿음이 없는 겁쟁이나 하는 비겁한 일이다. 보다 성숙하고 독실한 그리스도인이 되기 위하여 한 번쯤은 진지하게 이웃종교인 이슬람을 들여다보면서 무엇이 같고 다른지 살펴보자. 나의 믿음은 나의 진지함만큼 더 커가고, 세상을 보는 나의 눈은 더 넓어질 것이다.

"하나만 아는 사람은 아무것도 모른다."*

---

* 근대 종교학의 효시로 인정받는 뮐러는 본래 비교언어학자로, "외국어를 모르는 사람은 모국어를 잘 모른다(Wer fremde Sprachen nicht kennt, weiss nichts von seiner eigenen)"는 괴테의 말을 변형하여 하나의 언어나 종교만 아는 사람은 아무것도 모른다며 비교 연구를 주창했다.

참고문헌

국내서적

길희성, 『보살예수』, 현암사, 2004.

박현도, 「무함마드의 여인들」 『월간조선』, 2017년 2월호(통권 443호), 594~602쪽.

─────, 「이슬람이 보는 예수는 위대한 예언자」 『월간조선』, 2017년 3월호 (통권 444호), 658~665쪽.

─────, 새길교회 추계 일요신학강좌 강의록(2004년 10월 3일 ~ 12월 5일).

서공석, 「오늘의 그리스도론」, 『한국 가톨릭 교회-이대로 좋은가? Ⅱ』, 분도출 판사, 1999.

아르빈드 샤르마 외, 『우리 인간의 종교들』, 박태식 외 옮김, 소나무, 2013.

정양모, 「성서의 그리스도론-예수 그리스도 어제와 오늘」 『한국 가톨릭 교 회-이대로 좋은가? Ⅱ』, 분도출판사, 1999.

─────, 「(교부들로부터 배우는 삶의 지혜 25) 토마스의 예수 유년기」 『가톨 릭신문』, 2005. 9. 18.

한스 큉, 『그리스도교: 본질과 역사』, 이종한 옮김, 분도출판사, 2002.

외국서적

Brockopp, Jonathan E. "Justice and Injustice." In *Encyclopaedia of the Qur'ān*, edited by Jane Dammen McAuliffe, 69–74. Vol. 3. Brill: Leiden & Boston, 2003.

Al-Bukhārī, *Kitāb al-Jāmiʿ al-Ṣaḥīḥ.* Ludolf Krehl, ed. 4 vols., Leiden: E. J. Brill, 1892–1908.

Busse, Heribert. *Islam, Judaism, and Christianity: Theological and Historical Affiliations.* Translated by Allison Brown. Princeton, N.J.: Markus Wiener Publishers, 1998.

Carlyle, Thomas, *On Heroes, Hero-Worship, and The Heroic in History.* London: James Fraser, 1841.

Chittick, William C. "The Spiritual Path of Love in Ibn al-ʿArabi and Rumi." *Mystics Quarterly* 19:1 (March 1993): 4-16.

Conrad, Lawrence I. "Abraha and Muḥammad: Some Observations Apropos of Chronology and Literary Topoi in the Early Arabic Historical Tradition." *Bulletin of the School of the Oriental and African Studies* 50 (1987): 227-228.

Hick, John. "Jesus and the World Religions." In *The Myh of God Incarnate*, edited by John Hick, 167–185. London: SCM Press, 1977.

Ibn Isḥāq. Sīrat Rasūl Allāh. Ibn Hishām, ed. *Al-Sīrat al-Nabawiyyah*. Heinrich F. Wüstenfeld, ed. 2 vols., Göttingen: Minerva, 1958.

Ibn Saʿd. *Kitāb al-Ṭabaqāt al-Kabīr*. Eduard Sachau, ed. 14 vols.,

Leiden: E. J. Brill, 1905.

Kister, M. J. "'A Bag of Meat': A Study of an Early Ḥadīth.'" *Bulletin of the School of Oriental and African Studies*. 33:2 (1970): 267–275.

Muslim ibn al-Ḥajjāj. *Ṣaḥīḥ Muslim*. 7 vols., Riyadh, Saudi Arabia: Maktaba Dar-us-Salam, 2007.

Nasr, Seyyed Hossein. *Ideals and Realities of Islam*. Rev. ed. Chicago: Kazi Publications, 2000.

An-Nasā'ī, Aḥmad bin 'Alī. *Sunan an-Nasā'ī*. 6 vol., Riyadh, Saudi Arabia: Maktaba Dar-us-Salam, 2007.

Peters, F. E. *Muhammad and the Origins of Islam*. Albany: State University of New York, 1994.

Rahbar, Daud. *God of Justice: A Study in the Ethical Doctrine of the Quran*. E. J. Brill: Leiden, 1960.

Schimmel, Annemarie. *And Muhammad Is His Messenger: The Veneration of the Prophet in Islamic Piety*. Chapel Hill, NC.: University of North Carolina Press, 1985.

Smith, Wilfred Cantwell. *Modern Islam in India*. Second ed. Lahore: Muhammad Ashraf, repr. 1969.

Swidler, Leonard J. *Jesus: A Model for Moderns*. Reprint. Kansas City, MO.: Sheed & Weed, 1988.

Stowasser, Barbara Freyer. "Wives of the Prophet." In *Encyclopaedia of the Qur'ān*, edited by Jane Dammen McAuliffe, 506-521. Vol. 5. Brill: Leiden & Boston, 2006.

Al-Ṭabarī, Abū Jaʿfar Muḥammad ibn Jarīr. *Taʾrīikh al-Rusul waʾl-Mulūk*. M. J. de Goeje et al., ed. 15 vols., Leiden: E. J. Brill, 1879-1901.

Watt, William M. *Bellʾs Introduction to the Qurʾān*. Reprint, Edinburgh: Edinburgh University Press, 1994.

온라인자료

"KBS가 한국교회를 죽이려 한다," 한겨레신문, 2004년 10월 1일. http://legacy.www.hani.co.kr/section-009100020/2004/10/009100020200410012008001.html (검색: 2019년 9월 15일).

Pew Research Center, April 5, 2017, "The Changing Global Religious Landscape." http://assets.pewresearch.org/wp-content/uploads/sites/11/2017/04/07092755/FULL-REPORT-WITH-APPENDIXES-A-AND-B-APRIL-3.pdf (검색: 2019년 9월 15일).

――――, November 29, 2017, "Europeʾs Growing Muslim Population." https://www.pewforum.org/2017/11/29/europes-growing-muslim-population/ (검색: 2019년 9월 15일).